Nina Nestler

Dual-Use-Risiko im Strafrecht

Nina Nestler

Dual-Use-Risiko im Strafrecht

DE GRUYTER

ISBN 978-3-11-079317-8
e-ISBN (PDF) 978-3-11-079324-6
e-ISBN (EPUB) 978-3-11-079328-4

Library of Congress Control Number: 2022944040

Bibliografische Information der Deutschen Nationalbibliothek
Die Deutsche Nationalbibliothek verzeichnet diese Publikation in der Deutschen Nationalbibliografie; detaillierte bibliografische Daten sind im Internet über http://dnb.dnb.de abrufbar.

Druck und Bindung: CPI books GmbH, Leck

www.degruyter.com

Vorwort

Bei dieser Abhandlung handelt sich um einen in Monografieform gegossenen Teil der Ergebnisse eines durch die Deutsche Stiftung Friedensforschung geförderten Projekts mit dem Titel „Dual-Use-Risiko im Strafrecht".

Dass diese Untersuchung gerade jetzt in dieser Form publiziert wird hat seinen Grund: Am 9. September 2021 trat die neu gefasste Dual-Use-Verordnung 2021/821 in Kraft, die unter anderem Regelungen zum Export von Cyber Surveillance Technology enthält. (1.) Ging es im Dual-Use-Kontext ursprünglich nur um einen (strafrechtlichen) Schutz vor militärischer Verwendung – so auch der ursprüngliche Projekttitel – stehen inzwischen etliche weitere Schutzzwecke im Raum. Erwägungsgrund Nr. 2 der Dual-Use- Verordnung 2021/821 verweist dabei ausdrücklich auf die Erfüllung der „internationale[n] Verpflichtungen ... in Bezug auf die Menschenrechte". Damit rückt insbesondere der Menschenrechtsschutz offiziell an eine zentrale Stelle innerhalb des Dual-Use-Regimes. (2.) Längst gehen auch die Gefahren, denen AWG und Dual-Use-Verordnung einst begegnen wollten, nicht mehr nur von Staaten aus. Urheber sind auch parastaatliche Kräfte ebenso wie nichtstaatliche Gruppierungen. (3.) Schließlich bleibt die inflationäre Verwendung des Dual-Use-Begriffs, die zwischenzeitlich weit über militärische Einsatzmöglichkeiten hinausreicht, nicht auf das Außenwirtschaftsstrafrecht beschränkt. Sie betrifft unter anderem die universitäre Forschung (Dual Use Research of Concern), Compliancepflichten in Unternehmen und daneben – in

https://doi.org/10.1515/9783110793246-001

strafrechtsdogmatischer Hinsicht – etliche Bereiche sogar des Kernstrafrechts, insbesondere §§ 202c, 263a Abs. 3 StGB. Die Dual-Use-Verordnung 2021/821, die nun schließlich in dieser Untersuchung mitberücksichtigt werden konnte, ist Ausdruck dieser Entwicklungen und öffnet damit die Tür in eine neue Ära des Dual-Use-Regimes.

Das Werk war und ist keine Qualifikationsschrift. Wer in ihm Antworten auf die klassischen dogmatischen Grundfragestellungen sucht, die in der vergangenen Dekade verstärkt in den Fokus längerer Abhandlungen gerückt sind, der wird nicht fündig werden. Vielmehr will diese Untersuchung erste Denkanstöße zum Umgang mit und zur dogmatischen Einordnung von Dual-Use-Elementen im deutschen Strafrecht, insbesondere unter Geltung der neuen Dual-Use-Verordnung 2021/821, geben. Dafür werden auch Vergleiche mit und Querverbindungen zu anderen Regelungskonstruktionen hergestellt. Trotz längeren Zuwartens lag zum Redaktionsschluss leider noch kein einbeziehungsfähiger Gesetzentwurf zu § 18 AWG n.F. i.V.m. Art. 5 Dual-Use-VO vor.

Herzlich bedanken möchte ich mich an dieser Stelle bei meinen Mitarbeitern, die die Durchführung des Projekts und die Entstehung dieser Schrift begleitet und unterstützt haben. Mein Dank gilt Herrn Dr. Stefan Lehner, dessen mit summa cum laude bewertete Dissertationsschrift zur strafrechtlichen Verantwortlichkeit des Ausfuhrverantwortlichen im Rahmen dieses Projekts entstanden ist. Vielmals Bedanken möchte ich mich auch bei meinen (damaligen studentischen, jetzt) wissenschaftlichen Mitarbeitern Frau Theresa Bächer, Herrn Philipp Prochota, Herrn Adrian Schiffner und Herrn Gregor Vechtel. Schließlich gilt mein verbindlichster Dank der Deutschen Stiftung Friedensforschung, die dieses Projekt großzügig gefördert hat.

Bayreuth, Mai 2022 Nina Nestler

Inhalt

Teil 3: **Export von Dual-Use-Gütern**

Teil 4: **Zusammenfassung**

Abkürzungen

a.A.	andere Ansicht
a.a.O.	am angegebenen Ort
a.F.	alte Fassung
a. M.	am Main
AbfVerbrVO	Verordnung (EWG) Nr. 259/93 zur Überwachung und Kontrolle der Verbringung von Abfällen (Abfallverbringungsverordnung)
Abk.	Abkürzung
abl.	ablehnend
ABl.	Amtsblatt
Abs.	Absatz
Abschn.	Abschnitt
abw.	abweichend
AEUV	Vertrag über die Arbeitsweise der Europäischen Union
AfP	Archiv für Pesserecht
AG	Amtsgericht
AMG	Gesetz über den Verkehr mit Arzneimitteln (Arzneimittelgesetz)
Anl.	Anlage
Anm.	Anmerkung
Anti-Folter-VO	Verordnung (EU) 2019/125 über den Handel mit bestimmten Gütern, die zur Vollstreckung der Todesstrafe, zu Folter oder zu anderer grausamer, unmenschlicher oder erniedrigender Behandlung oder Strafe verwendet werden könnten
AO	Abgabenordnung
AoS	Agreement on Safeguards
Art.	Artikel
AT	Allgemeiner Teil
Aufl.	Auflage
AusfuhrVO	Verordnung (EG) Nr. 1061/2009 des Rates v. 19.10.2009 zur Festlegung einer gemeinsamen Ausfuhrregelung (Ausfuhrverordnung)
AVR	Archiv des Völkerrechts
AW-Prax	Außenwirtschaftliche Praxis (Zeitschrift für Außenwirtschaft für Recht und Praxis)
AWG	Außenwirtschaftsgesetz
AWGÄndG	Gesetz zur Änderung des Außenwirtschaftsgesetzes und der Außenwirtschaftsverordnung
AWR	Außenwirtschaftsrecht
AWV	Außenwirtschaftsverordnung
Az.	Aktenzeichen
BAFA	Bundesamt für Wirtschaft und Ausfuhrkontrolle
BAnz.	Bundesanzeiger
BayObLG	Bayerisches Oberstes Landesgericht
BayObLGSt	Entscheidungen des Bayerischen Oberlandesgerichts in Strafsachen
BB	Betriebsberater

https://doi.org/10.1515/9783110793246-002

BeckGK	Beck(online)-Großkommentar
BeckOK-BGB	Beck'scher Online-Kommentar zum Bürgerlichen Gesetzbuch
BeckOK-StGB	Beck'scher Online-Kommentar zum Strafgesetzbuch
BeckRS	Beck Rechtsprechung
Beschl.	Beschluss
Betr.	Betreff
betr.	betreffend
BGBl.	Bundesgesetzblatt
BGH	Bundesgerichtshof
BGHSt	Entscheidungen des Bundesgerichtshofs in Strafsachen
BK-GG	Bonner Kommentar zum Grundgesetz
BMWi	Bundesministerium für Wirtschaft und Energie
BNatschG	Gesetz über Naturschutz und Landschaftspflege (Bundesnaturschutzgesetz)
BRD	Bundesrepublik Deutschland
BSG	Bundessozialgericht
Bsp.	Beispiel
Bspe.	Beispiele
bspw.	beispielsweise
BT	Besonderer Teil
BT-Drs.	Bundestagsdrucksache
BtMG	Betäubungsmittelgesetz
BtMG	Gestz über den Verkehr mit Betäubungsmitteln (Betäubungsmittelgesetz)
BVerfG	Bundesverfassungsgericht
BVerfGE	Amtliche Sammlung der Entscheidungen des Bundesverfassungsgerichts
bzgl.	bezüglich
bzw.	beziehungsweise
ca.	circa
CAD	Computer-Aided Design
CAM	Computer-aided manufacturing
CAP	CAMEL Application Part
CCZ	Corporate Compliance Zeitschrift
ChemG	Chemikaliengesetz
Chemische-Stoffe-VO	Chemische-Stoffe-Verordnung
CKÜ	Übereinkommen über Computerkriminalität/Convention on Cybercrime
COM	Component Object Model
CR	Computer und Recht
CWÜ	Übereinkommen über das Verbot der Entwicklung, Herstellung, Lagerung und des Einsatzes chemischer Waffen und über die Vernichtung solcher Waffen (Chemiewaffenübereinkommen)
CWÜAG	Ausführungsgesetz zu dem Übereinkommen über das Verbot der Entwicklung, Herstellung, Lagerung und des Einsatzes chemischer Waffen und über die Vernichtung solcher Waffen (Ausführungsgesetz zum Chemiewaffenübereinkommen)
CWÜV	Ausführungsverordnung zum Chemiewaffenübereinkommen
d. h.	das heißt
DB	Der Betrieb

Dual-Use-VO	Verordnung (EU) 2021/821 vom 20. Mai 2021 über eine Unionsregelung für die Kontrolle der Ausfuhr, der Vermittlung, der technischen Unterstützung der Durchfuhr und der Verbringung betreffend Güter mit doppeltem Verwendungszweck (Dual-Use-Verordnung)
Dual-Use-VO a.F.	Verordnung (EG) Nr. 428/2009 über eine Gemeinschaftsregelung für die Kontrolle der Ausfuhr, der Verbringung, der Vermittlung und der Durchfuhr von Gütern mit doppeltem Verwendungszweck (Dual-Use-Verordnung a.F.)
Dual-Use-VO-E	Vorschlag für eine Verordnung über eine Unionsregelung für die Kontrolle der Ausfuhr, der Verbringung, der Vermittlung, der technischen Unterstützung und der Durchfuhr betreffend Güter mit doppeltem Verwendungszweck
DuD	Datenschutz und Datensicherheit
DURC	Dual Use Research of Concern
EG	Europäische Gemeinschaft
EG-AbfVerbrVO	Verordnung (EG) Nr. 1013/2006 über die Verbringung von Abfällen (Abfall-Verbringungs-Verordnung)
EGV	Vertrag zur Gründung der Europäischen Gemeinschaft
Einfuhr-VO	Verordnung Nr. 260/2009 über die gemeinsame Einfuhrregelung (Einfuhr-Verordnung)
Einl.	Einleitung
EL	Ergänzungslieferung
ERST	Esser/Rübenstahl/Saliger/Tsambikakis
etc.	et cetera
EU	Europäische Union
EuGH	Gerichtshof der Europäischen Union
EuR	Europarecht
EUV	Vertrag über die Europäische Union
EuZW	Europäische Zeitschrift für Wirtschaftsrecht
evtl.	eventuell
EWG	Europäische Wirtschaftsgemeinschaft
EWGV	Vertrag zur Gründung der Europäischen Wirtschaftsgemeinschaft
f.	folgende
FATF	Financial Action Task Force (on money laundering)
ff.	folgende
Fn.	Fußnote
FS	Festschrift
GA	Goltdammer's Archiv für Strafrecht
GATT	Allgemeines Zoll- und Handelsabkommen (General Agreement on Tariffs and Trade)
gem.	gemäß
GenTG	Gesetz zur Regelung der Gentechnik (Gentechnikgesetz)
GG	Grundgesetz
ggf.	gegebenenfalls
GHP	Gemeinsame Handelspolitik
grds.	grundsätzlich
GRUR	Gewerblicher Rechtsschutz und Urheberrecht (Zeitschrift)

GÜG	Gesetz zur Überwachung des Verkehrs mit Grundstoffen, die für die unerlaubte Herstellung von Betäubungsmitteln missbraucht werden können (Grundstoffüberwachungsgesetz)
GVG	Gerichtsverfassungsgesetz
GWG	Gesetz über das Aufspüren von Gewinnen aus schweren Straftaten (Geldwäschegesetz)
h.A.	herrschende Ansicht
h.Lit.	herrschende Literatur
h.M.	herrschende Meinung
HADDEX	Handbuch der deutschen Exportkontrolle
HRRS	Online-Zeitschrift für Höchstrichterliche Rechtsprechung im Strafrecht
Hrsg.	Herausgeber
Hs.	Halbsatz
i.d.F.	in der Fassung
i.d.R.	in der Regel
i.d.S.	in diesem Sinne
i.e.	id est
i.E.	im Ergebnis
i.S.	im Sinne
i.S.d.	im Sinne der/des
i.S.e.	im Sinne eine/r/s
i.S.v.	im Sinne von
i.Ü.	im Übrigen
i.V.m.	in Verbindung mit
insb.	insbesondere
Iran-Embargo-VO	Verordnung (EU) Nr. 961/2010 über restriktive Maßnahmen gegen Iran und zur Aufhebung der Verordnung (EG) Nr. 423/2007 (Iran-Embargo-Verordnung)
IT	Informationstechnik
JA	Juristische Arbeitsblätter
JR	Juristische Rundschau
Jura	Juristische Ausbildung (Zeitschrift)
JuS	Juristische Schulung (Zeitschrift)
JZ	Juristenzeitung
Kap.	Kapitel
Kfz	Kraftfahrzeug
KG	Kammergericht
KJ	Kritische Justiz
KK-OWiG	Karlsruher Kommentar zum Gesetz über Ordnungswidrigkeiten
KPD	Kommunistische Partei Deutschlands
krit.	kritisch/e/er
KrWaffG	Gesetz über die Kontrolle von Kriegswaffen (Kriegswaffenkontrollgesetz)
KWG	Gesetz über das Kreditwesen (Kreditwesengesetz)
KWL	Kriegswaffenliste
LFBG	Lebensmittel-, Bedarfsgegenstände- und Futtermittelgesetzbuch
LG	Landgericht
Lit.	Buchstabe/Literatur

LK-StGB	Leipziger Kommentar zum Strafgesetzbuch
LMuR	Lebensmittel & Recht (Zeitschrift)
m.Anm.	mit Anmerkung
m.M.	Mindermeinung
m.w.N.	mit weiteren Nachweisen
MAR	Verordnung über Marktmissbrauch (Marktmissbrauchsverordnung)
MDR	Monatsschrift für Deutsches Recht
MG 3	Standardmaschinengewehr der Bundeswehr
MIG-21	Mikojan-Gurewitsch 21; in der ehemaligen Sowjetunion entwickelter einstrahliger Abfangjäger.
MüKo-BGB	Münchener Kommentar zum Bürgerlichen Gesetzbuch
MüKo-StGB	Münchener Kommentar zum Strafgesetzbuch
n.F.	neue Fassung
NJOZ	Neue Juristische Online-Zeitschrift
NJW	Neue Juristische Wochenschrift
NK-StGB	Nomos Kommentar zum Strafgesetzbuch
Nr.	Nummer
Nrn.	Nummern
NSDAP	Nationalsozialistische Deutsche Arbeiterpartei
NStZ	Neue Zeitschrift für Strafrecht
NStZ-RR	Neue Zeitschrift für Strafrecht Rechtsprechungs-Report
NVwZ	Neue Zeitschrift für Verwaltungsrecht
NZG	Neue Zeitschrift für Gesellschaftsrecht
NZS	Neue Zeitschrift für Sozialrecht
NZWiSt	Zeitschrift zum Wirtschafts-, Steuer- und Unternehmensstrafrecht
OLG	Oberlandesgericht
OVG	Oberverwaltungsgericht
OWiG	Gesetz über Ordnungswidrigkeiten (Ordnungswidrigkeitengesetz)
PdW	Prüfe dein Wissen
PharmR	Pharma Recht (Fachzeitschrift für das gesamte Arznei-mittelrecht)
PIN	Personal Identification Number
PKK	Arbeiterpartei Kurdistans
ProdHaftG	Gesetz über die Haftung für fehlerhafte Produkte (Produkthaftungsgesetz)
RabelsZ	Rabels Zeitschrift für ausländisches und internationales Privatrecht
RAF	Rote-Armee-Fraktion
RGBl.	Reichsgesetzblatt
RGSt	Entscheidungen des Reichsgerichts in Strafsachen
RiL	Richtlinie
RIW	Recht der Internationalen Wirtschaft
Rn.	Randnummer
Rs.	Rechtssache
Rspr.	Rechtsprechung
S.	Seite
SGB	Sozialgesetzbuch
SK-StGB	
Slg.	Sammlung
sog.	sogenannte/r

SS	Sturmstaffel
SSW	Satzger/Schluckebier/Widmaier
st.Rspr.	Ständige Rechtsprechung
StB	Steuerberater (Zeitschrift)
StGB	Strafgesetzbuch
StR	Strafrecht
StRG	Strafrechtsänderungsgesetz
StrlSchG	Gesetz zum Schutz vor der schädlichen Wirkung ionisierender Strahlung (Strahlenschutzgesetz)
StrlSchV	Verordnung über den Schutz vor Schäden durch ionisierende Strahlen (Strahlenschutzverordnung)
StV	Strafverteidiger (Zeitschrift)
TDG	Gesetz über die Nutzung von Telediensten (Teledienstegesetz)
TMG	Telemediengesetz
u.a.	unter anderem
UAbs.	Unterabsatz
UN	Vereinte Nationen (United Nations)
Urt.	Urteil
USA	Vereinigte Staaten von Amerika (United States of America)
usw.	und so weiter
v.	von/vom
VG	Verwaltungsgericht
vgl.	vergleiche
VO	Verordnung
WaffG	Waffengesetz
WEP	Wired Equivalent Privacy
WiB	Wirtschaftliche Beratung (Zeitschrift)
WissR	Wissenschaftsrecht (Zeitschrift)
WiStR	Wirtschaftsstrafrecht
Wistra	Zeitschrift für Wirtschafts- und Steuerstrafrecht
WPA	Wi-Fi Protected Access
WpHG	Wertpapierhandelsgesetz
WTO	Welthandelsorganisation
z.B.	zum Beispiel
z.T.	zum Teil
ZaöRV	Zeitschrift für ausländisches öffentliches Recht und Völkerrecht
ZfZ	Zeitschrift für Zölle und Verbrauchsteuern
ZIS	Zeitschrift für Internationale Strafrechtsdogmatik
ZK	Verordnung (EWG) Nr. 2913/92 zur Festlegung des Zollkodex der Gemeinschaften (Zollkodex der Gemeinschaften)
ZLR	Zeitschrift für Lebensmittelrecht
ZollR	Zollrecht
ZRP	Zeitschrift für Rechtspolitik
ZStW	Zeitschrift für die gesamte Strafrechtswissenschaft
zust.	zustimmend
ZZP	Zeitschrift für Zivilprozess

Teil 1: **Einführung**

Einführung

Das deutsche Außenwirtschafts(straf)recht sieht sich dem Vorwurf ausgesetzt, es habe sich in den vergangenen Jahren und Jahrzehnten mehr und mehr zu einem Spielball für politischen Aktionismus sowohl des nationalen Gesetzgebers als auch – aufgrund der unmittelbaren Bezugnahme auf Unionsrecht – des Unionsgesetzgebers entwickelt; es habe den Bezug zu seinen ursprünglichen Schutzgütern (die wesentlichen Sicherheitsinteressen der Bundesrepublik Deutschland, das friedliche Zusammenleben der Völker sowie die auswärtigen Beziehungen Deutschlands) verloren. Stattdessen halten materiefremde Regelungszwecke Einzug in das Rechtsgebiet, das dadurch nicht nur an Präzision und Kontur verliert, sondern sich für exportierende Wirtschaftszweige zu einem unüberwindlichen Hindernis entwickelt.

Symptomatisch für diese Entwicklung und ihre Rezeption durch die Allgemeinheit ist die Diskussion um die sog. Dual-Use-Problematik. Das Spektrum der Lebensbereiche, die unter den Dual-Use-Begriff fallen, ist breit und nicht abschließend definiert. So taucht der Begriff in den verschiedensten Bereichen auf: im Kontext von Forschung und Entwicklung, im Zusammenhang mit Gefahrguttransporten, in der Exportkontrolle und in Bezug auf die auswärtigen Beziehungen sowie – vor allem in jüngerer Zeit – im IT-Sektor.

Umgangssprachlich und im Zusammenhang mit der Diskussion um sog. Zivilklauseln beschreibt die Presse „Dual Use" als „Forschung, die zum Wohle der Menschheit betrieben wird, die in den falschen Händen aber zur Katastrophe führen kann".[1] Sind nur Forschungsgegenstände mit unmittelbar militärischem Verwendungszweck bzw. entsprechender Intention erfasst oder ist der Begriff weit zu verstehen und es zählt hierzu bereits alles, was bloß potentiell zu militärischen oder terroristischen Zwecken verwendet werden könnte? Treffend stellt *Horn*[2] mit Blick auf die Problematik eines weiten Verständnisses fest: „Es lassen sich die Felder zivil motivierter Forschungsanstrengungen kaum mehr zählen, die nicht zugleich einem militärischen Interesse und Nutzen zugänglich sind oder werden könnten. Man denke nur an die naheliegenden Bereiche wie die Medizin- und Pharmaforschung, die Nanotechnologie und Optik, die Informations- und Nachrichtentechnik, die Werkstoff-, Laser- und Satellitenforschung oder die Roboter-

---

1 http://www.faz.net/aktuell/gesellschaft/die-geschichte-eines-virus-jenseits-von-eden-11749185-p4.html. Eingehend dazu *Nestler* JZ 2019, 1074 ff.

2 Wissenschaft folgt dem Freiheitsgebot. Verfassungsrechtlicher Widerstand gegen Zivilklauseln an Hochschulen, in: Forschung & Lehre 2012, 808, 810.

https://doi.org/10.1515/9783110793246-003

systementwicklung." Er beschreibt damit genau das, was von anderen als „dual use research of concern" (DURC)[3] bezeichnet wird.

Allerdings trifft der Fokus auf die Bereiche von Wissenschaft und Forschung die Bedeutung des Dual-Use-Begriffs nur partiell. Ursprünglich entstammte der Terminus „Dual-Use" nicht dem Bereich von Wissenschaft und Forschung, sondern der Exportkontrolle. Er bezog sich auf Waren (einschließlich Software und Technologie), Güter oder auch Verhaltensweisen, die zwar primär für einen zivilen Verwendungszweck erforscht, hergestellt oder vorgenommen worden sind, die aber aufgrund bestimmter Eigenschaften oder gar aufgrund der Intention ihrer Eigentümer, Empfänger, Käufer usw. auch für militärische Zwecke verwendet oder schlicht bedeutsam werden können. Rechtlich verortet ist der Terminus damit im Außenwirtschafts(straf)recht. Das AWG belegt Verstöße gegen die von der EU erlassene Dual-Use-VO[4] mit einer Strafbewehrung, § 18 Abs. 5 AWG.[5] Die Reichweite der außenwirtschaftsstrafrechtlichen Regelungen geht dabei aber über die in der Anlage zur Dual-Use-VO genannten Wirtschaftsgüter weit hinaus; sie erfasst auch nicht gelistete Waren, die bspw. für eine militärische Endverwendung bestimmt sind oder dies nur sein können, und schließt die Vorschriftenbestände etlicher Regelwerke ein, vgl. §§ 17–22 AWG, §§ 77–79 AWV, §§ 15–20 CWÜAG, §§ 12, 13 CWÜV, §§ 19–24 KrWaffG. Darüber hinaus adressiert Art. 5 Dual-Use-VO mit der Ausfuhr sog. Cyber Surveillance Technology ein schier unüberschaubares Feld von Gütern. Es erscheint daher naheliegend, Antworten auf die diffizilen Definitions- und Abgrenzungsfragen im Außenwirtschaftsstrafrecht zu suchen. Erst eine Konturierung der Schutzrichtung seiner Tatbestände kann letztlich Klarheit über den Dual-Use-Begriff liefern und die Debatte auch an anderer Stelle vorantreiben.

Die Dual-Use-Eigenschaft bestimmter Forschungsgegenstände, Wirtschaftsgüter oder Verhaltensweisen zum Anlass für das Eingreifen von Strafrecht zu nehmen, bedeutet, an die bloße Möglichkeit bzw. ein gegebenenfalls auch nur ein abstrakt bestehendes Risiko (militärischer oder illegitimer Verwendung) anzu-

---

3 Vgl. zu dem Begriff eingehend *Nestler* JZ 2019, 1074, 1076 ff.

4 Siehe die Dual-Use-VO, VO (EU) 2021/821 vom 20.5.2021 über eine Unionsregelung für die Kontrolle der Ausfuhr, der Vermittlung, der technischen Unterstützung der Durchfuhr und der Verbringung betreffend Güter mit doppeltem Verwendungszweck, ABl. L 206 vom 11.6.2021, S. 1. Vgl. auch die a.F.: VO (EG) Nr. 428/2009 v. 5.5.2009 über eine Gemeinschaftsregelung für die Kontrolle der Ausfuhr, der Verbringung, der Vermittlung und der Durchfuhr von Gütern mit doppeltem Verwendungszweck, ABl. L 134 S. 1; berichtigt in ABl. L 224 vom 27.8.2009, S. 21 und ABl. L 27 vom 3.2.2015, S. 46.

5 I.d.F. des Art. 1 des Gesetzes zur Modernisierung des Außenwirtschaftsrechts v. 6.6.2013 (BGBl. 2013/I, S. 1482); in dieser Fassung erfasst die Verweisung des § 18 Abs. 5 AWG Verstöße gegen Art. 5 Dual-Use-VO (noch) nicht.

knüpfen – was jedoch nicht nur im Hinblick auf ultima-ratio-Prinzip und Rechtsgüterschutzgedanken problematisch erscheint. Es besteht obendrein die Befürchtung, dass das einschlägige (Außenwirtschafts)Strafrecht schutzzweckentleert als Vehikel zur Befriedigung allgemeiner, nur pauschaler oder gar bloß vermeintlicher „Sicherheitsbedürfnisse" gebraucht wird, die sich außerhalb seiner eigentlichen Bestimmungen und Ziele bewegen.

Diesem Vorwurf wird im Rahmen dieser Untersuchung nachgegangen. Welche (strafrechtlichen) Regelungsmechanismen existieren in Bezug auf Wirtschaftsgüter und/oder Verhaltensweisen mit Dual-Use-Eigenschaft und wie wirken sie? Woran knüpft die Strafbewehrung an? In Bezug auf diese Fragestellungen ergibt sich folgende Vermutung, die es zu verifizieren gilt: Es realisieren sich in der Dual-Use-Problematik aktuelle und bedenkliche Entwicklungstendenzen, u. a. die Vorverlagerung des Eingreifens von Strafrecht in das Vorfeld einer eigentlichen Schädigungshandlung, die Implementierung diffuser Kollektivinteressen unter Opferung der ursprünglichen Schutzzwecke (hier: der wesentlichen Sicherheitsinteressen der Bundesrepublik Deutschland, des Völkerfriedens sowie der auswärtigen Beziehungen Deutschlands, vgl. § 4 Abs. 1 AWG) sowie die Einpflegung täterschaftlicher Spielarten des Strafrechts in unsere Rechtsordnung. Die Dual-Use-Debatte spiegelt damit wider, woran das (Außenwirtschafts)Strafrecht insgesamt krankt.

Die Brisanz der mit der Beantwortung solcher Fragen verbundenen Schwierigkeiten, die Aktualität des Themas sowie das Bedürfnis für die vorliegende Untersuchung zeigen sich jedoch nicht nur im Außenwirtschaftsstrafrecht, sondern in vielen anderen, ganz konkreten Problemfeldern; auf drei dieser Problembereiche sei bereits an dieser Stelle exemplarisch hingewiesen:

(1.) Besonders deutlich tritt das Bedürfnis, die eingangs aufgeworfenen Fragen zu beantworten, in der Debatte um die Einführung sog. Zivilklauseln an Universitäten zu Tage.[6] Dazu gehören jegliche Vorgaben[7], Vorschriften[8], Verhaltensnormen[9] oder pauschale Statements[10], durch die sich eine Forschungseinrichtung von Forschung „zu militärischen oder militärisch verwendbaren Zwecken" lossagt. Die Zivilklauselproblematik wird immer wieder und vor verschiedenen Hintergründen

6 Siehe auch *Nestler* JZ 2019, 1074, 1075.

7 *Herzmann* WissR 2011, 375, 376.

8 *Lassahn* JZ 2014, 650, 652.

9 Siehe z. B. Pressemeldung der Universität Kassel v. 4.12.2013.

10 Deutschlandfunk v. 16.7.2013, https://www.deutschlandfunk.de/eingriff-in-die-freiheit-der-wissenschaft.680.de.html?dram:article_id=254207.

aktuell, zumeist im Zusammenhang mit besonders pressewirksamen Einzelfällen.[11] Bereits Mitte der achtziger Jahre des zwanzigsten Jahrhunderts legte bspw. die Universität Bremen fest, dass „jede Beteiligung von Wissenschaft und Forschung mit militärischer Nutzung bzw. Zielsetzung" vom Akademischen Senat abgelehnt werden müsse.[12] Bis heute haben in mehreren Bundesländern verschiedene Hochschulen solche Klauseln eingeführt.[13] Die enorme Bedeutung, die der Forschung in diesen Feldern zukommt, spiegelt ihre Rezeption durch Medien und Öffentlichkeit wider. Denn neben der Zivilklausel haben Konjunktur u. a. auch Berichte über medizinische Forschung, die zur Herstellung biologischer Waffen missbraucht werden könnte.[14] Das Risiko, dass Forschungsergebnisse mit Gefährdungspotential in falsche Hände gelangen, scheint allgegenwärtig.[15]

In Bezug auf jeglichen Umgang mit gefährlichen Waren, Stoffen oder Gegenständen setzt das Außenwirtschaftsstrafrecht selbst – ganz unabhängig von der Zivilklauseldebatte – aber bereits de lege lata deutliche Grenzen: Blickt man auf die Forschung, so verlangt diese jedenfalls (abgesehen von der Absicht des Erkenntnisgewinns) keine spezifische Intention[16], so dass es darauf auch für die Frage ihrer Zulässigkeit nicht ankommen kann. Man könnte vereinfacht formulieren, dass ein Forscher überhaupt nicht wissen kann, ob er an etwas Militärischem oder Verbotenem forscht, bevor er es nicht erforscht hat. Dieser Umstand erschwert es dem Gesetzgeber, insbesondere strafrechtlichen Regelungsbedarf –

---

11 Das Thema wird immer wieder und vor verschiedenen Hintergründen aktuell, i. d. R. im Zusammenhang mit einzelnen Extremfällen, die mediale Aufmerksamkeit genossen haben. Siehe etwa zur Kontrolle der Forschung an Insekten, die sich als Biowaffen einsetzen lassen: https://www.mpg.de/12316482/darpa-insect-ally; zur Forschung an künstlicher Intelligenz (KI) in der Medizin: https://www.faz.net/aktuell/wissen/die-debatte-wir-werden-von-computern-geheilt-16093688.html; zu Menschenrechten im Zusammenhang mit der Forschung an Neurotechnologie: https://politik-digital.de/news/neurotechnologie-menschenrechte-152277/; allgemein dazu *Hufen* Forschung & Lehre 2/2017.

12 Dazu *Streibl* FIfF 1/12.

13 Darunter z. B. Technische Universität Berlin, Technische Universität Dortmund, Eberhard Karls Universität Tübingen, Technische Universität Darmstadt, Georg-August-Universität Göttingen, Johann Wolfgang Goethe-Universität Frankfurt am Main, Universität Kassel, Albert-Ludwigs-Universität Freiburg.

14 Vgl. nur http://www.spiegel.de/unispiegel/studium/ruestungsforschung-an-uni-und-fh-studenten-verlan-gen-zivilklausel-a-979725.html oder http://www.faz.net/aktuell/rhein-main/mit-zivilklauseln-gegen-die-kriegsforschung-1573153.html statt vieler.

15 Vgl. nur die zahlreichen Medienberichte, u. a. in https://www.faz.net/aktuell/feuilleton/debatten/wie-china-die-europaeische-wissenschaft-ausbeutet-18044032.html (vom 19. 5. 2022) sowie https://correctiv.org/aktuelles/wirtschaft/2022/05/18/wie-deutschlands-wissenschaft-china-hilft-zur-militaer-supermacht-aufzusteigen/?utm_source=pocket-newtab-global-de-DE (19. 5. 2022).

16 *Nestler* JZ 2019, 1074, 1076.

oder Bedarf gerade für eine Nicht-Regelung – zu erkennen. Gleichwohl kommt es zu Überschneidungen mit den Verboten des Außenwirtschaftsstrafrechts, vor allem in Bereichen der angewandten Wissenschaft, z. B. soweit das Gesetz schon die „Entwicklung" bestimmter Waren, Stoffe oder Waffen usw. verbietet.[17] Das Kriegswaffenkontrollgesetz (KrWaffG) bspw. untersagt in § 17 Abs. 1 Nr. 1 KrWaffG die Entwicklung von Atomwaffen. Der Begriff der Entwicklung deutet dabei zumindest an, Forschung könnte ggf. als deren Teilbereich ebenfalls von den Vorschriften dieses Gesetzes erfasst sein. § 1 Abs. 3 KrWaffG stellt dazu klar, dass insbesondere für Atomwaffen nach § 17 Abs. 2 KrWaffG, sowie für biologische und chemische Waffen nach § 18 KrWaffG ein absolutes (Entwicklungs-)Verbot besteht.

In der Einleitung zur Kriegswaffenliste heißt es zwar, von der Begriffsbestimmung der Waffen seien ausgenommen all diejenigen Vorrichtungen, Teile, Geräte, Einrichtungen, Substanzen und Organismen, die (zivilen Zwecken oder) der wissenschaftlichen, medizinischen oder industriellen Forschung auf den Gebieten der reinen und angewandten Wissenschaft dienen.[18] Wie das gemeint sein soll, bleibt angesichts der enormen Reichweite der Forschungsfreiheit (Art. 5 Abs. 3 GG) aber äußerst fraglich. Es wird sich nämlich kaum ausschließen lassen, dass ein in der Anlage zum Kriegswaffenkontrollgesetz gelisteter Gegenstand (zumindest auch) der Wissenschaft dient. Eine Ausschließlichkeit dieses Gebrauchs ist in der Kriegswaffenliste indes nicht vorgesehen. Der Begriff des Entwickelns von Atomwaffen setzt nach bislang überwiegender Ansicht[19] – soweit hiervon in diesem Bereich aufgrund des schwachen Literaturfundaments überhaupt die Rede sein kann – jedoch nicht voraus, dass die Tätigkeit auf die Schaffung einer bislang mit ihren spezifischen Eigenschaften noch nicht existenten Kriegswaffe abzielt. Eine derart enge Auslegung widerspricht dem Regelungsziel des KrWaffG, da im Bereich der Kriegswaffenproduktion mittlerweile nicht das Erfinden völlig neuer Waffen, sondern das Erlangen der technologischen Voraussetzungen für eine Eigenproduktion bereits bekannter Kriegswaffen

---

17 Eingehend dazu *Nestler* JZ 2019, 1074, 1079. Hingewiesen sei an dieser Stelle der Vollständigkeit halber auf Erwägungsgrund Nr. 13 der Dual-Use-VO, der „wissenschaftliche Grundlagenforschung" explizit aus dem Anwendungsbereich der Exportkontrolle herausnimmt; vgl. auch Art. 8 Abs. 3 Lit. b Dual-Use-VO.

18 Teil A der Anlage zum KrWaffG, Ausführungsgesetz zu Art. 26 Abs. 2 GG (Gesetz über die Kontrolle von Kriegswaffen) i. d. F. der Bekanntmachung vom 22.11.1990, BGBl. 1990/I S. 2506 ff.

19 BGH NJW 2010, 387; *Alexander/Winkelbauer* in: Müller-Gugenberger, § 73 Rn. 22; *Beckemper* in: Achenbach/Ransiek/Rönnau, 4. Teil Rn. 82; *Heinrich* in: MüKo-StGB, § 19 KrWaffG Rn. 7; *Holthausen/Kreuzer* NStZ 1997, 288, 291; *Nestler* in: ERST, § 19 KrWaffG Rn. 5; *Pathe/Wagner* in: Bieneck, Handbuch AWR, § 44 Rn. 117; *Pietsch* in: Hohmann/John, Ausfuhrrecht, Teil 5, § 17 Rn. 4; *Pietsch* NStZ 2001, 234, 235 statt vieler.

im Vordergrund steht.[20] Der Begriff zielt, anders als der Terminus der Forschung, somit in erster Linie auf die Reproduktion vorhandener Erkenntnisse, nicht aber auf „die Fragestellung und die Grundsätze der Methodik sowie die Bewertung des Forschungsergebnisses und seiner Verbreitung“[21] ab. Die Begriffe überschneiden sich damit teilweise, soweit mit dem Entwickeln tatsächlich ein Erkenntnisgewinn intendiert ist. Der sachliche Schutzbereich der Forschungsfreiheit erfasst jedoch nicht den sich anschließenden Vorgang der nachahmenden Reproduktion. Soweit Forschung also mit der Entwicklung i.S.d. § 17 Abs. 1 Nr. 1 KrWaffG übereinstimmt, ist sie vom Anwendungsbereich des Gesetzes umfasst – wobei es gerade diese Grenzziehung weiter zu präzisieren gilt.[22]

(2.) Die Aufarbeitung des vorliegenden Untersuchungsgegenstands wird auch zur Bewältigung der niemals abgeebbten Diskussion um sog. Präventionsstrafrecht beitragen.[23] Denn strafbewehrte Beschränkungen des Umgangs mit Dual-Use-Waren stellen präventiv ausgerichtete Sicherungsmaßnahmen dar, die im Vorfeld kriegerischer, terroristischer oder sonstiger Aggression angesiedelt sind und gewaltsame Eskalationen politischer Spannungen oder Menschenrechtsverletzungen verhindern sollen. Jede Strafbewehrung solcher Beschränkungen bedeutet aber präventives Strafrecht. Nun ergibt sich für derlei Tatbestände – generell und nicht lediglich für die hier beleuchteten – das Problem einer nur eingeschränkten Vereinbarkeit mit den Zielen und der Konzeption des Strafrechts als solchem.[24] Derartigen Normen wird vorgeworfen, durch sie werde das Strafrecht mit politischen Steuerungsaufgaben aufgeladen, das Strafrecht als solches werde über symbolische Anforderungen missbraucht, etwa um politische Sicherheitsversprechen zu untermauern.[25] Mit welchen Begründungen und wie weit der strafrechtliche Schutz in das Vorfeld einer eigentlichen Schädigung des jeweiligen Schutzguts verlagert werden darf, ohne dass ein „falsch etikettiertes Gefahrenabwehrrecht“[26] entsteht, hat den Gesetzgeber der AWG-Reform[27] jedoch

---

20 Vgl. etwa OLG Düsseldorf, NStZ 2000, 378.

21 BVerfGE 35, 79, 112.

22 Eingehend dazu *Nestler* JZ 2019, 1074, 1079.

23 Wobei diese Thematik nicht den Schwerpunkt dieser Untersuchung bildet, die daher keinesfalls den Anspruch auf Vollständigkeit erhebt. Eingehend beleuchtet wird die Problematik u. a. von *Puschke* Legitimation, Grenzen und Dogmatik von Vorbereitungstatbeständen, 2017 sowie *Wohlers* Deliktstypen des Präventionsstrafrechts – zur Dogmatik „moderner“ Gefährdungsdelikte, 2000.

24 Vgl. nur *Hassemer/Neumann* in: NK-StGB, vor § 1 Rn. 108 ff.

25 *Albrecht* Der Weg in die Sicherheitsgesellschaft: Auf der Suche nach staatskritischen Absolutheitsregeln, S. 119 f.

26 So krit. *Sieber* NStZ 2009, 353, 355.

nicht beschäftigt. U. a. mit Blick darauf bleibt herauszuarbeiten, wie weit sich die Strafnormen des AWG von ihren ursprünglichen Schutzzwecken entfernt haben und welchen Schutzzielen sie sich heute verschreiben.

(3.) Die vorliegende Untersuchung wird über die Dual-Use-Problematik hinausgehend auch die Debatte um täterschaftliche Regelungstendenzen vorantreiben und für die damit verbundenen Risiken sensibilisieren. Es existieren außenwirtschaftsrechtliche strafbewehrte Begrenzungen im Hinblick auf die Ausübung verschiedenster Geschäftstätigkeiten, die, genau wie die Dual-Use-Waren, als ambivalent zu bewerten sind, jedoch mit Blick auf die Schutzziele des § 4 AWG problematisch erscheinen. Dies gilt etwa für die Genehmigungspflicht für Lieferungen von Waren mit doppeltem Verwendungszweck nur an bestimmte Ziele oder Empfänger, vgl. Art. 4 ff. Dual-Use-VO. Die Frage aber, ob in den Händen bestimmter Empfänger oder Käufer von diesen Wirtschaftsgütern eine größere Gefahr ausgeht, als bei anderen Abnehmern, individualisiert die einschlägigen Straftatbestände in Bezug auf konkrete natürliche und juristische Personen.

Solche Individualisierungsmuster sind bekannt aus der Diskussion um sog. smarte Sanktionen. Während früher Embargomaßnahmen lediglich gegen einen oder mehrere Staaten (d. h. gegen Völkerrechtssubjekte) verhängt wurden, richten sich diese Sanktionen gezielt gegen einzelne juristische oder natürliche Personen bzw. Organisationen.[28] Da die Strafvorschriften des AWG auf einschlägige Sanktionsnormen in Verordnungen unmittelbar Bezug nehmen, wird die jeweilige (smarte) Sanktion zum Inhalt des strafrechtlichen Tatbestands; fokussieren die in Bezug genommenen Maßnahmen dabei aber lediglich einzelne Individuen, so entstehen durch diese Bezugnahmen personenbezogene Straftatbestände, die etwa eine bestimmte Geschäftstätigkeit der oder mit den betreffenden Personen unter Strafe stellen. Diese Strukturen bedürfen einer näheren Entschlüsselung.

---

27 Art. 1 des Gesetzes zur Modernisierung des Außenwirtschaftsrechts v. 6. 6. 2013, BGBl. 2013/I S. 1482 ff.

28 *Niestedt* in: Krenzler/Herrmann/Niestedt, EU-Außenwirtschafts- und Zollrecht, § 50 Rn. 8.

Teil 2: **Dogmatische Grundlagen**

A Begriff der Dual-Use-Güter

Die Frage, ob ein Gegenstand doppelt verwendbar ist, lässt sich regelungstechnisch auf zwei verschiedene Arten behandeln: durch Listen oder durch Generalklauseln. Dual-Use-Aspekte werden dabei in unterschiedlichen Regelungskontexten relevant, allen voran im Außenwirtschaftsstrafrecht, ebenso aber im Kernstrafrecht.[29]

I. Regelung durch Liste

Der Bundesgesetzgeber hat sich, in Übereinstimmung mit dem Vorgehen der EU, an vielen Stellen für eine Listentechnik entschieden. Ob es sich um ein Dual-Use-Gut handelt oder nicht, richtet sich danach, ob die Ware in einer einschlägigen Güterliste genannt wird.

Dabei besteht eine enge Verzahnung von nationalem Recht und EU-Recht. Das nationale Recht darf dem Recht der EU weder widersprechen[30], noch dieses wortlautgleich wiederholen[31]. Das Unionsrecht selbst enthält aufgrund der beschränkten Strafrechtsetzungskompetenz in Art. 83 AEUV jedoch keine unmittelbar anwendbaren Straftatbestände.[32] Dementsprechend bleibt als einzig

29 Ähnlich in den Bereichen von Gefahrguttransporten und Biostoffen, die aus Gründen des Gesamtzusammenhangs jedoch einer gesonderten Betrachtung zugeführt werden müssten.

30 Sog. Vorrang des EU-Rechts, anerkannt vom EuGH in seinem Urt. v. 15.7.1964 in der Rechtssache Costa gegen Enel. Laut dem Grundsatz des Vorrangs hat das EU-Recht ein höheres Gewicht als das Recht der Mitgliedstaaten. Der Grundsatz des Vorrangs gilt für alle EU-Rechtsakte mit verbindlicher Wirkung. Die Mitgliedstaaten dürfen also keine nationale Rechtsvorschrift anwenden, die im Widerspruch zum EU-Recht steht. Das nationale Recht wird weder für ungültig erklärt noch außer Kraft gesetzt, es wird lediglich seine verbindliche Wirkung ausgesetzt, vgl. EuGH Rs. 6/64, Italien, Slg. 1964, S. 1268 ff.

31 Sog. Normwiederholungsverbot, abgeleitet aus Art. 4 Abs. 3, 19 Abs. 1 S. 2 EUV. Es besagt, dass mit dem unmittelbar geltenden Unionsrecht inhaltsgleiche Regelungen der Mitgliedstaaten unionsrechtswidrig sind. Ein solches Normwiederholungsverbot erkennt der EuGH in st.Rspr. aber nur dann an, wenn die mitgliedstaatlichen Regelungen die unmittelbare und vorrangige Geltung des Unionsrechts unterminieren. Davon kann wiederum, so der EuGH, nur ausgegangen werden, wenn die Regelungen absolut deckungsgleich sind – hier nicht der Fall – oder die mitgliedstaatliche Regelung eine angestrebte Vollharmonisierung untergräbt, vgl. EuGH Rs. 39/72, Italien, Slg. 1973, S. 101; EuGH Rs. 34/73, Variola, Slg. 1973, S. 981, Rn. 9 ff.; EuGH Rs. C-272/83, Rn. 26 f.

32 Etwas anderes gilt z. B. im Hinblick auf die finanziellen Interessen der Europäischen Union, vgl. Art. 325 AEUV.

https://doi.org/10.1515/9783110793246-004

gangbarer Weg die Verweisung durch das nationale Recht auf das unmittelbar anwendbare Unionsrecht.

So nimmt bspw. § 18 Abs. 5 AWG Bezug auf die Dual-Use-VO[33] und stellt bestimmte Verstöße dagegen unter Strafe. Die Verordnung wiederum enthält Regelungen betreffend den Im- und Export von Gütern mit doppeltem Verwendungszweck und findet ihre nationale Ergänzung in Teil I Abschnitt B der Ausfuhrliste, die ebenfalls Güter mit doppeltem Verwendungszweck erfasst.[34]

Die folgenden Feststellungen sind insofern besonders interessant, als die Dual-Use-VO nicht die einzige im Rahmen dieser Untersuchung relevante Liste enthält. Weitere Dual-Use-Güter finden sich z. B. auch in der von § 18 Abs. 4 AWG in Bezug genommenen Anti-Folter-VO[35] oder in der Chemische Stoffe-VO[36], auf die das ChemG verweist.

1. Vorbemerkung zur Verfassungsmäßigkeit der Verweisungstechnik

Eine Besonderheit nicht nur des Nebenstrafrechts im Allgemeinen, sondern vor allem der strafbewehrten Verbote im Außenhandel liegt demnach in der häufigen Verwendung von Blanketten, also von Strafnormen, die ihren Tatbestand nicht abschließend formulieren, sondern auf andere (außerstrafrechtliche) Vorschriften verweisen.[37] An dieser Stelle sind daher einige Vorbemerkungen zu dieser Rege-

---

33 VO (EU) 2021/821 vom 20.5.2021 über eine Unionsregelung für die Kontrolle der Ausfuhr, der Vermittlung, der technischen Unterstützung der Durchfuhr und der Verbringung betreffend Güter mit doppeltem Verwendungszweck, ABl. L 206 vom 11.6.2021, S. 1.

34 Siehe zur partiellen Identität des Teils I Abschnitt C der Ausfuhrliste a.F. und der Anlage I zur Dual-Use-VO *Nestler* in: ERST, Wirtschaftsstrafrecht, § 18 Rn. 24.

35 Verordnung (EU) 2019/125 des Europäischen Parlaments und des Rates v. 16.1.2019 über den Handel mit bestimmten Gütern, die zur Vollstreckung der Todesstrafe, zu Folter oder zu anderer grausamer, unmenschlicher oder erniedrigender Behandlung oder Strafe verwendet werden könnten (ABl. L 30 S. 1).

36 Verordnung (EG) Nr. 1907/2006 des Europäischen Parlaments und des Rates v. 18.12.2006 zur Registrierung, Bewertung, Zulassung und Beschränkung chemischer Stoffe (REACH), zur Schaffung einer Europäischen Chemikalienagentur, zur Änderung der Richtlinie 1999/45/EG und zur Aufhebung der Verordnung (EWG) Nr. 793/93 des Rates, der Verordnung (EG) Nr. 1488/94 der Kommission, der Richtlinie 76/769/EWG des Rates sowie der Richtlinien 91/155/EWG, 93/67/EWG, 93/105/EG und 2000/21/EG der Kommission (ABl. L 396 S. 1, ber. 2007 L 136 S. 3, ber. 2020 L 279 S. 23).

37 Bedeutung hat diese Deliktsstruktur u. a. bei Fragen des Irrtums oder der Auslegung des jeweiligen Merkmals, dazu *Hohmann* ZIS 2007, 42; vgl. bereits *Warda* Die Abgrenzung von Tatbestands- und Verbotsirrtum bei Blankett-Strafgesetzen, S. 5; siehe auch *Satzger/Langheld* HRRS 2011, 461.

lungstechnik veranlasst, die aber keinesfalls (!) als Diskussion der verfassungsrechtlichen Zulässigkeit von Blanketten missverstanden werden dürfen.[38] Diese Untersuchung setzt die prinzipielle Verfassungsmäßigkeit von Blanketten schlicht voraus[39] – vor folgendem Hintergrund:

Vor allem die Konstruktion der §§ 33, 34 AWG a.F. veranlasste das BVerfG wiederholt, zu deren Bestimmtheit nach Art. 103 Abs. 2 GG Stellung zu nehmen und dabei zu bestätigen, dass die Normen den Erfordernissen der Verfassung entsprechen.[40] Gerade mit Blick auf das Außenwirtschaftsstrafrecht dürfe das Bestimmtheitsgebot nämlich nicht übersteigert werden. Bei ständig wechselnden und mannigfaltigen Regelungsbedürfnissen seien tatbestandliche Spezifizierungen im Verordnungswege gerechtfertigt.[41] Dies könne, so seit jeher die Kritik der Lit.[42], aber freilich keine Generalermächtigung dafür liefern, in rascher zeitlicher Folge und ständigen außenpolitischen Umorientierungen gehorchend Straftatbestände in einer Weise aufzufüllen, dass zu guter Letzt in Folge der exzessiven Nutzung von Rechtssetzungsbefugnissen durch die Exekutive der Regelungsgehalt nicht mehr überschaubar ist. In der Kritik sind dabei in diesem Kontext sog.

---

38 Diese Diskussion führen eingehend u.a: *Schuster* Das Verhältnis von Strafnormen und Bezugsnormen aus anderen Rechtsgebieten, 2012; *Mansdörfer* Zur Theorie des Wirtschaftsstrafrechts, 2011.

39 Anders gesehen einzig in BVerfG NJW 2016, 3648 ff. Besprochen von *Sinn* ZJS 2018, 381 ff.; *Brand/Kratzer* JR 2018, 422 ff.; *Hecker* JuS 2017, 79 ff.; *Wiemers* DVBl 2017, 191 ff.; *Hennecke* NZWiSt 2017, 369 ff.; *Wallau/Martell* ZLR 2017, 49 ff.; *Hecker* NJW 2016, 3653 ff.; *Kempf* AnwBl 2017, 34 ff. Diese Rspr. lässt sich jedoch aufgrund der völlig unterschiedlichen Ausgangslage nicht auf den Dual-Use-Bereich übertragen. § 18 Abs. 5 AWG bezeichnet (anders als § 1 Abs. 1, Abs. 3 RiFlEtikettG a.F.) das Verweisungsziel klar und ausdrücklich. Allein dieser Unterschied schließt eine Übertragung dieser Ausnahme-Rspr. aus.

40 BVerfG NJW 1992, 2624; siehe auch BGH NJW 1992, 3114; OLG Koblenz NStZ 2009, 645; dazu *Bieneck* Wistra 1994, 173; *Jarass/Pieroth* GG, Art. 103 Rn. 50, 51; krit. *Herzog* Wistra 2000, 41; ebenso zu § 30a BNatSchG a. F. BGH NJW 1996, S. 3220; zust. aber ebenfalls krit. dazu *Pfohl* Wistra 1999, 165; a.A. *Weber* Naturschutz mit Strafrecht, S. 86 ff.

41 BVerfG NJW 1993, 1910; dazu *Hohmann* ZIS 2007, 45; vgl. auch *Heine* Lebensmittelstrafrecht, S. 156; *Satzger* JuS 2004, 943.

42 *Herzog* (Wistra 2000, 42 f.) hielt daher insbesondere den Tatbestand des § 34 Abs. 2 AWG (a.F.) mit seiner umständlichen Verweisungskette für gänzlich missraten und formuliert ihn wie folgt um: „Mit Freiheitsstrafe bis zu fünf Jahren oder mit Geldstrafe wird bestraft, wer in einer der aktuellen politischen Großwetterlage widersprechenden Weise ohne Genehmigung [,die ebenfalls entsprechend den aktuellen politischen Strömungen erteilt wird,] Außenhandel betreibt. Näheres regelt der Verordnungsgeber durch Verordnungen und Erläuterungen zu seinen Verordnungen, die kurzfristig den jeweiligen Änderungen der politischen Großwetterlage angepasst werden können."; krit. auch *Bieneck* Wistra 2000, 441; *Ipsen* Außenwirtschaft und Außenpolitik, S. 36 ff.; ähnlich krit. *Vergho* PharmR 2009, 225 zu § 96 AMG („mit Art. 103 Abs. 2 GG nicht vereinbar"); siehe auch *Deiseroth* KJ 1991, 237.

Rückverweisungsklauseln[43], weil in diesen Fällen scheinbar die Exekutive über das „Ob" der Sanktionierbarkeit entscheidet. Dazu hatte das BVerfG[44] im Lebensmittel(straf)recht im Jahr 2020 auf Vorlage des LG Stade[45] zu entscheiden. Das BVerfG hielt die vorgelegten Normen aber für verfassungsgemäß. Neben allgemeinen Ausführungen zu den Inhalten des Art. 103 Abs. 2 GG überprüfte es vor allem das Schwergewicht der Regelung. Dieses liege – trotz der Rückverweisung – aber beim Gesetzgeber: „Die Verlagerung der Konkretisierungskompetenz ... ist nicht zu beanstanden. Die Delegation spezifizierender Regelungssetzung auf den Verordnungsgeber trägt der Funktion einer Verordnungsermächtigung Rechnung, die Flexibilität des parlamentarischen Gesetzgebers zu wahren, ihn von Detailarbeit zu entlasten und ihm dadurch die Möglichkeit zu eröffnen, sich auf die grundlegenden Vorhaben zu konzentrieren und lediglich die wesentlichen Fragen selbst zu regeln; es soll ohne zeitaufwendiges Gesetzgebungsverfahren eine beschleunigte, kurzfristige Anpassung des Rechts an sich ändernde Verhältnisse erfolgen können". Diese Formulierung findet sich – so oder ähnlich – in etlichen Entscheidungen, in denen das BVerfG zu Blanketten mit Rückverweisungsklauseln Position beziehen musste – allen voran im Außenwirtschaftsstrafrecht zu den §§ 33, 34 AWG a.F.[46]

---

43 Eingehend zum Ganzen – einschließlich eines etwaigen Widerspruchs zu Art. 80 GG – *Schuster* Das Verhältnis von Strafnormen und Bezugsnormen aus anderen Rechtsgebieten, 2012, S. 199 ff.; ferner *Bieneck/Schäfer* Wistra 2011, 89, 91. Vgl. auch *Nestler* in: ERST, Wirtschaftsstrafrecht, § 19 AWG Rn. 6.

44 LMuR 2020, 240 ff.

45 LG Stade, Beschl. v. 15. 3. 2017 – 600 KLs 1100 Js 7647/10 (1/15).

46 BVerfG NJW 1992, 2624; grundlegend ferner BVerfGE 14, 245, 251. Dazu mag man vorwerfen: Da es letztlich dem Verordnungsgeber obliegt, eine entsprechende Rückverweisungsklausel aufzunehmen, entscheidet letztlich er und nicht der parlamentarische Gesetzgeber über das „Ob" der Strafbarkeit. Das „Ob" der Strafbarkeit bilde aber gewiss das sog. Schwergewicht der Regelung, das eigentlich auf der verweisenden Norm liegen muss. Allerdings ist eine bestehende oder fehlende Strafbarkeit aufgrund von Verwaltungsaktivitäten keine Besonderheit solcher Rückverweisungsklauseln; auch jede andere Verweisung ist in die Zukunft gerichtet. So stellt *Cornelius* (NStZ 2017, 688) schon zur Rindfleischetikettierungsentscheidung des BVerfG (BVerfGE 143, 38 ff.) fest: „Es ist ein fester Bestandteil eines dynamischen Strafblanketts, dass letztlich zum Zeitpunkt des Erlasses einer Vorschrift der Gesetzgeber nicht weiß, ob überhaupt und inwieweit der Verordnungsgeber entsprechende Rechtsverordnungen erlassen wird". Und selbst bei statischen Verweisen auf (EU-)Verordnungen, die bereits existieren, kann der Verordnungsgeber die Verordnung irgendwann aufheben, das Blankett unvollständig machen und damit – negativ – ebenfalls über das „Ob" der Strafbarkeit entscheiden; vgl. dazu *Nestler* ZLR 2020, 739, 750. Problematisch ist nach hiesiger Auffassung vielmehr die fehlende Angabe der einschlägigen Tathandlung bzw. deren bloße Umschreibung als „Zuwiderhandlung", s. dazu bspw. *Nestler* in: ERST, Wirtschaftsstrafrecht, § 17 Rn. 22 f., § 18 Rn. 6; vgl. auch *Safferling* NStZ 2009, 605 f. (Definitionsansatz auf S. 608 ff.) im Zusammenhang mit dem Merkmal der Gefährdungseignung in

Auch §§ 17 ff. AWG enthalten Blankett-Tatbestände.[47] Ihre Ausfüllungsnormen finden sich in Verordnungen des nationalen Verordnungsgebers gem. § 4 Abs. 1 AWG sowie der EU, wobei eine solche Ausgestaltung der Straftatbestände eine schnelle und flexible Reaktion auf überraschende außenwirtschaftsrechtliche Erfordernisse ermöglichen soll.[48] Diese Normstruktur soll – vor allem für diejenigen Blankette, deren Ausfüllungsnormen in EU-Verordnungen zu finden sind[49] – nach umstrittener, aber dennoch h.M.[50] in § 34 AWG a.F., wie bereits gesagt, den Anforderungen des Art. 103 Abs. 2 GG entsprochen haben. Nichts anderes gilt für die Folgenorm in § 18 Abs. 5 AWG, der die Verstöße gegen die Dual-Use-VO regelt. Wie dargelegt lässt das BVerfG derartige Normkonstruktionen sogar dann gelten, wenn auf die Verordnung „in der jeweils geltenden Fassung" verwiesen wird.[51]

Bezug auf die auswärtigen Beziehungen der BRD. Wenn man Verweisungen auf deutsche oder europäische Verordnungen generell als zulässig erachtet (darauf basiert fast das ganze Nebenstrafrecht), dann lassen sich auch Rückverweisungsklauseln prinzipiell nicht beanstanden. Etwaige in der Lit. bisher nicht untersuchte Folgewirkungen der Rspr. des BVerfG zu § 38 Abs. 3 Nr. 1 WpHG i.V.m. Art. 14 MAR (BVerfG BeckRS 2018, 13469) bleiben an dieser Stelle außer Betracht.

47 So bereits § 34 AWG a.F.: *Bieneck* Wistra 1994, 173; *Diemer* in: Erbs/Kohlhaas, Strafrechtliche Nebengesetze, § 34 AWG a.F. Rn. 2; *Wagner* in: MüKo-StGB, § 34 AWG a.F. Rn. 1; ebenfalls zu § 34 (Abs. 4) AWG a.F. BGHSt. 41, 127.

48 *Bieneck* in: Bieneck, Handbuch AWR, § 23 Rn. 22; *Bieneck* Wistra 1994, 173; *Diemer* in: Erbs/Kohlhaas, Strafrechtliche Nebengesetze, § 34 AWG a.F. Rn. 2; *Trouet* in: FS-Krause, S. 407, 418.

49 So z.B. noch in § 34 Abs. 2 i.V.m. § 33 Abs. 4 AWG a.F., die direkt auf Verstöße gegen eine unmittelbar geltende Vorschrift in Rechtsakten der EU abstellten. In § 17 AWG findet sich (anders als in § 18 AWG, s. dazu *Nestler* in: ERST, Wirtschaftsstrafrecht, § 18 Rn. 3 f.) jedenfalls keine solche Bezugnahme mehr, sondern es wird auf Rechtsverordnungen nach § 4 verwiesen – womit aber freilich noch nicht feststeht, dass diese Rechtsverordnungen nicht ihrerseits weiterverweisen. Zur Verfassungsmäßigkeit von Blankettgesetzen, die durch europäische Vorschriften ausgefüllt werden und zur Auslegungshoheit des EuGH s. *Harms/Heine* in: FS-Amelung, S. 393 ff.

50 So zu früheren Fassungen der Straftatbestände des AWG: BVerfG NJW 1993, 1909 f. (krit. allerdings in Bezug auf das Merkmal „Störung der auswärtigen Beziehungen"); BVerfGE 14, 245 ff.; BGH NJW 1992, 3115; OLG Hamm ZfZ 1992, 292; *Bieneck* Wistra 1994, 173; *Diemer* in: Erbs/Kohlhaas, Strafrechtliche Nebengesetze, § 34 AWG a.F. Rn. 2; *Trouet* in: FS-Krause, 1990, S. 407, 419 ff.; *Volkmann* ZRP 1995, 220, 223; a.A. wohl *Wagner* in: MüKo-StGB, § 34 AWG a.F. Rn. 1; nicht eindeutig, aber krit. *Michalke* StV 1993, 262, 264.

51 Krit. auch *Nestler* in: ERST, Wirtschaftsstrafrecht, § 19 AWG Rn. 8

2. Binnensystematik der Listen

a) Zusammenhang zwischen AWG und Dual-Use-VO

Für sämtliche in § 18 Abs. 5 Nrn. 1 bis 4 AWG genannten Verstöße knüpft der Tatbestand an die Dual-Use-VO an, mithin an ein Handeln im Zusammenhang mit Geschäften über Waren mit doppeltem Verwendungszweck, so wie sie in Anhang I der Verordnung gelistet sind. Anhang I dieser Verordnung zählt jedoch nicht alle Dual-Use-Waren abschließend auf. Vielmehr ergibt sich bereits aus Art. 4 Abs. 1, 5 Abs. 1 Dual-Use-VO, dass darüber hinaus auch andere Waren mit doppeltem Verwendungszweck existieren, vgl. den Wortlaut: Güter „mit doppeltem Verwendungszweck, die nicht in Anhang I aufgeführt sind". § 18 Abs. 5 Nrn. 1 bis 4 AWG bezieht sich auf beide Gruppen.

Gem. Art. 2 Nr. 1 1. Hs. Dual-Use-VO sind „Güter mit doppeltem Verwendungszweck" Waren einschließlich von Datenverarbeitungsprogrammen und Technologie, die sowohl für zivile als auch für militärische Zwecke verwendet werden können. Diese Legaldefinition bezieht sich sowohl auf die gelisteten Waren als auch auf die nicht gelisteten. Darüber hinaus definiert Art. 2 Nr. 20 Dual-Use-VO Güter für digitale Überwachung als „Güter mit doppeltem Verwendungszweck, die besonders dafür konstruiert sind, die verdeckte Überwachung natürlicher Personen durch Überwachung, Extraktion, Erhebung oder Analyse von Daten aus Informations- und Telekommunikationssystemen zu ermöglichen". Auch Überwachungstechnologie wird damit durch das Dual-Use-Regime erfasst. Für die in Anhang I genannten Gegenstände schreibt die Verordnung den doppelten Verwendungszweck unabhängig von ihrer tatsächlichen Verwendungsbestimmung oder sonstigen Umständen des Einzelfalls fest. Bei den nicht gelisteten Dual-Use-Waren bedarf es neben einer entsprechenden Subsumierbarkeit unter die Legaldefinitionen der Art. 2 Nr. 1 1. Hs., Nr. 20 Dual-Use-VO der im Verhältnis zu Art. 3 Dual-Use-VO strengeren Voraussetzungen der Art. 4, 5 Dual-Use-VO, damit die Ausfuhr in gleichem Maße genehmigungspflichtig ist.

b) Wertung innerhalb des AWG

Das AWG trifft eine gestufte Wertung, in die auch die Dual-Use-Waren einbezogen sind. Bei den in Teil I Abschnitt A der Ausfuhrliste genannten und von § 17 AWG in Bezug genommenen Waren handelt es sich um Waffen, Munition und Rüstungsmaterial sowie um bestimmte sonstige Güter, die als Bestandteile der Waffen „besonders konstruiert" sind.[52] Dabei soll es nach zutreffender h.M. auf ein

52 So für § 34 Abs. 1 Nr. 1 AWG a.F. *Wagner* in: MüKo-StGB, § 34 AWG a.F. Rn. 5. Zur Abgrenzung bei Dual-Use-Waren s. *Nestler* in: ERST, Wirtschaftsstrafrecht, § 18 Rn. 54.

ausschließlich objektives Begriffsverständnis ankommen, für das maßgeblich nicht jede geringfügige Modifikation eines zivilen Guts ist, sondern das konstruktive Änderungen an wesentlichen Funktionsmerkmalen der Ware erfordert.[53]

Entscheidend seien dabei vor allem die zur Tatzeit (§ 8 StGB) geltenden Anlagen zur Ausfuhrliste sowie die Anmerkungen, die integraler Bestandteil der Liste sind.[54] Die Ausfuhrliste beinhaltet als Auslegungshilfe solche Anmerkungen, die Aufschluss über das jeweilige Verständnis geben. Geboten sei somit nur eine eng an der Liste orientierte Begriffsbestimmung[55], die insbesondere nicht von der subjektiven Vorstellung des Herstellers, Transporteurs oder Verwenders abhängt.

Während die von § 17 AWG in Bezug genommenen Güter als Gemeinsamkeit ihre besondere Konstruktion kennzeichnet, fallen Verstöße gegen für Dual-Use-Waren geltende Beschränkungen unter § 18 Abs. 5 AWG. Wertungsmäßig handelt es sich dabei um Ausfuhrvorgänge, die Gegenstand legaler Wirtschaftstätigkeit und sozialethisch prinzipiell, d.h. vorbehaltlich des Hinzutretens weiterer Umstände, nicht zu beanstanden sind (präventives Verbot mit Erlaubnisvorbehalt).[56] Demgegenüber fallen unter § 17 AWG Verhaltensweisen, die i. d. R. nicht sozialadäquat und daher grds. verboten sind (repressives Verbot mit Möglichkeit der Ausnahmebewilligung).[57]

c) Dual-Use-Begriff der Dual-Use-VO

(1.) Waffenfähige Güter

Art. 2 Nr. 1 Dual-Use-VO definiert als „Güter mit doppeltem Verwendungszweck" i.S.d. Verordnung Güter einschließlich von Datenverarbeitungsprogrammen und Technologie, die sowohl für zivile als auch für militärische Zwecke verwendet werden können. Eingeschlossen sind von dieser Definition zudem alle Waren, die sowohl für nichtexplosive Zwecke als auch für jedwede Form der Unterstützung

---

53 BGHSt 55, 28 (dort Rn. 47); *Diemer* in: Erbs/Kohlhaas, Strafrechtliche Nebengesetze, § 34 AWG a.F. Rn. 9.

54 *Diemer* in: Erbs/Kohlhaas, Strafrechtliche Nebengesetze, § 34 AWG a.F. Rn. 8 mit Verweis auf BGHSt 51, 262 ff., 266 ff.

55 *Diemer* in: Erbs/Kohlhaas, Strafrechtliche Nebengesetze, § 34 AWG a.F. Rn. 9; BGHSt 51, 262 ff., 266 f.; s. auch *Bieneck* Wistra 2008, 451 ff.

56 *Rönnau* in: LK-StGB, vor §§ 32 ff. Rn. 274 Fn. 1307 zu § 18 AWG.

57 *Sternberg-Lieben* in: Schönke/Schröder, vor §§ 32 ff. Rn. 61 zu § 34 Abs. 4 AWG a.F. Die Unterscheidung knüpft dabei an die Art der exportierten Waren an. Just dieser Gedanke der Sozialadäquanz ist für die vorliegende Untersuchung im Blick zu behalten. Siehe eingehender dazu unten S. 99. Die Differenzierung nach der Art des Verbots entspricht der ganz h.M., vgl. *Paeffgen/Zabel* NK-StGB, Vor §§ 32 ff. Rn. 201; *Rönnau* in: LK-StGB, Vor §§ 32 ff. Rn. 274; *Rengier* ZStW 101 (1989), 874, 878 f. jeweils m.w.N.

bei der Herstellung von Kernwaffen oder sonstigen Kernsprengkörpern verwendet werden können.

Die Legaldefinition des Begriffs „Güter mit doppeltem Verwendungszweck“ entstammt nach h.M. bis auf den lediglich klarstellenden zweiten Satzteil der früheren Verordnung.[58] Diese hatte den Begriff insoweit erweitert, als erstmals explizit auch Datenverarbeitungsprogramme und Technologie erfasst wurden.[59] Die Begriffe Güter und Waren werden dabei häufig synonym verwendet. Es handelt sich um alle beweglichen körperlichen und nichtkörperlichen Gegenstände bzw. Produkte, auf die die doppelte Verwendbarkeit zutrifft.

Der Begriff der Datenverarbeitungsprogramme entspricht dem der Software in Art. 2 Nr. 1, Nr. 2 Lit. d), Nr. 3 Lit. b) Dual-Use-VO.[60] Eine nähere Definition dieses Begriffs findet sich in Anhang I, dessen Beschreibungen sich „ihrem Wesen nach auf die Legaldefinitionen des Art. 2 übertragen“ lassen. Software ist demnach „eine Sammlung eines oder mehrerer Programme oder Mikroprogramme, die auf einem beliebigen greifbaren (Ausdrucks-)Medium fixiert sind“.[61] Was unter Programmen und Mikroprogrammen zu verstehen ist, wird ebenfalls näher definiert. Als Technologie gilt das spezifische technische Wissen, das für die Entwicklung, Herstellung oder Verwendung eines Produkts nötig ist.[62] Darüber hinaus existieren weitere Definitionen für die einzelnen Begriffsbestandteile.

Karpenstein/Kottmann[63] halten das Merkmal der „Verwendungsmöglichkeit für zivile Zwecke“ für entscheidend bei der Abgrenzung von spezifischen Rüstungsgütern, auf die die Dual-Use-VO – wie die Allgemeine Anmerkung Nr. 1 zum Anhang I klarstellt – grds. keine Anwendung findet. Bemerkenswert an diesem Ansatz ist vor allem der perspektivische Ausgangspunkt, der den Eindruck er-

---

58 *Karpenstein/Kottmann* in: Krenzler/Herrmann/Niestedt, EU-Außenwirtschafts- und Zollrecht, Art. 2 Dual-Use-VO Rn. 2.

59 *Karpenstein/Kottmann* in: Krenzler/Herrmann/Niestedt, EU-Außenwirtschafts- und Zollrecht, Art. 2 Dual-Use-VO Rn. 2.

60 *Karpenstein/Kottmann* in: Krenzler/Herrmann/Niestedt, EU-Außenwirtschafts- und Zollrecht, Art. 2 Dual-Use-VO Rn. 3 unter Verweis auf englische und französische Sprachfassungen; ferner *Friedrich* in: Hocke/Friedrich, Außenwirtschaftsrecht, Art. 2 Dual-Use-VO Rn. 5. Vgl. zum Ganzen auch *Nestler* in: ERST, Wirtschaftsstrafrecht, § 18 AWG Rn. 54, 58.

61 Anhang I zur Dual-Use-VO, Begriffsbestimmungen, „Software“. So *Karpenstein/Kottmann* in: Krenzler/Herrmann/Niestedt, EU-Außenwirtschafts- und Zollrecht, Art. 2 Dual-Use-VO Rn. 3; so auch *Friedrich* in: Hocke/Friedrich, Außenwirtschaftsrecht, Art. 2 Dual-Use-VO Rn. 5.

62 Anhang I zur Dual-Use-VO, Begriffsbestimmungen, „Technologie“. Vgl. auch *Pfeil/Mertgen* Compliance im Außenwirtschaftsrecht, D Rn. 22; ähnlich *Schlegel/Cammerer* in: Umnuß, Corporate Compliance Checklisten, B. Rn. 43.

63 *Karpenstein/Kottman* in: Krenzler/Herrmann/Niestedt, EU-Außenwirtschafts- und Zollrecht, Art. 2 Dual-Use-VO Rn. 5 unter Verweis auf BGHSt 41, 348.

weckt, die militärische Nutzbarkeit sei der Grundfall, die zivile Nutzbarkeit der doppelte bzw. zusätzliche Zweck. Stufte man es umgekehrt als für die Abgrenzung maßgeblich ein, dass eine Ware „auch militärisch nutzbar" ist, so bildete die zivile Nutzbarkeit den Normalfall – was nach hier vertretener Auffassung der praktischen Realität entspricht.[64]

Umstritten ist darüber hinaus, ob der Begriff einer objektiven oder einer subjektiven Einordnung folgt. Die deutsche Rspr. formuliert dabei i. d. R. unter Zuhilfenahme subjektiver Komponenten. So können nach Auffassung des BGH zum deutschen Recht „Anlagen, die nachweislich allein zu militärischen Zwecken geplant wurden und für diese besondere Aufgabenstellung konstruiert und dimensioniert sind, selbst dann nicht als Dual-Use-Ware angesehen werden, nur weil sie – ohne dass der Konstrukteur dies angestrebt hätte – auch einer zivilen Nutzung zugeführt werden können".[65] Auch Generalanwalt *Mázak* schien in dem einschlägigen Verfahren davon auszugehen, dass „eigens für militärische Zwecke bestimmte" Güter i.S.v. Art. 346 Abs. 1 lit. b AEUV keine Dual-Use-Güter sein könnten.[66]

Auf der anderen Seite entspricht eine objektive Begriffsbestimmung der Konzeption der Dual-Use-VO z. B. in deren Art. 4 Abs. 2, der Waren mit (objektiv) doppelter Verwendbarkeit nennt, deren entsprechender im Einzelfall gegebener (subjektiver) Verwendungszweck dem Ausführer zusätzlich bekannt sein muss.[67] Im Fall einer rein subjektiven Zweckbestimmung allein durch den Hersteller oder gar den Abnehmer der Waren infiltrierten subjektive Kriterien im Verborgenen den

---

64 Ähnlich wie hier und krit. zur Rspr. des BGH auch *Kreuzer* NStZ 1996, 555; vgl. ferner *Langkeit* WiB 1996, 323. Dafür spricht auch eine Gegenüberstellung der von Teil I der Ausfuhrliste für § 17 AWG verwendeten Formulierungen („besonders konstruiert für militärische Zwecke") und der Wortwahl der Dual-Use-Güterlisten, die diese besonders für militärische Zwecke konstruierten Gegenstände explizit aus dem Anwendungsbereich ausnehmen, während im Regelfall von der zivilen Nutzbarkeit der erfassten Gegenstände ausgegangen wird und Ausnahmen besonders kenntlich gemacht sind (z. B. 1 A002 Anm. 2: „... nicht Halbfertigprodukte, besonders konstruiert für rein zivile Verwendungen wie folgt: a) Sportartikel, b) Automobilindustrie, c) Werkzeugmaschinenindustrie, d) medizinischer Bereich").

65 BGH NJW 1996, 1355.

66 GA *Mázak* SchlA Rs. C-337/05, Kommission/Italien, Slg. 2008, I-2137 Rn. 59, so gedeutet von *Karpenstein/Kottman* in: Krenzler/Herrmann/Niestedt, EU-Außenwirtschafts- und Zollrecht, Art. 2 Dual-Use-VO Rn. 5; ähnlich interpretiert von EuGH BeckRS 2009, 70193.

67 *Nestler* in: ERST, Wirtschaftsstrafrecht, § 18 Rn. 62. In dieselbe Richtung geht eine systematische Betrachtung, da die subjektive Bestimmung von Gütern in Art. 4–7 Dual-Use-VO eigens angesprochen ist. Vorzugswürdig erscheint es deshalb, in Zweifelsfällen auf die Gesamtumstände abzustellen, nach denen nicht nur der Herstellungszweck, sondern auch die tatsächliche Anwendung dieser oder vergleichbarer Güter in der Praxis entscheidend ist.

objektiven Tatbestand der Strafnorm.[68] Dies hätte zur Konsequenz, dass bereits die bloß billigende Inkaufnahme eines vom Abnehmer geplanten Einsatzes in einer militärischen Anlage den objektiven Tatbestand erfüllte.[69] Auch ließe sich der Bestandteilsbegriff für Dual-Use-Güter nicht mehr von demjenigen für reine Rüstungsgüter unterscheiden – entgegen dem Willen des Gesetzgebers, der für das Außenwirtschafts(straf)recht erkennbar eine diesbezügliche Abstufung[70] getroffen hat.[71]

Betrachtet aus der – oben bereits angedeuteten – entgegengesetzten Perspektive ist auch umstritten, wann von einer Verwendungsmöglichkeit für militärische Zwecke auszugehen ist. Um eine uferlose Anwendung der Dual-Use-VO auf sämtliche Güter zu verhindern, die auch nur ansatzweise militärisches Verwendungspotential bieten, wird von Vielen eine einschränkende Auslegung gefordert: Manche verstehen darunter nur solche Güter, denen besondere Merkmale für einen militärisch-strategischen Gebrauch anhaften.[72] Andere möchten unter Art. 2 Nr. 1 Dual-Use-VO nur Güter subsumieren, die entweder als Kampfmittel oder als Ausspäh- oder Verschlüsselungsgeräte bzw. zur Produktion derselben verwendet werden können.[73] Letztgenannte Geräte fallen heute aber wohl unter Art. 2 Nr. 20 Dual-Use-VO.[74]

---

68 Dies wäre allerdings kein neues Phänomen, sondern ist dem Strafrecht auch in anderen Deliktsbereichen unabhängig von einer Gütereinordnung (siehe zu derartigen Tatbeständen sogleich, S. 55) bekannt, vgl. etwa den Bandenbegriff, der zwar ein objektives Tatbestandsmerkmal innerhalb bspw. der §§ 146 Abs. 2, 152a Abs. 2, 152b Abs. 2, 242, 244 Abs. 1 Nr. 2, 244a, 249, 250 Abs. 1 Nr. 2, 253 Abs. 4, 260 Abs. 1 Nr. 2, 260a Abs. 1, 261 Abs. 5, 263 Abs. 3 Nr. 1, 265e Nr. 2, 267 Abs. 3 Nr. 1, 276 Abs. 2 StGB bildet, jedoch die subjektive Übereinkunft über das gemeinsame Vorgehen verlangt, so BGHSt 46, 321, 326; BGH wistra 2000, 135; *Fischer* StGB, § 244 Rn. 36; *Hardtung* in: MüKo-StGB, § 244 Rn. 44; *Kudlich* in: SSW, StGB, § 244 Rn. 29; *Lackner/Kühl/Heger* StGB, § 244 Rn. 6; anders jedoch *Altenhain* ZStW 113 (2001), 112, 140 ff. Ähnlich verlangt auch die Gewerbsmäßigkeit etwa aus §§ 242, 243 Abs. 1 Nr. 3, 253 Abs. 4, 260 Abs. 1 Nr. 1, 260a Abs. 1, 261 Abs. 5, 263 Abs. 3 Nr. 1, 265e Nr. 2, 267 Abs. 3 Nr. 1, 276 Abs. 2 StGB, dass der Täter sich durch die ggf. nur geplante wiederholte Tatbegehung subjektiv (!) eine fortlaufende Einnahmequelle zu schaffen sucht; siehe statt vieler *Hardtung* in: MüKo-StGB, § 243 Rn. 40, der anführt, unter gewerbsmäßigem Stehlen werde einheitlich für § 243 Abs. 1 S. 2 Nr. 3 wie für zahlreiche andere Delikte das [subjektive!] „Motiv" des Täters verstanden, sich aus der wiederholten Begehung von Diebstählen eine fortlaufende Einnahmequelle von einigem Umfang und nicht unerheblicher Dauer zu verschaffen.

69 BGHSt 55, 11 ff.; vgl. auch *Bieneck* Wistra 1994, 173, 175; ferner *Diemer* in: Erbs/Kohlhaas, Strafrechtliche Nebengesetze, § 34 AWG a.F. Rn. 29.

70 Siehe oben S. 15 f.

71 Vgl. § 4 AWG sowie § 17 Abs. 1 AWG gegenüber § 18 Abs. 5 AWG.

72 *Bermbach* Die gemeinschaftliche Ausfuhrkontrolle für Dual-Use-Güter, S. 104; *Kreuzer* AW-Prax 1997, 308 f.

73 Noch zu Art. 2 Dual-Use-VO a.F. *Sack* in: Hohmann/John, Art. 2 Dual-Use-VO Rn. 2 f.

74 Siehe dazu sogleich.

Diese und ähnliche Definitionsversuche werden bislang als gescheitert angesehen.[75] In ihren teils erheblich einschränkenden Tendenzen erscheinen sie auch nur schwer mit dem Wortlaut und dem Zweck der Dual-Use-VO vereinbar.[76] Daher sehen wieder andere die Lösung darin, dass für den Begriff des militärischen Zwecks keine abstrakte Definition angeboten wird. Der Begriff erschließe sich erst aus den jeweiligen Tatbestandsmerkmalen der Dual-Use-VO selbst.[77] So sei die militärische Zweckrichtung bei der Anwendung des Art. 4 Abs. 1 Lit. a Dual-Use-VO anders zu verstehen als bei Art. 4 Abs. 1 Lit. b Dual-Use-VO. Art. 4 Dual-Use-VO stuft dahingehend ab, dass in Abs. 1 Lit. a jeder Zusammenhang mit der Entwicklung, der Herstellung, der Handhabung, dem Betrieb, der Wartung, der Lagerung, der Ortung, der Identifizierung oder der Verbreitung von chemischen, biologischen oder Kernwaffen genügt, während Abs. 1 Lit. b eine militärische Endverwendung im Kontext eines Waffenembargos fordert.

Art. 4 Abs. 1 Lit. a Dual-Use-VO hat demnach ausschließlich die Waffenproduktion im Blick, einschließlich der bloßen Forschung an Massenvernichtungswaffen in nichtmilitärischen Einrichtungen. Demgegenüber betrifft Art. 4 Abs. 1 Lit. b Dual-Use-VO jegliche Art der militärischen Verwendung, verlangt aber ein Waffenembargo gegen den Destinationsstaat. Kritisch zu Art. 4 Abs. 1 Lit. b Dual-Use-VO weist *Karpenstein*[78] allerdings darauf hin, dass die dort genannten Rüstungsgüter und Herstellungsanlagen nicht nur militärischen, sondern auch paramilitärischen Zwecken dienen können. Dies ergebe nicht zuletzt eine zweckgerichtete Auslegung dieser Bestimmung; ein Waffenembargo richte sich meist gegen Staaten, in denen militärische und polizeiliche Kräfte dieselben Aufgaben haben.[79] Diese Bedenken entsprechen der Auffassung, dass die Gefahren, denen die Dual-Use-VO entgegentreten will, nicht mehr nur von Staaten selbst ausgehen, sondern von nichtstaatlichen Gruppierungen.[80]

(2.) Überwachungstechnologie

Fraglich bleibt die Einordnung nicht waffenfähiger Überwachungstechnologie. Die Legaldefinition des Art. 2 Nr. 20 Dual-Use-VO bezeichnet als Überwachungstechnologie sämtliche Güter mit doppeltem Verwendungszweck, d. h. ei-

---

75 Siehe die Kritik bei *Karpenstein* in: Grabitz/Hilf, Art. 4 Dual-Use-VO Rn. 5

76 *Karpenstein/Kottmann* in: Krenzler/Herrmann/Niestedt, EU-Außenwirtschafts- und Zollrecht, Art. 2 Dual-Use-VO Rn. 6.

77 So ausdrücklich *Karpenstein* in: Grabitz/Hilf, Art. 4 Dual-Use-VO Rn. 6.

78 Zu Art. 4 Abs. 4 Dual-Use-VO a.F., der dem heutigen Art. 4 Abs. 1 Lit. b) Dual-Use-VO entspricht *Karpenstein* in: Grabitz/Hilf, Art. 4 Dual-Use-VO Rn. 6.

79 *Karpenstein* in: Grabitz/Hilf, Art. 4 Dual-Use-VO Rn. 6.

80 Siehe dazu eingehend unten S. 134 ff.

gentlich Güter i.S.d. Art. 2 Nr. 1 Dual-Use-VO, die besonders dafür konstruiert sind, die verdeckte Überwachung natürlicher Personen durch Überwachung, Extraktion, Erhebung oder Analyse von Daten aus Informations- und Telekommunikationssystemen zu ermöglichen. Damit stellt sich die Frage, ob die Bezeichnung als „Güter mit doppeltem Verwendungszweck" einen echten Rechtsbegriff darstellt und damit die Beschränkung auf militärische Einsatzbereiche des Art. 2 Nr. 1 Dual-Use-VO auch für Überwachungstechnologie gelten muss. Ob dies der durch die Verordnung in ihren Art. 3 bis 5 getroffenen Abschichtung und damit der Binnensystematik der Verordnung entspräche, bleibt zweifelhaft.[81] Soll also umgekehrt der Begriff der militärischen Verwendbarkeit i.w.S. verstanden werden? Oder handelt es sich schlicht um einen Formulierungsfehler und entspricht der unsaubere Umgang mit Legaldefinitionen schlicht der Unionspraxis?[82]

Zu klären bleibt aber auch, welche Bereiche der Terminus „militärisch"[83] (bzw. militärische Verwendung) außerhalb der Waffenfähigkeit überhaupt noch erfassen kann. Fest steht mit der Formulierung „darin eingeschlossen" (Art. 2 Nr. 1 2. Hs. Dual-Use-VO) zwar, dass die Waffenfähigkeit nicht allein den Ausschlag über die Einordnung gibt. Vielmehr genügen sämtliche Einsatzbereiche, die potentiell in den Tätigkeitsbereich des Militärs fallen – eben einschließlich von Überwachung, Spionage, Informationserhebung, Observation etc. Dem entsprechen Art. 4 Abs. 1 Lit. b und c Dual-Use-VO, die anstelle der Waffenfähigkeit auf das Vorliegen eines Waffenembargos und/oder die Listung in nationalen Militärgüterlisten abstellen. Liegen diese Voraussetzungen nicht vor, fällt nicht gelistete Überwachungstechnologie trotz einer i.w.S. potentiell militärischen Einsatzmöglichkeit allenfalls unter Art. 5 Dual-Use-VO.

Im Hinblick auf die Binnenstruktur mangelt es Mischtatbeständen aus nationalem Recht und Unionsrecht zwar häufig an einer klaren Systematik. Im vorliegenden Fall lässt damit aber die neue Dual-Use-VO recht deutlich eine Stufung von in Anhang I gelisteten Gütern (Art. 3 Dual-Use-VO), nicht gelisteten aber grds. waffentauglichen Gütern (Art. 4 Dual-Use-VO) und „bloßer" Überwa-

---

81 Vgl. unten.

82 Die anderen Sprachfassungen entsprechen hier der deutschen, vgl. etwa die englische Sprachfassung: „which can be used for both civil and military purposes"; die italienische: „che possono avere un utilizzo sia civile sia militare" oder die französische: „susceptibles d'avoir une utilisation tant civile que militaire".

83 Zur Abgrenzung eingehend auch *Haellmigk* in: Schuster/Grützmacher, Art. 2 Dual-Use-VO Rn. 24.

chungstechnologie (Art. 5 Dual-Use-VO) erkennen.[84] Für den Ausdruck „militärisch" in Art. 2 Nr. 1, 4 Dual-Use-VO legt dies ein enges Begriffsverständnis nahe.

Was das Telos der Norm anbelangt, ist im vorliegenden Kontext fraglich, ob eine strikte Trennung der Schutzzwecke zwischen Art. 4 Dual-Use-VO einerseits und Art. 5 Dual-Use-VO andererseits denkbar ist, mit der Folge, dass der in Art. 5 Dual-Use-VO angesprochene Aspekt des Menschenrechtsschutzes lediglich dort noch seinen Niederschlag findet, während er von Art. 4 Dual-Use-VO nicht erfasst wird. In der Konsequenz bliebe aber auch militärisch nutzbare Überwachungstechnologie aus dem Anwendungsbereich des Art. 4 Dual-Use-VO ausgeschlossen, sofern sie nicht mit einer (potentiellen) Beeinträchtigung des Nonproliferationsziels bzw. der anderen Schutzgüter dieser Norm in Verbindung zu bringen ist. Dies engte den Kreis der von Art. 4 Dual-Use-VO erfassten Güter weiter ein und erscheint daher eher fernliegend.

3. Auslegungsfähigkeit der Listen

Nachdem die Unklarheiten der Begriffsbestimmung der nicht gelisteten Dual-Use-Güter dargelegt wurden, gilt es zu erörtern, ob solche Unklarheiten auch für die gelisteten Güter bestehen.

a) Listenbestandteile als Tatbestandsmerkmale

(1.) Listen als Legaldefinitionen?

Dafür ist zuvorderst die rechtliche Einordnung einer solchen Liste zu klären. Zunächst könnte es sich bei den Listen um Legaldefinitionen handeln. Legaldefinitionen sind, methodisch gesehen, unselbstständige Ergänzungen des Gesetzgebers zu einem Tatbestandsmerkmal und geben die mögliche Wortlautauslegung desselben vor.[85] Legaldefinitionen finden sich teilweise in gesonderten Regelungen, teilweise aber auch in den einschlägigen Normen selbst und schreiben den Inhalt eines bestimmten Begriffs verbindlich fest. Eine davon abweichende Auslegung ist überflüssig bzw. sogar falsch.

Dass es sich bei den Listen um solche Legaldefinitionen handelt, liegt indes nicht nahe. Denn Legaldefinitionen beschreiben, wie schon gesagt, einzelne Begriffe. In die Listen gelangt man jedoch über eine formale Verweisung, so bspw.

84 Vgl. unten IV. 2. Zur Systematik der Verweisung in § 18 Abs. 5 AWG auf die a.F. der Dual-Use-VO *Nestler* in: ERST, § 18 AWG Rn. 57 ff.

85 *Bydlinski* Juristische Methodenlehre, S. 441.

auch im Fall der oben bereits erwähnten[86] Anti-Folter-VO. Dort wird bspw. in Art. 3 Abs. 1 Anti-Folter-VO auf Anhang II der Verordnung verwiesen („in Anhang II aufgeführten Güter"). Diese Formulierung hat keinen eigenständigen und von der Liste unabhängigen Sinngehalt, der legaldefiniert werden könnte, sondern beschränkt sich eben darauf, ein bloßer Verweis zu sein. Ebenso verhält es sich mit dem Verweis in § 18 Abs. 5 AWG sowie in Art. 3 Dual-Use-VO.

Diese Einordnung hat für die Frage der Auslegungsfähigkeit allerdings ohnehin keine Relevanz. Denn auch Legaldefinitionen sind nicht immer eindeutig. Soweit das nicht der Fall ist, bedürfen sie ihrerseits der Auslegung.[87]

(2.) Einordnung als deskriptive oder normative Tatbestandsmerkmale

Der nächste Schritt, um die Auslegungsfähigkeit der Listenmerkmale zu analysieren, ist ihre Einordnung innerhalb der Kategorien der Tatbestandsmerkmale. Verbreitet ist dabei die Unterscheidung zwischen deskriptiven (beschreibenden, ohne Wertung erfassbaren) und normativen (nur wertend voll erfassbaren) Merkmalen. Der Unterschied soll darin bestehen, dass die deskriptiven Tatbestandsmerkmale bzw. die Tatsachen, die sie erfüllen, unmittelbar durch sinnliche Wahrnehmung ohne einen „Akt geistigen Verstehens" erkannt werden, während es zur Erkenntnis der Erfüllung normativer Tatbestandsmerkmale eines solchen Aktes des Verstehens oder der Beurteilung bzw. der Wertung bedarf.[88] Diese üblicherweise im Kontext der Irrtumslehre diskutierte Differenzierung steht allerdings vor dem Problem mangelnder Trennschärfe und fließender Übergänge. Selbst der scheinbar klarste Begriff kann im Einzelfall bzw. in seinem Randbereich einer Wertung zugänglich sein. Insofern sind auch – an sich – deskriptive Merkmale mindestens auslegungsbedürftig[89] wenn nicht sogar einer normativen Korrektur zugänglich.[90]

---

86 S. 11. Ausführlich dazu auch unten S. 152ff.

87 *Möllers* Juristische Methodenlehre, § 4 Rn. 50.

88 *Welzel* JZ 1953, 119. 120; *Schuster* in: Schönke/Schröder § 15 Rn. 43; *Joecks* in: MüKo-StGB, § 16 Rn. 69; *Gaede* in: Matt/Renzikowski, § 16 Rn. 19 f.; *Roxin/Greco* StR AT/I § 12 Rn. 100; a.A. Stein in: SK-StGB, § 16 Rn. 15.

89 *Rengier* in: KK-OWiG, § 11 Rn. 12.

90 Krit. zu der Unterscheidung auch *Puppe* in: NK-StGB, § 16 Rn. 41: „Die empirischen Tatsachen sind danach ebenso wie die Dinge nicht nur von Natur aus und ohne Begriffe vorgegeben, sie können auch ohne Begriffe allein mit den Augen begriffen werden. Dies widerspricht einem elementaren Satz der klassischen Erkenntnistheorie... *Anschauung ohne Begriffe ist blind.* Jede noch so banale *Tatsache ist ein Resultat* nicht nur der „Wirklichkeit", sondern auch *der Begriffe*, mit denen sie beschrieben wird, sie existiert nicht unabhängig v. diesen Begriffen und kann daher auch nicht ohne Verständnis v. Begriffen festgestellt werden".

Abgestellt wird zum Teil darauf, bei normativen Tatbestandsmerkmalen handle es sich um juristische Fachausdrücke (termini technici), die sich auf Wertungen oder Abstraktionen beziehen und unabhängig von einer Wirklichkeitsebene sind.[91] Deskriptive Merkmale seien demgegenüber Begriffe, die sich auf einen „Wirklichkeitssachverhalt"[92] beziehen, also wahrnehmbare oder erfahrbare Objekte beschreiben. Ihr Sinn ergebe sich bereits aus ihnen selbst.[93] Doch sogar die Vertreter dieser Auffassung räumen ein, dass im rechtlichen Kontext auch solche Begriffe normativen Gehalt haben können.[94]

Unabhängig von der zuvor genannten Kritik darf man es auf der Grundlage dieser Feststellung wohl als gesichert ansehen, dass beschriebene Gegenstände für sich genommen zunächst einmal als deskriptive Merkmale einzuordnen sein können, die aber normative Komponenten enthalten, von denen ihre Definition abhängt und auf die es im konkreten Einzelfall auch für die Subsumtion ankommt. Gesichert ist damit zugleich die Prämisse, dass auch deskriptive Merkmale einer Auslegung in demselben Umfang zugänglich sind, wie normative Merkmale. Denn in denjenigen Fällen, in denen deskriptive Merkmale normative Komponenten enthalten und Auslegungsbedarf besteht, gelten für sie dieselben Regeln wie für normative Tatbestandsmerkmale. Dies betrifft zuvorderst die Auslegung selbst, die eben nach dem hergebrachten Zusammenspiel von Wortlaut, Systematik, Historie und Telos zu erfolgen hat.

Das gilt prinzipiell auch für die Listengüter. Diese sind – entsprechend der Technik des sog. Zusammenlesens[95] – als Tatbestandsmerkmale in den Tatbestand hineinzulesen. Dabei sind sie im Ausgangspunkt und für sich genommen eher als deskriptive Merkmale anzusehen. Denn sie beschreiben wahrnehmbare oder erfahrbare Objekte, beziehen sich also auf die Wirklichkeit. So wird, wer einen Galgen, ein Fallbeil oder Klingen für ein solches Fallbeil[96] sieht, sogleich erkennen, worum es sich handelt, ohne dass eine vertiefte Bewertung oder Einordnung anhand rechtlich relevanter Kriterien notwendig wird.

---

91 *Kramer* Juristische Methodenlehre, 2016, S. 68; *Möllers* Juristische Methodenlehre, § 4 Rn. 56.

92 *Kramer* Juristische Methodenlehre, 2016, S. 62.

93 *Möllers* Juristische Methodenlehre, § 4 Rn. 56.

94 *Möllers* Juristische Methodenlehre, § 4 Rn. 58 unter Verweis auf *Wolf* Typen der Tatbestandsmäßigkeit, 1931, S. 56 ff. („Überspitzt formuliert könnte man sagen, dass alle Tatbestandsmerkmale normativ sind"); ferner *Roxin/Greco* StR AT/I, § 10 Rn. 11, 59.

95 BGH NStZ-RR 2003, 55, 56; *Kudlich/Oğlakcıoğlu* Wirtschaftsstrafrecht, § 2 Rn. 58; *Sternberg-Lieben/Schuster* in: Schönke/Schröder, StGB, vor § 15 Rn. 101; *Kudlich* in: BeckOK-StGB, § 16 Rn. 16. Siehe zur vergleichbaren Problematik bei § 58 LFGB BVerfG Beschl. v. 11. 3. 2020 – 2 BvL 5/17 und die Besprechung bei *Herz* NZWiSt 2020, 253.

96 Anhang II zu Art. 3 und 4 Anti-Folter-VO, ex 4421 90 97 und ex 8208 90 00 (1.1.).

Beispielhaft kann hier also die Anti-Folter-VO[97] herangezogen werden, die ebenfalls Dual-Use-Güter listet[98]. Bemerkenswert an dieser Verordnung ist, dass selbst Anhang III zu Art. 11 Anti-Folter-VO weitgehend ohne (überwiegend) normative Merkmale auskommt. Es finden sich darin auch verhältnismäßig wenige Hinweise auf die Intention des Verwenders, Abnehmers oder Exporteurs oder die besondere Konstruktion des Gegenstands.

Ganz anders hingegen muss Anhang I der Dual-Use-VO mit umfangreichen Legaldefinitionen[99] beginnen, um überhaupt eine annähernd präzise Beschreibung der regelungsgegenständlichen Waren abzuliefern. Zusätzlich findet sich in dieser Liste wiederholt die Wendung „besonders konstruiert", um die Eigenheiten der dort gelisteten Güter zu umschreiben. Hierbei handelt es sich nicht um ein im Kern deskriptives Merkmal, sondern um ein solches, das dem Rechtsanwender eine Wertung abverlangt, mithin normativ ist. Um den sozialen Sinngehalt dieser Wendung zu erfassen, genügt es daher nicht, den Gegenstand bloß visuell oder durch andere Sinne wahrzunehmen. Notwendig ist vielmehr eine Wertung i.S.e. Einordnung der Konstruktion im Hinblick auf den beschriebenen (variierenden) Verwendungszweck.

Gänzlich ohne normative Merkmale kommt allerdings auch die zuvor gelobte Anti-Folter-VO nicht aus. Deren Anhänge beschreiben bspw. tragbare Geräte, deren Verwendung durch Strafverfolgungs-/Vollzugsbehörden zur Bekämpfung von Ausschreitungen und Unruhen oder zum Selbstschutz „nicht angemessen" ist.[100] Um dieses Merkmal zu konturieren folgt allerdings sogleich eine Präzisierung anhand eines abschließenden Katalogs: „Stöcke oder Schlagstöcke aus Metall oder anderem Material, die mit Metallstacheln versehen sind" und „Schilde mit Metallstacheln". Der Verordnungsgeber war bemüht, der Auflistung jeden Bewertungsspielraum zu nehmen, sie mithin möglichst deskriptiv zu halten. Geglückt ist es ihm aber nicht immer.[101]

---

97 VO (EU) Nr. 125/2019 v. 16.01.2019 über den Handel mit bestimmten Gütern, die zur Vollstreckung der Todesstrafe, zu Folter oder zu anderer grausamer, unmenschlicher oder erniedrigender Behandlung oder Strafe verwendet werden könnten, ABl. Nr. L 30 S. 30.

98 Siehe zum Verhältnis zur Dual-Use-VO unten S. 162 ff.

99 Siehe den Anhang I zur Verordnung: „Begriffsbestimmungen".

100 VO (EU) Nr. 125/2019 v. 16.01.2019 über den Handel mit bestimmten Gütern, die zur Vollstreckung der Todesstrafe, zu Folter oder zu anderer grausamer, unmenschlicher oder erniedrigender Behandlung oder Strafe verwendet werden könnten, ABl. Nr. L 30 S. 30.

101 Bspw. geht es unter 3.1 des Anhangs III der Anti-Folter-VO um tragbare Waffen etc., die handlungsunfähig machende oder reizende chemische Substanzen abgeben und die eine Abgabe einer gegen ein einzelnes Individuum gerichteten Dosis ermöglichen. Damit stellt sich die Frage, ob die Funktionsweise „Abgabe gegen ein Individuum oder ganze Dosis" bereits ein Hinweis auf die spezifische Konstruktion der tragbaren Waffe ist. Es muss z. B. eine gewisse Düse vorhanden

(3.) Auffassungen in Lit. und Rspr.

Vor jenem Hintergrund ist seit beinahe 30 Jahren ungeklärt, wie viel normativer Gehalt einer Liste letzten Endes noch zukommt. Der BGH[102] hatte es in der streitaufwerfenden Entscheidung vermieden, zu dieser Frage eingehender Stellung zu nehmen, und stattdessen den dort zu diskutierenden Irrtum unter Verweis auf die Gefährlichkeit des Umgangs mit Kriegswaffen als Verbotsirrtum eingeordnet. Ob der Tatgegenstand – eine demilitarisierte und in ihre Einzelteile zerlegte MIG-21 – noch die Voraussetzungen des Kriegswaffenbegriffs erfüllt, wurde nicht näher untersucht. Hierfür, so heißt es in dem Urteil, genüge schon das intakt gebliebene Triebwerk, da Triebwerke von Kampfflugzeugen in der Kriegswaffenliste gesondert aufgeführt seien.

In der Lit.[103] sah man diese Entscheidung durchaus kritisch. Zwar sei nämlich die Erfüllung des objektiven Tatbestandsmerkmals der Kriegswaffe dargetan, nicht aber auch das entsprechende subjektive Merkmal. So wies *Puppe*[104] darauf hin, der BGH sei bei der Bestimmung des Vorsatzwissens um das Merkmal Kriegswaffe von denjenigen Begriffsbestimmungen ausgegangen, die in der Kriegswaffenliste stehen. Danach genügt es, dass die Täter sich bewusst waren, u. a. mit dem Triebwerk eines Kampfflugzeugs Handel zu treiben. Allerdings genüge es für den subjektiven Tatbestand nicht, dass der Täter irgendeine begriffliche Vorstellung von dem Tatgegenstand hat; er müsse vielmehr gerade diejenige begriffliche Vorstellung von ihm haben, die im Tatbestand beschrieben ist. Für das Merkmal der Kriegswaffe bedeute dies, dass der Täter den „Sinn (Intention)“[105] des Kriegswaffenmerkmals verstanden haben muss.

Pottmeyer[106] verlangte demgegenüber ein Wissen um die Kriegswaffeneigenschaft des Gegenstands i.S.e. Parallelwertung in der Laiensphäre. Wer daraus jedoch den Rückschluss ziehen will, dass der Kriegswaffenbegriff insoweit als normatives Tatbestandsmerkmal eingeordnet wird, der muss sich wiederum von *Puppe*[107] entgegenhalten lassen, dass es keinen normativen Gehalt des Begriffs

---

sein, die einen solchen Sprühnebel zulässt. An anderer Stelle verwenden die Anhänge zur Anti-Folter-VO den Begriff „zur“ (z. B. „Güter, konstruiert *zur* Fesselung von Menschen...“). Dies erscheint als Hinweis auf die Intention des Herstellers – nicht des Verwenders, Abnehmers oder Exporteurs. Liest man das Wort „zur“ im Kontext mit dem Wort „konstruiert“, lässt es auch keine andere Wertung zu.

102 BGH NStZ 1993, 594 f.

103 Vgl. nur *Puppe* zu BGH NStZ 1993, 594, 596; *Achenbach* NStZ 1994, 421, 424; *Holthausen/Hucko* NStZ-RR 1998, 193, 201.

104 NStZ 1993, 595 ff.

105 *Puppe* NStZ 1993, 595.

106 KrWaffG, § 22a Rn. 79.

107 NStZ 1993, 595 ff.

„Kriegswaffe“ gibt, der von demjenigen im KrWaffG i.V.m. der Kriegswaffenliste[108] begrifflich zu trennen wäre. Der (normative) Sinn des Begriffs Kriegswaffe sei lediglich „ein Gegenstand, dessen Vertrieb nach dem KrWaffG[109] der behördlichen Genehmigung bedarf. Danach ist der Irrtum über das Genehmigungserfordernis dann ein Tatbestandsirrtum, wenn er seinen Grund in der Vorstellung des Täters hat, der Gegenstand, mit dem er handele, unterliege nicht der Genehmigungspflicht des KrWaffG, sei also in diesem Sinne keine Kriegswaffe“[110].

Was bleibt ist letztlich die Feststellung, dass sich ein ausschließlich deskriptiver Begriff der Kriegswaffe nicht findet.[111] Stattdessen definiert § 1 KrWaffG wie folgt: „Zur Kriegsführung bestimmte Waffen im Sinne dieses Gesetzes (Kriegswaffen) sind die in der Anlage zu diesem Gesetz (Kriegswaffenliste) aufgeführten Gegenstände, Stoffe und Organismen“. Das Gesetz versteht den Kriegswaffenbegriff somit als Blankett-Begriff ohne eigenständigen Gehalt. Von vielen wird § 22a KrWaffG daher im Kontext der Unterscheidung zwischen Tatbestands- und Verbotsirrtum als problematisch eingeordnet. Der BGH verweist hierfür auf den Ausnahmecharakter dieses im Nebenstrafrecht verorteten Tatbestands.[112] Andere sehen den Blankettcharakter als Grund für das Problem an.[113] Treffend dürfte daher vielmehr ein Verweis auf die grundlegende Schwäche der Unterscheidung zwischen normativen und deskriptiven Merkmalen sein: sie ist eben nicht trennscharf.

b) Listenergänzung mit Generalklauseln

(1.) Nicht gelistete Güter

Nachdem nun feststeht, dass Listen eine abschließende und rein deskriptive Beschreibung letztlich nicht liefern können, sondern gleichermaßen einen normativen Gehalt haben, bleibt weiter zu fragen, ob sie sich auch Generalklauseln bedienen können. Dafür lohnt wiederum ein Blick in § 18 Abs. 5 AWG i.V.m. der Dual-Use-VO.

Die Ausfuhr von Gütern mit doppeltem Verwendungszweck, die nicht in Anhang I aufgeführt sind, ist nach Art. 4 Dual-Use-VO erst genehmigungspflichtig, wenn der Ausführer von den zuständigen Behörden davon unterrichtet wurde,

---

108 Anlage zu § 1 Abs. 1 KrWaffG – Kriegswaffenliste.

109 Abkürzung angepasst durch Verf.

110 *Puppe* NStZ 1993, 596.

111 So auch die Feststellung von *Puppe* NStZ 1993, 596.

112 BGH NStZ 1993, 595.

113 *Warda* Die Abgrenzung von Tatbestands- und Verbotsirrtum bei Blankett-Strafgesetzen, S. 31, 36 ff.

dass diese Güter ganz oder teilweise zur Verwendung im Zusammenhang mit der Entwicklung, der Herstellung, der Handhabung, dem Betrieb, der Wartung, der Lagerung, der Ortung, der Identifizierung oder der Verbreitung von chemischen, biologischen Waffen oder Kernwaffen bestimmt sind oder bestimmt sein können. Gegenstand des Art. 4 Dual-Use-VO sind wie gesagt aber Dual-Use-Güter, die nicht in Anhang I aufgeführt sind. Ist eine Ware oder Technologie von Anhang I erfasst, richtet sich die Genehmigungspflichtigkeit ausschließlich nach Art. 3 Abs. 1 Dual-Use-VO.[114]

Art. 5 Dual-Use-VO stellt zudem die Ausfuhr von Überwachungstechnologie explizit unter einen Genehmigungsvorbehalt. Als „Güter für digitale Überwachung" ordnet Art. 2 Nr. 20 Dual-Use-VO sämtliche Güter mit doppeltem Verwendungszweck ein, die „besonders dafür konstruiert sind, die verdeckte Überwachung natürlicher Personen durch Überwachung, Extraktion, Erhebung oder Analyse von Daten aus Informations- und Telekommunikationssystemen zu ermöglichen" (siehe dazu bereits oben). Solche Güter finden sich zwar auch in Anhang I zur Dual-Use-VO gelistet.[115] Art. 5 Dual-Use-VO adressiert aber lediglich nicht in Anhang I gelistete Überwachungstechnologie.

Bemerkenswert erscheint dabei Abs. 6 dieser Vorschrift: Teilen sämtliche Mitgliedstaaten mit, dass sie für „im Wesentlichen identische Vorgänge" eine Genehmigungspflicht vorschreiben, veröffentlicht die Kommission im Amtsblatt der EU Informationen über die betroffenen Güter für digitale Überwachung und gegebenenfalls über die Bestimmungsziele, für die die Genehmigungspflichten gelten. Die Regelung ermöglicht die Erstellung einer unionsweiten Liste erfasster Güter und sensitiver Abnehmer, die allerdings nicht abschließend ist. Art. 5 Abs. 6 Dual-Use-VO kombiniert dadurch die Regelungsmechanismen der Art. 3 Dual-Use-VO (Listentechnik) und Art. 4 Dual-Use-VO (Catch-All-Klausel).

(2.) Unterrichtung des Exporteurs

Anders als Art. 3 Abs. 1 Dual-Use-VO machen Art. 4 und 5 Dual-Use-VO die Genehmigungspflichtigkeit von einer vorhergehenden Unterrichtung der zuständigen Behörden abhängig. Der Mechanismus der in Catch-all-Gestalt installierten

---

114 Keine Anwendung findet Art. 4 ferner – wie die Dual-Use-VO insgesamt – auf spezifische Rüstungsgüter, deren Ausfuhr die Mitgliedstaaten auf der Grundlage des Art. 346 Abs. 1 lit. b AEUV kontrollieren.

115 Vgl. nur Anhang I Teil VII – Kategorie 5: Telekommunikation und „Informationssicherheit", daraus insb. 5 A001.b. Nr. 5 (L 206/272), 5 A001.f. (L 206/274), 5 A001.g. (L 206/275), 5 A001.j. (L 206/275), 5E001.b. Nr. 2 (L 206/280), 5 A004 (L 206/294ff.), 5D002.c. Nr. 2 (L 206/296).

Generalklausel basiert demnach nicht auf einer Wertung, sondern funktioniert nur in Kombination mit einer entsprechenden Mitteilung durch die Behörde.

Kritik an dieser Regelungstechnik ist jedoch durchaus laut. So wird vorgeworfen, in der Exportkontrollpraxis diene Art. 4 Dual-Use-VO vor allem dazu, den nationalen Behörden ein zusätzliches Eingriffsinstrument an die Hand zu geben, das sie von der formalen Voraussetzung einer Antragsstellung durch den Ausführer befreit.[116] Das hierdurch ausgelöste informelle Verfahren – häufig bleibe es bei telefonischen Hinweisen der Behörden ohne nachfolgende Anträge oder Genehmigungsverweigerungen – habe sich als zweckmäßig erwiesen, um ständige Erweiterungen der Güterliste zu vermeiden und einer zunehmenden Atomisierung von Rüstungsaufträgen in nicht mehr kontrollierbare Unterkategorien wirksam zu begegnen.[117] Nichts anderes wird – vorbehaltlich dessen Abs. 6 – für Art. 5 Dual-Use-VO gelten.

Zentrales Tatbestandsmerkmal in Art. 4 Dual-Use-VO ist, dass Dual-Use-Güter für die inkriminierten Zwecke bestimmt sind oder bestimmt sein können. „Bestimmt sind“ i.d.S. bedeutet, dass eine derartige Verwendung durch den Empfänger zum Zeitpunkt des Exports tatsächlich beabsichtigt ist.[118] Die Frage, wann Güter für die inkriminierten Zwecke i.S.v. Art. 4 Dual-Use-VO „bestimmt sein können“, ist deutlich schwieriger zu beantworten. Als notwendige Bedingung wird dafür zunächst die objektive Eignung für diese Verwendung angesehen.[119] Hinzukommen muss nach dem Wortlaut der Vorschrift jedoch ein subjektives Element, ein „als zumindest möglich unterstellter Verwendungswille des Endempfängers“.[120] Einschränkend unter Verweis auf das Bestimmtheitsgebot, die Außenwirtschaftsfreiheit sowie den systematischen Verwendungsbezug des Art. 4 Abs. 1 Lit. a Dual-Use-VO verlangt die h.M. in der deutschsprachigen Lit.[121] zu-

---

116 *Karpenstein/Kottmann* in: Krenzler/Herrmann/Niestedt, EU-Außenwirtschafts- und Zollrecht, Art. 4 Dual-Use-VO Rn. 3.

117 *Karpenstein/Kottmann* in: Krenzler/Herrmann/Niestedt, EU-Außenwirtschafts- und Zollrecht, Art. 4 Dual-Use-VO Rn. 3.

118 *Karpenstein/Kottmann* in: Krenzler/Herrmann/Niestedt, EU-Außenwirtschafts- und Zollrecht, Art. 4 Dual-Use-VO Rn. 5 unter Verweis auf *Pietsch* in: Wolffgang/Simonsen/Tietje, Art. 4 Dual-Use-VO Rn. 12.

119 So *Karpenstein/Kottmann* in: Krenzler/Herrmann/Niestedt, EU-Außenwirtschafts- und Zollrecht, Art. 4 Dual-Use-VO Rn. 5.

120 Englisch: „may be intended“.

121 *Karpenstein/Kottmann* in: Krenzler/Herrmann/Niestedt, Art. 4 Dual-Use-VO Rn. 5 unter Verweis auf *Pietsch* in: Wolffgang/Simonsen/Tietje, Art. 4 Dual-Use-VO Rn. 28; *Friedrich*, in: Hocke/Friedrich, Art. 4 Dual-Use-VO Rn. 6; *Fehn* in: Hohmann/John, Art. 4 Dual-Use-VO Rn. 32; zu weitgehend VG Frankfurt a.M., AW-Prax 1997, 201; anders *Bermbach* Ausfuhrkontrolle, S. 140.

mindest tatsächliche Anhaltspunkte, die auf einen solchen Verwendungswillen des Endempfängers hindeuten.

Die Verordnung mutet dem Exporteur jedoch nicht zu, diese Frage selbst zu beantworten. Vielmehr bleibt die Unterrichtung durch die zuständige Behörde konstitutiv für die Genehmigungspflicht.

(3.) Ausgestaltung von Art. 4 und 5 Dual-Use-VO als Smart Sanction?

Bemerkenswert erscheint an dieser Stelle der Umstand, dass die Kommentarliteratur die hier in der Praxis überwiegende, individuelle Unterrichtung einzelner Ausführer als kritisch identifiziert, und der Auffassung zuneigt, eine innerhalb der EU-Mitgliedstaaten publizierte „Liste mit sensitiven Abnehmern" trage dem Erfordernis der Wettbewerbsgleichheit besser Rechnung.[122] Eine solche Liste würde den Tatbestand des § 18 Abs. 5 AWG personenbezogen auf die gelisteten Individuen (oder Unternehmen) konkretisieren. Hierauf wird im Rahmen dieser Untersuchung noch genauer einzugehen sein.[123]

(4.) Merkmal „besonders konstruiert"

Wann die von Art. 4 und 5 Dual-Use-VO geforderte Unterrichtung erfolgt, hängt von der (möglicherweise) intendierten Endverwendung und den dafür geforderten tatsächlichen Anhaltspunkten ab. Diese setzen – neben entsprechenden objektiven oder subjektiven Merkmalen des Abnehmers – letztlich aber auch eine entsprechende Konstruktion der exportierten Ware zwingend voraus. Schlussendlich führt der Streit für Art. 4 Dual-Use-VO also zurück auf die Problematik um das Merkmal „für militärische Zwecke besonders konstruiert". Für Art. 5 Dual-Use-VO spiegelt sich dies in dem Merkmal „besonders konstruiert für digitale Überwachung".

---

122 In diese Richtung *Karpenstein/Kottmann* in: Krenzler/Herrmann/Niestedt, EU-Außenwirtschafts- und Zollrecht, Art. 4 Dual-Use-VO Rn. 7 mit dem Hinweis, dass abzuwarten bleibe, ob der von Art. 19 Abs. 2 Dual-Use-VO verlangte Informationsaustausch über sensitive Endabnehmer zu einer einheitlicheren oder gar unionsweiten Unterrichtung führen wird. Zwar weisen *Karpenstein/Kottmann* auf die Möglichkeit einer gemeinsamen Unterrichtung durch die mitgliedstaatlichen Behörden im EU-Amtsblatt hin. Es sei jedoch „aus Gründen der Rechtssicherheit" in einem solchen Fall geboten, an „die Möglichkeit einer militärischen Endverwendung strengere Anforderungen zu stellen als bei einer individuellen Unterrichtung". Andererseits müsse „ausdrücklich darauf hingewiesen werden, dass es sich um eine Unterrichtung im Sinne von Art. 4 und nicht nur um ein bloßes Frühwarnschreiben handelt, und es müssen die betroffenen Abnehmer, möglichst auch der in Betracht kommende Waren- oder Herstellerkreis, genannt werden".

123 Hierzu müssen jedoch erst die dogmatischen Grundlagen erörtert werden. Siehe zu smart sanctions unten S. 110 ff.

Für Art. 4 Dual-Use-VO jedenfalls hilft auch ein Blick in die Liste weiter. Dort zeigt sich nämlich, dass der Bezugspunkt der besonderen Konstruktion zwischen den Listengütern variiert. Beschrieben sind dort nicht die Konstruktionsmerkmale an sich, sondern letztlich die in Betracht kommenden militärischen Zwecke. Just darin liegt der eigentliche Nutzen der Liste.[124] Dem entsprechen letztlich auch die von der Rspr. gewählten Formulierungen, die auf die Art der Verwendung abstellen und eben nicht auf die Konstruktion.[125]

Daher sollen auch solche Anlagen, die nachweislich allein zu militärischen Zwecken geplant wurden und mit Blick auf diese besondere Aufgabenstellung konstruiert und dimensioniert sind, selbst dann nicht als Dual-Use-Ware anzusehen sein, wenn sie – ohne dass der Konstrukteur dies angestrebt hätte – auch einer zivilen Nutzung zugeführt werden könnten (siehe oben).[126] Besteht eine „ausschließlich militärische Verwendungsbestimmung", so handelt es sich nach dieser Auffassung nicht mehr um ein Dual-Use-Gut, sondern um ein militärisches.

---

124 Veranschaulichen lässt sich dies an einem konkreten Beispiel zur Nachweisausrüstung i.S.v. 1 A004 der Anlage I Dual-Use-VO. Diese ist Dual-Use-Ware, sofern sie „konstruiert oder modifiziert" ist zur Abwehr eines der dort genannten Agenzien, Materialien oder Stoffe. Beinhaltet die Ausrüstung aber ein System zur Registrierung toxischer Gase i.S.d. Abschnitts XVIII A (2B351) der Anlage zum KrWaffG (z. B. Sarin, Soman, Senfgas usw., vgl. Anlage zum KrWaffG III. „Chemische Waffen"), so ist sie für militärische Zwecke konstruiert und daher nicht mehr als Dual-Use-Ware einzustufen; s. die Anmerkung unter 1 A004. Demgegenüber bleibt es für Nachweisausrüstung, die lediglich bspw. zur Identifizierung chemischer Kampfstoffe (1 A004 Lit. c Nr. 3) taugt, die nicht toxische Gase nach Abschnitt XVIII A (2B351) der Anlage zum KrWaffG sind, bei der Einstufung als Dual-Use-Ware. Entscheidend ist also stets die konkrete Funktion, die der Gegenstand bauartbedingt „maximal" übernehmen kann; ist sie militärisch (weil so gelistet), dann ist der Gegenstand „für militärische Zwecke konstruiert".

125 BGH NJW 1996, 1355: „Probleme bei der Einordnung solcher Exporte können dort entstehen, wo exportierte Waren in gleicher Weise zivilen wie militärischen Zwecken dienen können (z. B. Drehbänke, Lkws, Computer und Software, Aufzüge, Heizungsanlagen) und nicht eindeutig zu klären ist, welche Zwecke der Exporteur mit der Lieferung verfolgte. Dann kann sich die Frage stellen, ob sogenannte ‚dual-use-ware' als Rüstungsgut anzusprechen ist. Bei diesen militärisch und zivil nutzbaren Gütern, die in Teil C der Ausfuhrliste aufgeführt sind, handelt es sich um solche, die zwar nicht ihrer Natur nach ‚kritisch' im Sinne von Rüstungsgütern sind, die aber zu kritischen (d. h. Rüstungs-) Zwecken *verwendet* werden können".

126 Die Position 0018 A der Ausfuhrliste stelle mit dem Tatbestandsmerkmal „besonders konstruiert" auf den Zweck ab, dem eine Anlage nach den Vorstellungen ihres Erbauers (!) dienen soll. Die Möglichkeit ziviler Nutzung könne zwar im Einzelfall darauf hindeuten, dass eine Anlage nicht allein zu militärischen Zwecken konstruiert wurde. Doch trete diese Indizwirkung zurück, wenn die rein militärische Zielsetzung aufgrund anderer Umstände zweifelsfrei feststeht (BGH NJW 1996, 1355). Die Abgrenzung folgt in den Augen des BGH also „nicht allein der Konstruktion, sondern maßgebend ist der Zweck der Herstellung".

Der ernüchternde Befund lautet somit, dass sich trotz aller objektiven Konstruktionsmerkmale der Charakter als Dual-Use-Ware, nicht ohne Rekurs auf die (intendierte) Verwendung definieren lässt. Die Einordnung kann daher – trotz aller Listung – nie ohne den einschlägigen (auch subjektiven) Verhaltens- und Sozialbezug erfolgen.

4. Inhalte der einzelnen Tatbestände

§ 18 Abs. 5 AWG enthält vier Varianten, die alle die Ausfuhr von Dual-Use-Gütern betreffen.

a) Art. 3 Abs. 1 Dual-Use-VO

§ 18 Abs. 5 Nr. 1 AWG i.V.m. Art. 3 Abs. 1 Dual-Use-VO bezieht sich auf die in Anhang I der Dual-Use-VO aufgeführten Güter mit doppeltem Verwendungszweck. Deren Ausfuhr ohne die gem. Art. 3 Abs. 1, 12 ff. Dual-Use-VO erforderliche Genehmigung unterliegt der Strafbewehrung nach § 18 Abs. 5 AWG. Die Kriterien der Genehmigungserteilung regelt Art. 15 Dual-Use-VO, der unter anderen Überlegungen zur nationalen Außen- und Sicherheitspolitik (Art. 15 Abs. 1 Lit. c Dual-Use-VO) sowie zur beabsichtigten Endverwendung oder der Gefahr einer Umlenkung der Waren (Art. 15 Abs. 1 Lit. d Dual-Use-VO) verlangt.[127]

b) Art. 4 Dual-Use-VO

(1.) § 18 Abs. 5 Nr. 1 AWG

§ 18 Abs. 5 Nr. 1 AWG i.V.m. Art. 4 Dual-Use-VO betrifft die Ausfuhr von Gütern mit doppeltem Verwendungszweck, die nicht in Anhang I der Dual-Use-VO aufgeführt sind. Als Dual-Use-Waren gelten unabhängig von ihrer Listung in Anhang I der Verordnung alle Güter, einschließlich von Datenverarbeitungsprogrammen und Technologie, die sowohl für zivile als auch für militärische Zwecke verwendet werden können, Art. 2 Abs. 1 1. Hs. Dual-Use-VO.

Die Strafbarkeit gem. § 18 Abs. 5 AWG i.V.m. Art. 4 Abs. 1 Lit. a Dual-Use-VO setzt, wie schon gesagt, voraus, dass der Ausführer von den zuständigen Behörden des Mitgliedstaats – in Deutschland das BAFA – von einer (möglichen) spezifischen Verwendungsbestimmung der Güter unterrichtet worden ist. Eine solche Unterrichtung hat zu erfolgen, wenn die Waren im Zusammenhang mit der Ent-

127 Vgl. dazu *Nestler* in: ERST, Wirtschaftsstrafrecht, § 18 AWG Rn. 57; *Wagner* in: MüKo-StGB, § 18 AWG Rn. 128.

wicklung, der Herstellung, der Handhabung, dem Betrieb, der Wartung, der Lagerung, der Ortung, der Identifizierung oder der Verbreitung von chemischen, biologischen oder Kernwaffen bzw. sonstigen Kernsprengkörpern oder zur Entwicklung, Herstellung, Wartung bzw. Lagerung von Flugkörpern für derartige Waffen verwendet werden sollen.[128]

§ 18 Abs. 5 Nr. 1 AWG i.V.m. Art. 4 Abs. 1 Lit. b Dual-Use-VO betrifft ebenfalls nicht gelistete Dual-Use-Güter und entspricht weitestgehend Art. 4 Abs. 1 Lit. a Dual-Use-VO.[129] Anstelle der Unterrichtung durch die zuständige Behörde verlangt die Vorschrift jedoch, dass gegen das Bestimmungsland ein Waffenembargo aufgrund eines Beschlusses des Rates bzw. eines vom Rat festgelegten Gemeinsamen Standpunkts oder einer Entscheidung der Organisation für Sicherheit und Zusammenarbeit in Europa (OSZE) oder ein Waffenembargo aufgrund einer verbindlichen Resolution des UN-Sicherheitsrates verhängt wurde. Zusätzlich verlangt die Vorschrift, wie schon gesagt, eine Unterrichtung des Ausführers darüber, dass diese Güter ganz oder teilweise für eine militärische Endverwendung i.S.d. Art. 4 Abs. 1 Lit. b Dual-Use-VO (vgl. Teil I Abschnitt A der Ausfuhrliste) bestimmt sind oder bestimmt sein können.

§ 18 Abs. 5 Nr. 1 AWG i.V.m. Art. 4 Abs. 1 Lit. c Dual-Use-VO setzt die Unterrichtung des Ausführers darüber voraus, dass die Güter ganz oder teilweise für die Verwendung als Bestandteile von solchen militärischen Gütern i.S.v. Teil I Abschnitt I der Ausfuhrliste bestimmt sind oder bestimmt sein können, die „aus dem Hoheitsgebiet dieses Mitgliedstaats ohne Genehmigung ... ausgeführt" wurden. Gemeint ist damit eine Ausfuhr aus dem Unionsgebiet (vgl. § 2 Abs. 3 sowie Art. 2 Nr. 2 Dual-Use-VO, der auf den Ausfuhrbegriff des EU-Zollkodex verweist) mit Ausgangspunkt auf deutschem Staatsgebiet.[130] Der Sinn dieser Catch-all-Klausel soll darin liegen, die Wartung und Modernisierung bereits illegal exportierter Waffen zu erschweren.[131]

(2.) § 18 Abs. 5 Nr. 2 AWG

§ 18 Abs. 5 Nr. 2 AWG i.V.m. Art. 4 Abs. 2 Dual-Use-VO stellt darauf ab, dass dem Ausführer bekannt ist, dass Güter mit doppeltem Verwendungszweck, die er ausführen möchte und die nicht in Anhang I gelistet sind, ganz oder teilweise für

---

128 *Nestler* in: ERST, Wirtschaftsstrafrecht, § 18 AWG Rn. 59; siehe auch *Cornelius* in: Graf/Jäger/Wittig, Wirtschaftsstrafrecht, § 18 AWG Rn. 91 f.; *Wagner* in: MüKo-StGB, § 18 AWG Rn. 129 f.

129 Vgl. *Nestler* in: ERST, Wirtschaftsstrafrecht, § 18 AWG Rn. 60.

130 *Nestler* in: ERST, Wirtschaftsstrafrecht, § 18 AWG Rn. 61.

131 *Fehn* in: Hohmann/John, Art. 4 Dual-Use-VO Rn. 59; *Wagner* in: MüKo-StGB, § 18 AWG Rn. 132.

eine der Verwendungen der Abs. 1, 2 oder 3 bestimmt sind. In diesem Fall muss er das BAFA davon unterrichten; dieses entscheidet sodann über die Genehmigungspflichtigkeit der Ausfuhr. Verlangt wird hier vom Wortlaut ein Dolus directus 2. Grades im Hinblick auf den Verwendungszweck.[132]

(3.) § 18 Abs. 5 Nrn. 3 und 4 AWG

§ 18 Abs. 5 Nrn. 3 und 4 AWG betreffen Vermittlungstätigkeiten hinsichtlich von Geschäften, die Dual-Use-Waren zum Gegenstand haben. Art. 2 Nr. 7 Dual-Use-VO definiert Vermittlungstätigkeiten als Aushandeln oder Herbeiführen von Transaktionen, Kauf, Verkauf oder Lieferung von Gütern mit doppeltem Verwendungszweck von einem Drittland in ein anderes Drittland, sowie als Verkauf oder Kauf von Gütern mit doppeltem Verwendungszweck, die sich in Drittländern befinden, zwecks Verbringung in ein anderes Drittland. Für die Zwecke dieser Verordnung ist die ausschließliche Erbringung von Hilfsleistungen von dieser Definition ausgenommen. Als Hilfsleistungen gelten Beförderung, Finanzdienstleistungen, Versicherung oder Rückversicherung oder allgemeine Werbung oder Verkaufsförderung.[133]

Nach § 18 Abs. 5 Nr. 3 AWG i.V.m. Art. 6 Abs. 1 S. 1 Dual-Use-VO wird bestraft, wer Vermittlungstätigkeiten in Bezug auf die in Anhang I der Verordnung aufgeführten Güter erbringt, falls der Vermittler von den zuständigen Behörden des Mitgliedstaats, in dem er ansässig oder niedergelassen ist, darüber unterrichtet wurde, dass die betreffenden Güter ganz oder teilweise für einen der in Art. 4 Abs. 1 Dual-Use-VO genannten Verwendungszwecke bestimmt sind oder bestimmt sein können. Nach § 18 Abs. 5 Nr. 3 AWG i.V.m. Art. 6 Abs. 2 Dual-Use-VO gilt dasselbe, wenn einem Vermittler bekannt ist, dass die in Anhang I der Verordnung aufgeführten Güter mit doppeltem Verwendungszweck, für die er Vermittlungstätigkeiten anbietet, ganz oder teilweise für einen der in Art. 4 Abs. 1 Dual-Use-VO genannten Verwendungszwecke bestimmt sind. In diesem Fall hat er die zuständigen Behörden davon zu unterrichten, wobei dann diese entscheidet, ob die Erbringung dieser Vermittlungstätigkeiten genehmigungspflichtig sein soll.[134]

---

132 *Cornelius* in: Graf/Jäger/Wittig, Wirtschaftsstrafrecht, § 18 AWG Rn. 95 („positive Kenntnis"). So auch *Nestler* in: ERST, Wirtschaftsstrafrecht, § 18 AWG Rn. 62.

133 *Nestler* in: ERST, Wirtschaftsstrafrecht, § 18 AWG Rn. 63; ferner *Wagner* in: MüKo-StGB, § 18 AWG Rn. 136 f.; siehe auch *Diemer* in: Erbs/Kohlhaas, Strafrechtliche Nebengesetze, § 18 AWG Rn. 43.

134 *Nestler* in: ERST, Wirtschaftsstrafrecht, § 18 AWG Rn. 64.

c) Art. 5 Dual-Use-VO

(1.) Für Überwachung „bestimmt sind oder bestimmt sein können"

Der im Ausgangspunkt Art. 4 Dual-Use-VO nachgebildete Art. 5 Dual-Use-VO lässt wiederum eine interne Abstufung erkennen: Nach Art. 5 Abs. 1 Dual-Use-VO besteht ein Genehmigungserfordernis, sofern das BAFA den Ausführer darüber unterrichtet, dass die betreffenden Güter ganz oder teilweise für eine Verwendung im Zusammenhang mit interner Repression und/oder der Begehung schwerwiegender Verstöße gegen die Menschenrechte und das humanitäre Völkerrecht bestimmt sind oder bestimmt sein können. Die Unterrichtung ist demnach, genau wie im Rahmen von Art. 4 Dual-Use-VO, konstitutiv für das Entstehen einer Genehmigungspflicht. Die Unterrichtung erfolgt i. d. R. durch ein individuelles Schreiben an den Ausführer, in dem er auf die bestehende Genehmigungspflicht eines konkreten Exportvorhabens hingewiesen wird. In demselben Schreiben erfolge, so das BAFA, oftmals schon die konkrete Entscheidung über die Erteilung oder Verweigerung der infolge der Unterrichtung erforderlichen Genehmigung.[135]

Die Mitteilung nach Art. 5 Abs. 2 S. 1 Dual-Use-VO durch den Ausführer initiiert, wie im Rahmen des Art. 4 Abs. 2 Dual-Use-VO, beim BAFA eine Entscheidung über die Genehmigungspflicht. Hat ein Ausführer das BAFA nach dieser Vorschrift unterrichtet, so habe er „sicherzustellen, dass die beabsichtigte Ausfuhr nicht vor einer abschließenden Entscheidung des BAFA erfolgt".[136]

Art. 5 Abs. 3 Dual-Use-VO enthält die bereits bekannte Regelung, dass die Mitgliedstaaten eigeninitiativ Rechtsvorschriften erlassen (oder beibehalten) können, mit denen für die Ausfuhr von nicht gelisteter Überwachungstechnologie eine Genehmigungspflicht vorgeschrieben wird. Im Unterschied zu Art. 4 Abs. 3 Dual-Use-VO wird die Regelung für Überwachungstechnologie in Fällen übereinstimmender mitgliedstaatlicher Regelungen aber immerhin von dem Publikationserfordernis nach Art. 5 Abs. 6 Dual-Use-VO flankiert.

(2.) Sanktionsbewehrung

Aktuell erfasst der Straftatbestand des § 18 Abs. 5 AWG Verstöße gegen Art. 5 Dual-Use-VO nicht.[137] Dies ist zum Teil wohl auch[138] dem Umstand geschuldet, dass die Mitgliedstaaten von der Neufassung der Dual-Use-VO doch recht kalt überrascht

---

135 So das Merkblatt des BAFA zu Art. 5 Dual-Use-VO, S. 15; abrufbar unter https://www.bafa.de/SharedDocs/Downloads/DE/Aussenwirtschaft/afk_merkblatt_eu-dual-use-vo_artikel-5.pdf;jsessionid=D625845137AF68C828CD37F3D99EEA42.2_cid387?__blob=publicationFile&v=2.

136 Merkblatt des BAFA zu Art. 5 Dual-Use-VO, S. 15.

137 Bis Juli 2022 lag nach Auskunft des BMWi noch kein bearbeitungsfähiger Gesetzentwurf vor.

138 Eine Umsetzung Anpassung der Rechtslage in Deutschland war zuvor auch aufgrund der zu Ende gegangenen Legislaturperiode noch nicht möglich.

wurden, nachdem früher bereits mehrere Anläufe einer Reform gescheitert waren. Noch kurz zuvor war die AWV den Erfordernissen der EU-Screening-VO angepasst worden[139], schon folgte am 25. 8. 2021 eine Änderungsverordnung, mit der AWG (!) und AWV an die Dual-Use-VO n.F. angeglichen wurden[140].

(a) § 18 Abs. 5 AWG verweist lediglich auf Art. 4 und 6 der Dual-Use-VO, nicht aber auf deren Art. 5. Eine Erweiterung der Verweisung des § 18 Abs. 5 AWG auf die neue Vorschrift zur Ausfuhr von Überwachungstechnologie wäre als inhaltliche Änderung nicht von der – an sich schon problematischen – Annexkompetenz aus § 30 Abs. 2 AWG[141] umfasst gewesen. Eine Anpassung im Zuge der Änderungsverordnung vom 25. 8. 2021 kam daher nicht in Betracht.[142]

Nun stellt sich die Frage, ob § 18 Abs. 5 AWG nicht unionsrechtskonform dahingehend auszulegen ist, dass die Verweisung – zumindest bis zu einer Änderung des Wortlauts – auch Art. 5 Dual-Use-VO umfasst. Dies ist aber abzulehnen, denn darin läge aufgrund einer Überschreitung der Wortlautgrenze ein Verstoß gegen Art. 103 Abs. 2 GG.[143] Die Norminterpretation könnte sich nämlich nicht auf die unionsrechtskonforme Auslegung eines einzelnen Tatbestandsmerkmals beschränken und würde daher das Maß des Zulässigen überschreiten.[144] Nichts anderes ergibt sich aus der Rspr. von BVerfG[145] und BGH[146] im kapitalmarktrechtlichen Kontext. Der dort angelegte Maßstab greift hier ersichtlich nicht, da es sich – anders als bei den Entscheidungen zum WpHG – vorliegend nicht um eine inhaltsgleiche Regelung handelt, sondern um eine inhaltlich völlig neue Norm, die sowohl andere Rechtsgüter schützt, als auch andere Tatbestandsvoraussetzungen normiert.[147]

Ob es nicht auch wertungsmäßig richtig wäre, Verstöße gegen die Genehmigungspflicht für die Ausfuhr von Überwachungstechnologie nicht per se als Straftat, sondern eher als Ordnungswidrigkeit z. B. im Kontext von § 19 Abs. 4 AWG i.V.m. § 82 Abs. 12 AWV zu erfassen, lässt sich als Frage zumindest aufwerfen.

---

139 16. Verordnung zur Änderung der Außenwirtschaftsverordnung vom 26.10.2020, BAnz AT 28.10.2020 V1, S. 1.

140 Erste Verordnung zur Änderung des Außenwirtschaftsgesetzes und der Außenwirtschaftsverordnung v. 25.8.2021, FNA: 7400 – 4, 7400 – 4 – 1, BAnz AT 7.9.2021 V1.

141 Eingefügt zum 9.6.2021 durch Gesetz v. 2.6.2021, BGBl. 2021/I S. 1275. Siehe dazu BT-Drs. 19/27451, S. 8.

142 *Nestler* NZWiSt 2022, 144 f.

143 *Nestler* NZWiSt 2022, 145.

144 Vgl. zur möglichen Reichweite *Ruffert* in: Calliess/Ruffert, AEUV, Art. 1 Rn. 24 sowie *Schill/Krenn* in: Grabitz/Hilf/Nettesheim, EUV, Art. 4 Rn. 110 jeweils mit umfassenden Nachweisen.

145 NJW 2018, 3091 ff. und WM 2018, 1251 f.

146 BGHSt 62, 13 ff.

147 So auch bei *Nestler* NZWiSt 2022, 145.

Dies könnte jedenfalls im Hinblick auf die Sanktionierung Ausdruck des fragmentarischen Charakters des Strafrechts ebenso wie auch des ultima ratio Prinzips sein. Art. 5 Dual-Use-VO liegen Menschenrechtserwägungen (konkret: Schutz der Privatsphäre, der informationellen Selbstbestimmung, des allgemeinen Persönlichkeitsrechts) zugrunde; mithin intendiert die Norm im Ausgangspunkt den Schutz individualer Rechte – anders als Art. 3 und 4 Dual-Use-VO, die primär auf den Schutz überindividueller Rechtsgüter ausgerichtet sind. Für den Schutz von Individualrechtsgütern greift das Strafrecht üblicherweise aber nicht zu zeitlichen Vorverlagerungen der Strafbarkeit, d. h. nicht zu abstrakten Gefährdungsdelikten im Vorfeld einer eigentlichen Schädigung, sondern verlangt i. d. R. zumindest eine konkrete Gefahr für diese Rechtsgüter.[148]

Indes beschreitet das Außenwirtschaftsstrafrecht ohnehin bereits an vielen Stellen – unter Verweis u. a. auf die internationalen Verpflichtungen – einen dogmatisch fragwürdigen Sonderweg, der weder Rechtsgutsbeeinträchtigungen[149] noch Bagatellklauseln[150] kennt. Das verwundert nicht, hält man sich vor Augen, dass zum einen die staatlichen Zugriffsmöglichkeiten i. d. R. mit dem Überschreiten der Staatsgrenze enden, letztmöglicher Anknüpfungspunkt also der Export der Waren ist. Zum anderen stehen dahinter üblicherweise massive Kollektivinteressen (z. B. die äußere Sicherheit), deren Verletzung oder auch nur konkrete Gefährdung nicht riskiert werden darf. Allein der Grenzübertritt an sich verletzt – abgesehen vom staatlichen Kontroll- und Genehmigungsvorbehalt – aber noch kein „Rechtsgut". Anders formuliert: Ausfuhrdelikte sind immer Vorfeldtatbestände. Die Ausgestaltung als Straftatbestand mit dem Ziel, individuellen Menschenrechtsschutz sicherzustellen, stellt(e) daher in Bezug auf die AWG-Binnensystematik noch nicht einmal einen Fremdkörper dar. Gesetzgeberische Zurückhaltung wird man daher an diesem Punkt wohl nicht erwarten dürfen, auch wenn sie aus praktischer Sicht vor allem mit Blick auf zahllose Bagatellfälle ohne echtes Bedrohungspotential äußerst wünschenswert wäre.[151]

---

148 Ebenso bei *Nestler* NZWiSt 2022, 145; theoretisch denkbar wäre allenfalls ein überindividuelles Schutzgutverständnis i.S.e. „kollektiven Interesses an der Gewährleistung von Menschenrechten" insgesamt, was freilich eine weitere Erosion der Abgrenzbarkeit des Anwendungsbereichs der Norm zur Folge hätte. Dies ist derzeit aber, soweit ersichtlich, ungeklärt.

149 Bspw. in § 18 Abs. 4 AWG i.V.m. VO (EU) 2019/125 (Anti-Folter-VO), die zwar ebenfalls Menschenrechte bzw. individuale Rechts im Blick haben (vgl. Erwägungsgrund 2 und 3), diesbzgl. aber gleichwohl mit dem Ausfuhrverbot Vorfeldtatbestände enthalten.

150 So nennt bspw. § 9 Abs. 3 Nr. 2 AWV, der eine Bagatellgrenze von 5.000 € im Hinblick auf den Warenwert, nimmt in Hs. 2 Software und Technologie aber ausdrücklich davon aus.

151 Zudem bliebe zu klären, ob bei Verzicht auf einen Straftatbestand (oder Zurückhaltung in dessen Design) den Erfordernissen des Art. 25 Dual-Use-VO hinreichend Rechnung getragen wäre. Die Vorschrift verlangt „geeignete Maßnahmen", um die ordnungsgemäße Durchführung der

5. Transaktionsbezogener Screeningprozess

Hinsichtlich von nicht gelisteten Dual-Use-Gütern nach Art. 5 Dual-Use-VO schlägt das Merkblatt des BAFA[152] unter Verweis auf Art. 2 Nr. 21 sowie Erwägungsgrund Nr. 7 der Dual-Use-VO einen transaktionsbezogenen Screeningprozess vor, der güterbezogene, länderbezogene und endverwenderbezogene Aspekte umfasst. Dieser Prozess diene dazu, das mit einer Ausfuhr verbundene Risiko von schwerwiegenden Menschenrechtsverletzungen zu ermitteln, zu bewerten, abzumindern oder zu vermeiden.

Problematisch erscheint dabei erstens, dass das BAFA nicht nur die unmittelbaren Auswirkungen des Einsatzes von Überwachungstechnologie berücksichtigt wissen möchte, sondern auch die kaum abschätzbaren mittelbaren Auswirkungen, zu denen die fraglichen Güter eventuell einen Beitrag leisten können.[153] Zweitens verortet das Merkblatt diese Darlegungen im Rahmen der den

---

Dual-Use-VO sicherzustellen. Hierzu gehören insbesondere Sanktionen der Mitgliedstaaten, die bei Verstößen (auch) gegen die in der Verordnung normierten Unterrichtungs- und Genehmigungspflichten drohen. Art und Maß der Sanktionen überlässt Art. 25 Abs. 1 S. 2 Dual-Use-VO zwar weitgehend den Mitgliedstaaten (*Karpenstein/Kottmann* in: Krenzler/Herrmann/Niestedt, EU-Außenwirtschafts- und Zollrecht, Art. 4 Dual-Use-VO Rn. 6). Damit sind weder strafrechtliche Vorschriften noch Ordnungswidrigkeiten zwingend erforderlich. Indes sieht Art. 25 Abs. 1 S. 3 Dual-Use-VO, wie viele andere EU-Verordnungen (prominent etwa Art. 83 Abs. 1, 84 Abs. 1 S. 2 DSGVO sowie Art. 33 Abs. 1 S. 2 Anti-Folter VO; ferner Art. 13 Abs. 1 und 2 sowie Erwägungsgrund 12 der RiL 2011/93/EU; ähnlich Art. 15 S. RL 2000/43/EG und Art. 17 S. 3 RiL 2000/78/EG) vor, dass die Sanktionen „wirksam, verhältnismäßig und abschreckend" sein müssen. Daraus folgert die Lit., dass für bestimmte gravierende Verstöße nur eine strafrechtliche Reaktion in Frage kommt (so geschlussfolgert von *Karpenstein/Kottmann* in: Krenzler/Herrmann/Niestedt, EU-Außenwirtschafts- und Zollrecht, Art. 4 Dual-Use-VO Rn. 6). Solche gravierenden Verstöße waren im Fall der Dual-Use-VO jedenfalls bisher Zuwiderhandlungen gegen deren Art. 3 und 4, die militärische bzw. waffenmäßige Verwendungen adressieren und ihren Blick auf die äußere Sicherheit der Mitgliedstaaten, den Völkerfrieden und die auswärtigen Beziehungen richten. Die Formulierung des Art. 25 Abs. 1 S. 3 Dual-Use-VO entspricht den vom EuGH in ständiger Rspr. aufgestellten Anforderungen an die Durchsetzung des Unionsrechts. Darüber hinaus fordert der EuGH, dass die Sanktionen dieselben sein müssen, wie sie für vergleichbare Verstöße gegen nationales Recht vorgesehen sind (EuGH Rs. C-326/88, *Hansen,* Slg. 1990, I-2911 Rn. 17). Das nationale Recht reagiert im Außenwirtschaftsbereich auf vergleichbare oder gar weniger schwerwiegende Verstöße zumindest bei vorsätzlichem Handeln aber üblicherweise mit Straftatbeständen; zu Ordnungswidrigkeitentatbeständen greift das AWG i.R.d. Dual-UseVO nur, soweit es entweder um innerunionale Vorgänge geht, vgl. § 19 Abs. 4 AWG i.V.m. § 82 Abs. 12 AWG, oder lediglich Fahrlässigkeit im Raum steht, siehe § 19 Abs. 1 AWG. Zum Eingreifen von § 372 AO für die Übergangszeit unten S. 156 ff.

152 Merkblatt des BAFA zu Art. 5 Dual-Use-VO, S. 11 ff.

153 Merkblatt des BAFA zu Art. 5 Dual-Use-VO, S. 12.

Ausführer treffenden Sorgfaltspflichten als sog. Bemühenspflicht; es handle sich nicht um eine Erfolgspflicht. Dies wirkt aus wirtschaftspraktischer Perspektive auf den ersten Blick sicherlich erleichternd, bedeutet aber letztlich doch, den Nachweis über ebenjenes Bemühen führen zu müssen, ohne dass dafür ein Maßstab bekannt wäre.

Drittens – und dies erscheint besonders bemerkenswert – verzichtet das Merkblatt auf eine subjektive Verknüpfung. So muss in der güterbezogenen Screeningphase lediglich noch die objektiv-technische Eignung für digitale Überwachung dokumentiert werden. In destinationsbezogener Hinsicht kommt es auf die „allgemeine Menschenrechtslage" im Empfangsland an, mit der sich der Ausführer vertraut machen soll.[154] Es muss aus „ohne große Mühe zugänglichen Quellen" in Erfahrung gebracht werden, ob es dort in der Vergangenheit zu Repressionen oder schwerwiegenden Verstößen „gegen die Menschenrechte, insbesondere des Rechts auf Privatsphäre, des Rechts auf Meinungs-, Vereinigungs- und Versammlungsfreiheit sowie des Rechts auf Gedanken-, Gewissens- und Religionsfreiheit" gekommen ist.[155] Was den Endverwender angeht, so seien vor allem die Nähe zu staatlichen Stellen sowie das Betrautsein mit Sicherheitsaufgaben ein Problem. Ob vom Abnehmer ein entsprechender Einsatz des Tools intendiert ist, spielt hiernach keine Rolle.

6. Zwischenergebnis

Das Bild ist nicht einheitlich. Zwar behauptet die Rspr. stets, sich für die Einordnung der Dual-Use-Güter nach objektiven Kriterien zu richten. Die einschlägigen Judikate nehmen aber, wie aufgezeigt, immer wieder Bezug auf subjektive Komponenten wie die Widmung durch den Erbauer und die intendierte Verwendung oder den Zweck, den der Abnehmer mit den Waren verfolgt.

Zentral erscheint dabei die Erkenntnis, dass es sich beim Export von Dual-Use-Waren um ein im Kern erlaubtes Verhalten, d. h. einen üblichen und durchaus erwünschten Wirtschaftsvorgang handelt, der lediglich durch (in der Zukunft liegende) Begleitumstände in einen illegitimen Kontext gerät. Dementsprechend müssen für die Frage, ob es sich um ein (nicht gelistetes) Dual-Use-Gut handelt, neben der Ware selbst auch gerade diese Begleitumstände des Exports, die Destination, der Endverwender und der Verwendungskontext Berücksichtigung finden. Wie diese Bezugnahme auf Rahmenbedingungen dogmatisch einzuord-

154 Merkblatt des BAFA zu Art. 5 Dual-Use-VO, S. 12.

155 Merkblatt des BAFA zu Art. 5 Dual-Use-VO, S. 12 f.

nen – und dementsprechend behördlich zu berücksichtigen und gerichtlich zu überprüfen – ist, wird im weiteren Verlauf der Untersuchung zu klären sein. Dasselbe gilt für die Frage, ob es einen gangbaren Weg darstellt, wie das Merkblatt des BAFA zu Art. 5 Dual-Use-VO auf subjektive Komponenten in der Person des Empfängers zu verzichten.

II. Sonstige doppelte Verwendbarkeiten ohne Liste

Doppelte Verwendbarkeiten sind kein Sonderfall des Nebenstrafrechts, erst recht nicht der Dual-Use-VO. Sie finden sich auch im Kernstrafrecht und verhalten sich dort unscheinbar in den allgemeinen Strafgesetzen. Im folgenden Abschnitt werden diese Regelungen vorgestellt und daraufhin analysiert, wie eine Grenzziehung zwischen erfassten und nicht erfassten Gegenständen erfolgen kann. Zudem wird die gegen sie erhobene Kritik ausgewertet.

1. Regelungsbeispiele

a) § 74 StGB

§ 74 Abs. 1 2. Alt. StGB gestattet die Einziehung von Gegenständen, die zur Begehung oder Vorbereitung einer vorsätzlichen Tat gebraucht worden oder bestimmt gewesen sind. Diese Gegenstände werden dort als Tatmittel (instrumenta sceleris) legaldefiniert.

(1.) Zeitliche Abgrenzung

Eine Eingrenzung erfolgt hier zunächst in zeitlicher Hinsicht. So soll es ausreichen, dass die Gegenstände während des strafbaren Versuchs bzw. zum Zeitpunkt der Vollendung der Tat Verwendung fanden oder Verwendung finden sollten. Die entsprechende Tat muss Gegenstand der Anklage und vom Tatrichter festgestellt sein.[156] Die Verwendung in der Vorbereitungsphase der Straftat soll ebenfalls genügen, sofern die Vorbereitung als solche strafbar war oder es später zumindest zu einem strafbaren Versuch gekommen ist.[157] Selbst diese letztgenannte Variante

---

156 *Joecks/Meißner* in: MüKo-StGB, § 74 Rn. 11; *Nestler* Einziehung, in: Hilgendorf/Kudlich/Valerius, Handbuch des Strafrechts, § 67 Rn. 6.

157 BGHSt 8, 205, 213; BGH NJW 1987, 2883; BayObLGSt 1976, 38 f.; *Lohse* in: LK-StGB, § 74 Rn. 16 f.; *Schuster* in: Schönke/Schröder, StGB, § 74 Rn. 12; *Wolters* in: SK-StGB, § 74 a.F. Rn. 8b.

stimmt mit dem Wortlaut des § 74 Abs. 1 2. Alt. StGB überein („zu ihrer ... Vorbereitung“), mag sie auch weit erscheinen.[158]

(2.) Materiell-inhaltlicher Tatbezug

Der nächste Schritt der Eingrenzung besteht i. d. R. darin, den materiell-inhaltlichen Bezug zwischen dem fraglichen Gegenstand und der Tat zu definieren. Der Wortlaut des Gesetzes lässt es ausreichen, wenn der Gegenstand für die Begehung der Tat bestimmt gewesen ist. Auf seine tatsächliche Verwendung kommt es nicht an.[159] Verlangt wird hier von der Rspr. nur, dass das Tatmittel die Tat gefördert hat oder fördern sollte.[160]

Teilweise sieht die Lit. darin die Gefahr eines Abgleitens in ein Gesinnungsstrafrecht. Aus diesem Grund soll eine restriktive Auslegung des weitgefassten Merkmals „bestimmt gewesen“ angezeigt sein.[161] Andere wollen diese Gefahr zwar nicht erkennen, plädieren aber gleichwohl für ein enges Verständnis dieser Wendung[162], sodass zumindest diesbzgl. in der Lit. Einigkeit besteht. Wie die restriktive Handhabung aber umgesetzt werden soll, bleibt häufig unklar.

Die Rspr. scheint demgegenüber einer streng an dem weit geratenen Wortlaut orientierten Linie zu folgen. Exemplarisch nachvollziehen lässt sich dies insbesondere an Kraftfahrzeugen, die bspw. zur Fahrt an den Tatort oder zur Flucht verwendet werden (sollen). Hier existieren etliche Judikate, die allerdings kaum eine klare Linie erkennen lassen. Die Rspr. bejaht den Tatmittelcharakter teilweise bereits bei Fahrzeugen, die dazu bestimmt waren oder sogar benutzt wurden, um den Tatort auszukundschaften[163], an den Tatort zu fahren oder von dort zu flüchten[164], die zur Entführung des Opfers[165] oder zum Absatz des gefälschten Geldes[166] eingesetzt wurden.[167] Der in manchen Judikaten enthaltene Hinweis,

---

158 Zurückhaltend *Lohse* in: LK-StGB, § 74 Rn. 17 („nach außen manifestierte ‚gedankliche Bereitstellung‘ im Sinne einer darauf gerichteten Tatbestimmung, nicht aber die bloße Anfertigung auf Vorrat ohne Beziehung zu einer konkreten Tat“).

159 Vgl. BGHSt 8, 205, 212; BGHSt 13, 311; OLG Köln NJW 1951, 612 f.; vgl. auch *Fischer* StGB § 74 Rn. 11; *Nestler* Einziehung, in: Hilgendorf/Kudlich/Valerius, Handbuch des Strafrechts, § 67 Rn. 6.

160 BGH BeckRS 2019, 28040; BGH BeckRS 2019, 28827; so auch *Lohse* in: LK-StGB § 74 Rn. 16 f.

161 *Heuchemer* in: BeckOK StGB, § 74 Rn. 13.1; so auch *Saliger* in: NK-StGB, § 74 a.F. Rn. 9.

162 Vgl. *Schuster* in: Schönke/Schröder, StGB, § 74 Rn. 9; *Joecks/Meißner* in: MüKo-StGB, § 74 Rn. 11.

163 BGHSt 8, 205, 212.

164 BayObLG NJW 1963, 600 sowie BGHSt 10, 337 (Unfallflucht des Täters).

165 BGH NJW 1955, 1327; LG Köln NStZ-RR 2012, 74.

166 BGH MDR 1970, 559; ähnlich BGH NStZ 1997, 30 für einen Hubschrauber.

167 Weitere Bspe. für die extensive Sichtweise: OLG Stuttgart NJW 1953, 354; BayObLGSt 1958, 203; siehe auch OLG Koblenz StV 2004, 320; BGH StV 1994, 315.

dass „die nur gelegentliche Benutzung eines Kraftfahrzeugs im Zusammenhang mit der Tat nicht ausreichen“[168] soll, erscheint bestenfalls als gutgemeinte Parole. Eine Eingrenzung versucht die Rspr. dann herzustellen, indem der Gebrauch des Gegenstands „gezielt die Verwirklichung des deliktischen Vorhabens fördert bzw. nach der Planung des Täters fördern“ soll.[169] Allerdings genügen dafür sogar Gegenstände, die die Durchführung der Tat nur mittelbar unterstützt haben.[170]

Auch diese Forderung wird in der Rspr. dann leider nicht näher präzisiert. Insgesamt erweckt die vorhandene Judikatur nicht den Eindruck, als sei sie von einem klaren Leitgedanken durchzogen.[171] Falls überhaupt eine Eingrenzung stattfindet, stellt die Rspr. dies i. d. R. über das zeitliche Moment her, sodass zumindest Gegenstände ausscheiden, die erst nach Tatbeendigung ins Spiel kommen.

In der Lit. versucht man die geforderte Restriktion durch abstrakte Umschreibungen näherer Bezugsparameter herzustellen. So wird vertreten, die deliktische Verwendung der fraglichen Gegenstände müsse „aufgrund ihrer objektiven Beschaffenheit auf der Hand“ liegen.[172] Dafür soll nach zum Teil vertretener Auffassung auf die Grundsätze der objektiven Zurechnung zur Abgrenzung neutralen und deliktischen Verhaltens zurückgegriffen werden.[173] Nur wenn das Vorhandensein des Gegenstands in der jeweiligen Situation nach den Umständen des Einzelfalles allein einen deliktischen Sinn ergibt und eine sozialadäquate Erklärung vernünftigerweise nicht in Betracht kommt, darf die Einziehung erfolgen. Prinzipiell wäre diese Überlegung auch für die Einordnung der Dual-Use-Waren i.S.d. Dual-Use-VO nutzbar. Näher präzisiert wird der Gedanke in Rspr. und Lit. dann aber nicht.

---

168 BGH NStZ-RR 2002, 332.

169 BGH NStZ-RR 2002, 332; BGH StV 2005, 210; BGH NStZ-RR 2019, 209; OLG Koblenz StV 2004, 320.

170 Auch diese Gegenstände sollen der Einziehung unterliegen, so z. B. die Feile, mit der ein Dietrich hergestellt ist, der Schlüssel, mit dem die Tür zum Ort der Brandstiftung geöffnet wurde, die Aktentasche, in der das Diebeswerkzeug getragen wurde. Vgl. bspw. BGH NStZ-RR 2003, 57.

171 Vgl. nur zu zur Flucht bestimmten Fahrzeugen: RGSt 12, 305, 307; RGSt 73, 104, 106; BGHSt 3, 355, 357; BGH NJW 1952, 892; BayObLG NJW 1963, 600; BGH NStZ-RR 2016, 41 f.; einschränkend dann OLG Hamburg NStZ 1982, 246. Dann aber abgelehnt für ein Kfz, das erst nach Vollendung der Tat vom Täter als Fluchtfahrzeug entdeckt wird von BayObLG NJW 1963, 600; ObLGSt 76, 41. Nachweise bei *Saliger* in: NK-StGB, § 74 Rn. 11 ff.

172 *Heuchemer* in: BeckOK-StGB, § 74 Rn. 13.1; *Joecks/Meißner* in: MüKo-StGB, § 74 Rn. 11.

173 *Heuchemer* in: BeckOK-StGB, § 74 Rn. 13.1.

(3.) Abgrenzung zu sog. Beziehungsgegenständen

Sog. Beziehungsgegenstände sollen demgegenüber nicht in den Anwendungsbereich des § 74 Abs. 1 StGB fallen.[174] Gemeint sind damit Sachen, die zwar in die Tat verstrickt waren, dessen ungeachtet aber keinen spezifischen Sachzusammenhang zu ihr aufweisen. Die Kommentarliteratur beschreibt Beziehungsgegenstände treffend als „passive Tatobjekte“[175], die in die Tatbegehung verwickelt sind, ohne dabei ihre Begehung i.e.S. gefördert zu haben. I.d.R. soll es sich dabei um Gegenstände handeln, deren Gebrauch gerade von der Verbotsnorm vorausgesetzt ist, so bspw. der Pkw, der ohne Fahrerlaubnis betrieben wird[176], oder auch geschmuggelte Bannware[177]. Allerdings kann die Einziehung von Beziehungsgegenständen spezialgesetzlich angeordnet werden[178], vgl. § 74 Abs. 2 StGB, so etwa in § 20 Abs. 1 Nr. 1 AWG. Diese Vorschrift erfasst auch die unter Verstoß gegen § 18 Abs. 5 AWG, Art. 3 ff. Dual-Use-VO exportierten Dual-Use-Güter.

(4.) Auswertung

Betrachtet man die einschlägigen Judikate genauer, so fällt auf, dass in denjenigen Fällen, in denen es lediglich zu einem strafbaren Versuch gekommen ist, ohne dass der fragliche Gegenstand eingesetzt wurde, Gerichte teilweise ohne sichtbare Bedenken allein auf die subjektive Intention des Täters abgestellt haben. So spricht bspw. das OLG Dresden im Zusammenhang mit der Einziehung einer Wasserpfeife als „Drogenwerkzeug“ davon, dass die Feststellungen des LG nicht genügen, um „die Annahme konkreter Verwendungsabsicht“ durch den Täter zu rechtfertigen. Es sei nicht ausgeschlossen, dass er „die Wasserpfeife auch künftig nicht anders verwenden wollte“.[179] Mit vermeintlich stärkerer objektiver Bezugnahme auf die hypothetische Verwendung argumentierte das OLG Karlsruhe für die Einziehung zweier Pitbullterrier als Nötigungsmittel. Es hätte im Urteil des LG dargelegt werden müssen inwiefern die Gefahr besteht, dass die einzuziehenden Gegenstände der Begehung rechtswidriger Taten dienen werden. Eine solche „Gefahr“ liege dann vor, wenn „konkrete Anhaltspunkte eine rechtswidrige Verwendung nahe legen“. Die „bloße gedankliche Möglichkeit einer derartigen Ver-

---

174 *Lohse* in: LK-StGB, § 74 Rn. 19; *Wolters* in: SK-StGB, § 74 Rn. 10; *Eser/Schuster* in: Schönke/Schröder, StGB, § 74 Rn. 12a; *Fischer* StGB, § 74 Rn. 10; *Saliger* in: NK-StGB, § 74 Rn. 11.

175 *Eser* in: Schönke/Schröder, StGB, § 74 Rn. 12a; *Saliger* in: NK-StGB, § 74 Rn. 11.

176 *Saliger* in: NK-StGB, § 74 Rn. 11 unter Verweis auf BGHSt 10, 28; OLG Frankfurt NJW 1954, 652.

177 RGSt 48, 33.

178 So z. B. in §§ 92b Nr. 2, 101a Nr. 2, 109k Nr. 2, 132a Abs. 4, 184b Abs. 4 S. 2 (dazu BGH NStZ 2012, 319), §§ 219b Abs. 3, 261 Abs. 7 (dazu BGH NStZ-RR 2011, 338), §§ 264 Abs. 5 S. 2, 330c Nr. 2 StGB; § 375 Abs. 2 AO; § 33 BtMG (dazu BGH NStZ-RR 2010, 141, 142; BGH NStZ 2011, 100).

179 OLG Dresden NStZ-RR 1999, 372.

wendung" reiche nicht aus. Etwas anderes gelte nur in dem „besondere[n] Fall", dass aufgrund „hartnäckiger Rückfälligkeit des Täters die Bejahung einer solchen Gefahr nahe liegt".[180] Im Ergebnis soll das Bestimmtsein somit ein subjektives Merkmal darstellen, auf dessen Vorliegen aus objektiven Umständen geschlossen wird.

Für die Alternative „bestimmt gewesen sind" in § 74 Abs. 1 StGB wird dann zwar meist nach konkreten Anhaltspunkten im Sachverhalt gesucht. Dies erfolgt jedoch häufig nur mit Blick auf die Feststellung einer möglichst konkreten Verwendungsabsicht in diese spezifische Richtung. Wenn nicht Anhaltspunkte dargetan sind, die auf einen entsprechenden Plan des Täters schließen lassen, wird die Einziehungsanordnung selbst dann nicht konsentiert, wenn es sich um Gegenstände handelt, die typischerweise in die Sphäre der angeklagten Tat gehören.[181]

Interessant erscheint schließlich das Verhältnis sog. Beziehungsgegenstände zu Dual-Use-Gütern der Dual-Use-VO. Beziehungsgegenstände sind nach der ausdrücklichen Regelung des § 74 Abs. 2 StGB gerade nicht solche, die zur Begehung einer Straftat i.S.d. § 74 Abs. 1 StGB bestimmt gewesen sind, mithin die ausgeführte Bannware. Die Dual-Use-VO wählt damit in Art. 4 und 5 Dual-Use-VO mit der Formulierung „bestimmt sind oder bestimmt sein können" einen Ansatz, der seinem Wortlaut nach den Tatmitteln (einer möglichen späteren Tat) nach § 74 Abs. 1 StGB entspricht, der inhaltlich aber auf Beziehungsgegenstände i.S.d. § 74 Abs. 2 rekurriert. Für die fragliche spätere Tat des Abnehmers oder gar eines Dritten müssten daher konsequenterweise dieselben konkreten (subjektiven wie auch objektiven) Anhaltspunkte gefordert werden, wie im Rahmen des § 74 Abs. 1 StGB.

b) §§ 244 Abs. 1 Nr. 1 Lit. b, 250 Abs. 1 Nr. 1 Lit. b StGB

Ein weiteres prominentes Beispiel, das möglicherweise in den Dual-Use-Kontext gehört, findet sich in §§ 244 Abs. 1 Nr. 1 Lit. b, 250 Abs. 1 Nr. 1 Lit. b StGB. Die Vorschriften regeln den Diebstahl bzw. Raub mit Waffen und erfassen Fälle, in denen der Täter „sonst ein Werkzeug oder Mittel" bei sich führt, „um den Widerstand einer anderen Person durch Gewalt oder Drohung mit Gewalt zu verhindern oder zu überwinden".

Wie im Rahmen des § 74 Abs. 1 StGB ist die zeitliche Abgrenzung dabei zunächst mit der Tathandlung, dem bei sich Führen, verknüpft. Die ganz h.M. lässt es hier ausreichen, wenn sich der fragliche Gegenstand zu irgendeinem Zeitpunkt

180 OLG Karlsruhe NJW 2001, 2488.

181 So bspw. bei einer Wasserpfeife, siehe oben S. 58.

zwischen Versuchsbeginn und Tatbeendigung räumlich im Zugriffsbereich des Täters befunden hat.[182] Die Grenzziehung mit der Beendigung der Tat korrespondiert mit derjenigen aus § 74 Abs. 1 StGB.

(1.) Wille des Gesetzgebers

Das Merkmal „sonst ein Werkzeug oder Mittel" gehört prinzipiell dem objektiven Tatbestand an.[183] Sonstige Werkzeuge oder Mittel werden zwar definiert als Gegenstände, die sich nach Art ihrer Beschaffenheit in der konkreten Situation objektiv zur Anwendung von Gewalt oder zur Drohung mit Gewalt eignen. Mit dem 6. Strafrechtsreformgesetz[184] erhielt § 244 Abs. 1 Nr. 1 Lit. b StGB jedoch eine andere Fassung. Der Gesetzgeber verfolgte mit der Änderung ausdrücklich das Ziel, die bis dahin in der Rspr. vorherrschende Auffassung zum Maßstab der Qualifikation zu machen.[185] Diese ordnete sämtliche Scheinwaffen dem Anwendungsbereich des § 244 Abs. 1 Nr. 2 StGB a.F.[186] zu. Dadurch wurde die „Eindruckstheorie" des BGH[187] gesetzlich vorgeschrieben. Die „Gefährlichkeitstheorie" war damit obsolet.[188]

§ 250 Abs. 1 Nr. 1 Lit. b StGB weist dieselbe Formulierung auf wie § 244 Abs. 1 Nr. 1 Lit. b StGB. Daher überschneidet sich das Meinungsspektrum (zu beiden Vorschriften) in Rspr. und Lit. weitestgehend. Dementsprechend sollen auch hier objektiv ungefährliche Gegenstände in den Anwendungsbereich der Norm fallen, da es nur auf die subjektive Verwendungsintention des Täters ankommt. Lediglich Gegenstände, die so offensichtlich ungefährlich sind, dass sie aus sich selbst

182 *Kindhäuser* in: NK-StGB, § 244 Rn. 20.

183 Siehe aber *Rengier* StR BT/I, § 4 Rn. 58, der zwar nicht Charakter als objektives Tatbestandsmerkmal der Qualifikation negiert, diesem aber aufgrund der gesetzlichen Forderung nach einer Verwendungsabsicht eine Restriktion mit subjektivem Einschlag zuschreibt: „Die Vorschrift erweitert den Bereich der tauglichen Mittel wesentlich, gleicht dies aber durch verschärfte Anforderungen an die subjektive Seite (Notwendigkeit der Verwendungsabsicht) in gewisser Weise wieder aus". Vgl. ferner *Wittig* in: BeckOK-StGB, § 244 Rn. 12, die ausdrücklich davon spricht, dass das Beisichführen eines sonstigen Werkzeugs oder Mittels „objektiv [...] erforderlich" sei, die subjektive Verwendungsabsicht aber eine überschießende Innentendenz darstelle.

184 Sechstes Gesetz zur Reform des Strafrechts (6. StRG) vom 26.1.1998, BGBl. 1998/I, S. 177 f.

185 BT-Drs. 13/9064, S. 17 f.

186 *Wittig* in: BeckOK-StGB, § 244 Rn. 12.2.

187 Vgl. statt Vieler BGHSt 38, 116; BGH NJW 1996, 2663; BGH NStZ-RR 1996, 356; BGH NStZ-RR 1997, 129; BGH NStZ 1998, 38; BGH NStZ 2007, 332; BGH NStZ-RR 2008, 311; BGH NStZ 2009, 95; BGH NStZ 2010, 391; BGH NStZ 11, 703; BGH NStZ 2016, 215. Als Eindruckstheorie bezeichnet u. a. von *Wittig* in: BeckOK-StGB, § 244 Rn. 12.2 unter Verweis auf *Küper/Zopfs* StR BT, Rn. 802 ff.

188 So auch *Bosch* in: Schönke/Schröder, StGB, § 244 Rn. 15; *Wittig* in: BeckOK-StGB, § 244 Rn. 12.2.

heraus keinerlei Drohpotential aufweisen, genügen nicht für die Tatbestandsverwirklichung.[189]

Im Unterschied zu § 244 StGB verlangt der schwere Raub zwar, dass der Täter sein Opfer tatsächlich nötigt. Diese Nötigung muss jedoch nicht unbedingt mit dem fraglichen Gegenstand ausgeführt werden. Dem Wortlaut nach genügt für die Verwirklichung der Qualifikation auch hier die subjektive Intention des Täters, diesen Gegenstand einzusetzen.

(2.) Auffassung der Rspr.

Die Rspr., die bereits vor der Gesetzesänderung ungefährliche Scheinwaffen in den Anwendungsbereich der Vorschrift einbezog, will nahezu sämtliche Gegenstände des täglichen Lebens von § 244 Abs. 1 Nr. 1 Lit. b StGB erfasst sehen. Hierzu gehören Fesselungs- oder Knebelmittel wie Klebebänder[190], Kabelstücke[191], Schnüre und Tücher, ebenso der beschuhte Fuß[192], narkotisierende Mittel z. B. in Form sog. K.O.-Tropfen[193] und sogar Schlüssel[194]. Auch die völlig ungefährlichen Scheinwaffen fallen in den Augen der Rspr. nach wie vor unter die Tatvariante.[195]

Der Scheinwaffenbegriff wird ebenfalls weit gefasst. Er erfasst nicht funktionsfähige oder nicht einsatzbereite Waffen[196], ungeladene Schreckschusspistolen[197], Spielzeugpistolen[198] sowie Sprengstoffattrappen[199]. Es soll sogar unerheblich sein, ob das Opfer die Ungefährlichkeit der Waffe erkennt.[200]

Allerdings sollen, wie bereits angedeutet, solche (bedrohungsuntauglichen) Drohungsmittel ausscheiden, deren vorgetäuschte Gefährlichkeit sich erst aus einer zusätzlichen Erklärung (Drohung) ergibt oder die nach ihrem äußeren Erscheinungsbild aus der Sicht eines objektiven Betrachters (nicht des Opfers) of-

---

189 *Bosch* in: Schönke/Schröder, StGB, § 244 Rn. 15; *Wittig* in: BeckOK-StGB, § 244 Rn. 13.
190 BGH NStZ 1993, 79; BGH NStZ-RR 2003, 328.
191 BGH NJW 1989, 2549.
192 BGHSt 30, 375, 376.
193 BGH NStZ 2009, 505.
194 BGH NStZ 2017, 581.
195 Krit. dazu mit Blick auf die gestzliche Wertung auch *Kindhäuser* in: NK-StGB, § 250 Rn. 5.
196 BGHSt 44, 103, 105; BGH NJW 1998, 3130, 3131; BGH NStZ-RR 1998, 295.
197 BGH NStZ-RR 2007, 375.
198 BGH NJW 1998, 2914.
199 BGH NStZ 2011, 278.
200 BGH NJW 1990, 2570.

fensichtlich ungefährlich sind[201], da hier die Täuschung und nicht die Drohung im Vordergrund stehe.[202]

Die Abgrenzung von bedrohungstauglichen Scheinwaffen und offensichtlich ungefährlichen Gegenständen ist in der Rspr. jedoch nicht geklärt. Manche[203] interpretieren dies so, dass es nach der Rspr. des BGH darauf anzukommen scheint, ob die Drohungswirkung auf dem objektiven Erscheinungsbild des Gegenstands selbst oder auf täuschenden Erklärungen des Täters beruht.[204] Maßgeblich sei dabei die Sicht eines objektiven Betrachters, nicht die des konkreten Opfers.[205]

So heißt es schon in der bekannten „Labello"-Entscheidung[206], es genüge nicht, dass „der Täter bei der Tat überhaupt irgendeinen beliebigen Gegenstand bei sich führt, den er im Zusammenhang mit der Drohung einsetzt oder einsetzen will. Jedenfalls dann, wenn der Gegenstand – und zwar schon nach seinem äußeren Erscheinungsbild – offensichtlich ungefährlich und deshalb nicht geeignet ist, mit ihm (etwa durch Schlagen, Stoßen, Stechen oder in ähnlicher Weise) auf den Körper eines anderen in erheblicher Weise einzuwirken", komme die Anwendung der Vorschrift nicht in Betracht. Einen solchen Gegenstand könne der Täter schon „seiner Art nach"[207] nur unter Täuschung über dessen wahre Eigenschaft bei der Tat einsetzen. Dann aber stehe die Täuschung so sehr im Vordergrund der Aktion, dass die Qualifizierung als Werkzeug oder Mittel i.S.d. §§ 244, 250 StGB verfehlt wäre.

Die Rspr. lässt es allerdings genügen, wenn die Gefährlichkeit des Gegenstands objektiv überhaupt nicht eingeschätzt werden kann.[208] Und so erfüllt auch ein Koffer die Tatbestandsvoraussetzungen, nur weil es für einen objektiven Betrachter nicht verifizierbar ist, ob sich tatsächlich ein Sprengsatz darin befindet

201 BGHSt 38, 116 („Plastikrohr"); BGH NJW 1996, 2663 („Labello"); BGH NStZ 2007, 332 („Metallrohr"); BGH NStZ 2009, 95; BGH NStZ 2010, 391; BGH NStZ 2011, 703 („Wasserpistole"); eingehender dazu *Bosch* in: Schönke/Schröder, StGB, § 244 Rn. 15.

202 BGH NStZ 2007, 332; BGH NStZ-RR 2008, 311; BGH NStZ 2016, 215; *Kudlich* in: SSW-StGB, § 250 Rn. 9; *Sander* in: MüKo-StGB, § 250 Rn. 43.

203 *Kudlich* in: SSW-StGB, § 250 Rn. 9 unter Verweis auf § 244 Rn. 27; ferner *Godendorff* NStZ 2018, 321.

204 Vgl. bei BGH NStZ 2007, 332; BGH, 2011, 278; widersprüchlich, da nicht auf das objektive Erscheinungsbild, sondern die objektive Gefährlichkeit abstellend BGH NStZ 2017, 581.

205 BGH NStZ 2011, 278; vgl. in die Richtung auch *Goddendorff* NStZ 2018, 321, 323, wonach bei der Abgrenzung gedanklich, ein „‚befehlsbefugte[r]', objektive[r] Betrachter hinzuzuziehen [ist], der den Gegenstand jedoch nicht berühren darf".

206 BGH NJW 1996, 2663.

207 Insoweit unter Verweis auf BGHSt 24, 339, 341.

208 BGH NStZ 2011, 278; krit. *Hecker* JuS 2011, 757, 759.

oder nicht.[209] Dass hier nicht die vom Täter abgegebene täuschende Erklärung im Vordergrund gestanden haben soll, nur weil der Inhalt seiner Erklärung objektiv tatsächlich wahr sein könnte, ist für Teile der Lit. kaum nachvollziehbar.[210]

(3.) Auffassungen in der Lit. und Einschränkungsversuche

Große Teile der Lit.[211] folgen – mehr oder weniger notgedrungen – der Ansicht, dass unter die Definition des Merkmals auch abstrakt ungefährliche („neutrale“[212]) Gegenstände fallen. Zur Präzisierung wird ausgeführt, es gehe dabei um zweckentfremdete Gegenstände des täglichen Lebens.[213] Dieses Verständnis, das weitgehend auch dem Auslegungsergebnis der Rspr. entspricht, wird angesichts des recht klar formulierten gesetzgeberischen Willens zwar überwiegend akzeptiert – es bleibt jedoch nicht unbegleitet von zum Teil heftiger Kritik und der Suche nach Einschränkungen auf Tatbestandsebene:

Kindhäuser etwa bezeichnet die legislatorische Wertung explizit als verfehlt.[214] Für einen Täter, der sein Opfer nur zu täuschen beabsichtigt und es noch nicht einmal abstrakt gefährden will, sei eine Gleichstellung mit den Tatvarianten nach § 244 Abs. 1 Nr. 1 Lit. a und Nr. 2 StGB keinesfalls angemessen. Auch mit Blick auf die wortgleiche Tatvariante in § 250 Abs. 1 Nr. 1 Lit. b StGB sei es axiologisch und systematisch kaum zu rechtfertigen, die nur geplante Bedrohung mit einer Spielzeugpistole, mag diese auch „echt“ aussehen, der tatsächlichen Herbeiführung der konkreten Gefahr einer schweren Gesundheitsschädigung nach § 250 Abs. 1 Nr. 1 Lit. c StGB vom Strafmaß her gleichzustellen. Das Tatmittel könne letztlich auch nur einer (objektiv) „leeren“ Drohung dienen, ohne dass dabei das in der Nötigung liegende Unrecht gesteigert wird. Kritisch sei es auch zu sehen, wenn der BGH auf einen objektiven Beobachter abstellt. Diese Sichtweise führe

---

209 BGH NStZ 2016, 216.

210 So nachdrücklich *Jäger* JA 2016, 72, der hieraus die Erkenntnis der Undurchführbarkeit einer Abgrenzung nach dem vordergründigen Droh- oder Täuschungscharakter zieht. Ferner streite hierfür die strukturelle Vergleichbarkeit dieses Falls zu einem solchen, in welchem der Täter das vorgegebene Tatmittel unter seiner Jacke versteckt und es so für das Opfer nicht ersichtlich ist, ob es sich dabei tatsächlich um eine gefährliche Waffe oder einen ungefährlichen Labello handelt.

211 *Bosch* in: Schönke/Schröder, StGB, § 244 Rn. 15; *Wittig* in: BeckOK-StGB, § 244 Rn. 12; *Schmitz* in: MüKo-StGB, § 244 Rn. 31; *Lackner/Kühl/Heger* StGB, § 244 Rn. 4 („als gesetzgeberische Entscheidung zu respektieren“). Für die Respektierung des gesetzgeberischen Willens auch *Kudlich* JR 1998, 357; *Schroth* NJW 1998, 2861, 2865; *Geppert* Jura 1999, 599, 603; krit. *Hörnle* Jura 1998, 169, 174. *Kindhäuser* in: NK-STGB, § 250 Rn. 5 sieht die gesetzliche Wertung ausdrücklich als verfehlt an.

212 *Wittig* in: BeckOK-StGB, § 244 Rn. 12.

213 So *Kudlich* in: SSW-StGB, § 244 Rn. 25 mit Beispielen.

214 *Kindhäuser* in: NK-StGB, § 244 Rn. 28.

nämlich zu einer kaum einsichtigen Ungleichbehandlung der Fälle, in denen der Täter sein Opfer hinterrücks mit einem objektiv ungefährlichen Gegenstand bedroht, mit denjenigen Fällen, in denen sich die vermeintliche Waffe in einer Tüte oder einem ähnlichen Behältnis befindet und somit ebenfalls den Blicken des Opfers entzogen wird.[215] Im Hinblick auf das Nötigungsmoment, das sich aus dem Einsatz des Gegenstandes ergibt, komme es allein auf die Perspektive desjenigen an, dessen Wille gebeugt wird. Für die Nötigungswirkung auf das konkrete Opfer mache es keinen Unterschied, ob ihm die (objektiv) ungefährliche Sache deswegen gefährlich vorkommt, weil es ihre Beschaffenheit aus seiner gegenwärtigen Perspektive nicht erkennen kann, oder ob ihm der Gegenstand durch ein Behältnis umfassend verborgen bleibt.[216]

Auch *Lackner/Kühl/Heger* halten die Schwere der Strafdrohung für das Beisichführen solch ungefährlicher Gegenstände trotz der geforderten Gebrauchsabsicht für überzogen.[217] Zudem komme die Absicht des Gesetzgebers im Gesetz nicht in der wünschenswerten Deutlichkeit zum Ausdruck.[218]

Schmitz ordnet die gesetzgeberische Wertung ebenfalls als verfehlt ein, da der Unwert der Qualifikationen in Nrn. 1 Lit. a und Lit. b nicht zu vergleichen sei.[219] Der Dieb, der das Opfer zur Überwindung von Widerstand nur täuschen will, gefährde es – auch abstrakt gesehen – gerade nicht. Aus diesem Grund liege auch die Idee, Nr. 1 Lit. b solle einen „Auffangtatbestand“ bilden, neben der Sache.

Bosch stuft es als kritisch ein, dass der vom Gesetzgeber geschaffene Auffangtatbestand „fast nur noch durch die subjektive Gebrauchsabsicht einzuschränken ist“.[220] Der Gegenstand brauche zwar nicht i.S.d. § 244 Abs. 1 Nr. 1 Lit. a StGB objektiv geeignet zu sein, beim Opfer erhebliche Verletzungen herbeizuführen. Er müsse jedoch „zumindest als Drohungsmittel geeignet erscheinen, einen möglichen Widerstand des Opfers zu überwinden“. Dies laufe zwar dem in § 244 Abs. 1 Nr. 1 Lit. b StGB angelegten subjektiven Ansatz zuwider; es werde aber dennoch vorauszusetzen sein, dass „der Täter den mitgeführten Gegenstand seiner Art nach ohne Weiteres, namentlich ohne weitere täuschende Erklärungen, für geeignet hält, aufgrund des äußeren Erscheinungsbilds dem Opfer den Eindruck eines zur Gewaltanwendung geeigneten und deshalb gefährlichen Gegenstandes zu vermitteln“.

215 *Kindhäuser* in: NK-StGB, § 244 Rn. 29.
216 *Kindhäuser* in: NK-StGB, § 244 Rn. 29.
217 *Lackner/Kühl/Heger* StGB, § 244 Rn. 4.
218 *Lackner/Kühl/Heger* StGB, § 244 Rn. 4.
219 *Schmitz* in: MüKo-StGB, § 244 Rn. 31.
220 *Bosch* in: Schönke/Schröder, StGB, § 244 Rn. 15.

Auch im Übrigen sieht es die Lit. als kritisch an, dass der Gesetzgeber mit der Einbeziehung bloß vorgetäuschter Gefahren eine Systemwidrigkeit normiert hat.[221] Konsequenz der Kritik sind Restriktionsversuche. Teilweise wird eine Einschränkung dahingehend vorgeschlagen, dass sich die Gefährlichkeit der betreffenden Gegenstände „aus der Absicht zweckwidriger Verwendung" ergeben muss.[222]

Scheinbar noch restriktiver fordern andere, als sonstige Werkzeuge und Mittel nur solche Gegenstände einzustufen, die der Täter objektiv „in einer mit Leib- und Lebensgefahr verbundenen Art und Weise zur Gewaltanwendung oder Gewaltandrohung einsetzen will".[223] Als Tatmittel kämen dann nur Gegenstände in Betracht, denen zwar nicht schon die abstrakte Gefährlichkeit einer Waffe im technischen Sinn oder eines waffengleichen gefährlichen Werkzeugs i.S.d. § 244 Abs. 1 Nr. 1 Lit. a StGB zugeschrieben werden kann, die jedoch aufgrund ihrer vom Täter geplanten Verwendungsweise in gleichem Maß gefährlich sind. Gegenstände dagegen, die aufgrund ihrer Beschaffenheit nicht dazu geeignet sind, in der vom Täter geplanten Vorgehensweise Leib oder Leben des Opfers zu gefährden, genügten nicht zur Tatbestandsverwirklichung.[224] Gegen diese Lesart spricht zwar, dass der Gesetzgeber, wie bereits dargelegt, für § 244 Abs. 1 Nr. 1 Lit. b StGB ausdrücklich keine Leibesgefahr mehr verlangen wollte.[225] Dies habe er jedoch im Wortlaut der Vorschrift nicht deutlich gemacht.[226]

(4.) Auswertung

Welche Versuche der Restriktion die Lit. auch unternimmt, führt doch kein Weg an der Frage nach dem Willen des Täters vorbei. Ob man nun fordert, dass sich die Gefährlichkeit der betreffenden Gegenstände „aus der Absicht zweckwidriger Verwendung" ergibt, oder als sonstige Werkzeuge und Mittel nur solche Gegenstände einstuft, die der Täter objektiv „in einer mit Leib- und Lebensgefahr verbundenen Art und Weise zur Gewaltanwendung oder Gewaltandrohung einsetzen

221 *Fischer* StGB, § 244 Rn. 26 mit Verweis auf *Lesch* GA 1999, 365 ff.; *Kindhäuser* in: LK-StGB, § 244 Rn. 26; *Wittig* in: BeckOK-StGB, § 244 Rn. 12.

222 *Wittig* in: BeckOK-StGB, § 244 Rn. 12

223 *Kindhäuser* in: NK-StGB, § 244 Rn. 30.

224 So *Kindhäuser* in: NK-StGB, § 244 Rn. 30 unter Verweis auf *Geppert* Jura 1992, 501 und *Hillenkamp* JuS 1990, 457 f. für Mittel, die nur der Freiheitsberaubung des Opfers dienen sollen.

225 Vgl. BT-Dr 13/9064, S. 18. So auch *Lackner/Kühl/Heger* § 244 Rn. 4, allerdings mit dem Vermerk, diese Absicht des Gesetzgebers komme nicht in der wünschenswerten Deutlichkeit zum Ausdruck.

226 So ausdrücklich *Lackner/Kühl/Heger* § 244 Rn. 4.

will" – stets lautet die entscheidende Frage, mit welcher Intention der Täter den Gegenstand einzusetzen gedachte.

Ungeklärt bleiben daher auch Folgefragen. Wie es sich etwa in Konstellationen verhält, in denen die vom Täter angedachte Verwendung aus tatsächlichen Gründen (ähnlich einem untauglichen Versuch) nicht hätte funktionieren können, ist unklar. Stellte man mit dem Gesetzeswortlaut und insoweit konsequent nur auf den Willen des Täters ab, so genügte dies zur Tatbestandsverwirklichung.

Unscharf mutet das von der Rspr. geforderte Abstellen auf den „objektiven Betrachter" an. Ob eine Nötigung als solche wirkt, liegt gerade nicht im Auge eines objektiven Dritten; vielmehr kommt es auf die Wahrnehmung des konkreten Opfers an. Zwar erscheint die Idee der theoretisch bestehenden objektiven Umsetzbarkeit des angedrohten Vorhabens prima facie das Potential für eine Begriffsumgrenzung aufzuweisen und eine Übertragung auf den Dual-Use-Bereich des AWG wäre denkbar. Doch zeigt sich bei genauerem Hinsehen, dass die Vielfalt bestehender Verwendungsmöglichkeiten doch deutlich zu groß bleibt: So ist der Versuch, nach dem äußeren Erscheinungsbild des Geschehens abzugrenzen und danach zu fragen, ob in der konkreten Situation die nötigende Wirkung mehr vom Einsatz des betreffenden Gegenstands ausgeht, als von der begleitenden Täuschung, wohl als eine Anleihe aus der Abgrenzung zwischen Raub und räuberischer Erpressung zu sehen, bei der die Rspr. ebenfalls das äußere Erscheinungsbild des Geschehens bemüht, anstatt nach der inneren Willensrichtung bzw. der Wahrnehmung des Genötigten zu fragen.[227] Dass die Rspr. nach einer objektiven Einschränkung strebt, ist zwar erfreulich und unter Praktikabilitätsgesichtspunkten logisch, gelangt aber auch an anderer Stelle nicht ans Ziel. Es mag allenfalls bei so mancher Wasserpistole noch einleuchten, dass ihre „objektive Ungefährlichkeit schon nach dem äußeren Erscheinungsbild offenkundig auf der Hand liegt".[228]

Zwar wird auch in anderen Bereichen, in denen außerstrafrechtliche Regeln den Rahmen des Sozialadäquaten bestimmen[229], auf einen „objektiven Dritten" bzw. eine verobjektivierte Maßstabsperson abgestellt. Dieses Vorgehen ist im vorliegenden Kontext aber nicht geeignet, eine verlässliche Grenzziehung zu liefern. Denn der dafür erforderlichen Linie des Zulässigen fehlt – anders als in

227 Statt vieler BGHSt 7, 252; BGHSt 41, 123, 126; BGH NStZ 1999, 350; BGH NStZ-RR 2010, 46, 48; BGH NStZ-RR 2011, 80; BGHSt 56, 196. Vgl. zu der Abgrenzung auch *Bosch* in: Schönke/Schröder, StGB, § 249 Rn. 2; *Lackner/Kühl/Heger* StGB, § 252 Rn. 2 (m.w.N.).

228 BGH NStZ 2011, 703. Allerdings ist nach hier vertretener Auffassung auch das nicht eindeutig, da mit einer Wasserpistole eben auch Säure ins Auge des Opfers gespritzt werden kann; in diese Richtung auch *Jäger* JA 2016, 71, 72.

229 So z. B. bei der Fahrlässigkeit, vgl. *Wessels/Beulke/Satzger* StR AT, Rn. 1115.

anderen (im Rahmen dieser Untersuchung auch beleuchteten) Bereichen, in denen man auf Maßstabspersonen abstellt – der außerstrafrechtliche Maßstab, an dem ein vergleichbares hypothetisch legales Verhalten gemessen und konkretisiert werden kann. Das nötigende Verhalten eines Täters im Rahmen des § 249 StGB ist in legalen Zusammenhängen einfach nicht vorgesehen. Zudem verstrickt man sich in Friktionen, sobald §§ 253, 255 StGB ins Spiel kommen. Und schließlich existieren Gegenstände, die auch ohne das entsprechende optische oder haptische Drohpotential aufzuweisen durchaus i.S.e. zweckwidrigen Verwendung geeignet wären, dem Anliegen des Täters entsprechenden Nachdruck zu verleihen. Zu denken ist hier an die – auch von der Rspr. unter § 244 Abs. 1 Nr. 1 Lit. b StGB subsumierten[230] – Tücher und Schnüre, die zum Fesseln oder Strangulieren eingesetzt werden sollen.

Am Ende bleibt der Blick auf die intendierte Art der Verwendung, der das objektive Tatbestandsmerkmal um ein subjektives Element ergänzt. Bemerkenswert ist dabei aber, dass sich diese subjektive Ergänzung nicht auf eine intendierte zweckentfremdende Verwendung des Gegenstands bezieht. Denn es geht gerade nicht mehr nur um die ungefährlich erscheinenden Alltagsgegenstände des täglichen Lebens, die in zweckwidriger Weise gegen das Opfer zum Einsatz gebracht werden sollen.[231] Vielmehr stehen im Zentrum von §§ 244 Abs. 1 Nr. 1 Lit. b, 250 Abs. 1 Nr. 1 Lit. b StGB (auch) Gegenstände, die objektiv tatsächlich ungefährlich sind, aber gefährlich erscheinen und zur Drohung eingesetzt werden sollen. Eine objektive Eignung (oder zumindest die Möglichkeit), die ausgesprochene Drohung wahrzumachen, verlangt die Rspr. nicht bzw. schließt sie sogar aus. Reduziert man den Anwendungsbereich der §§ 244 Abs. 1 Nr. 1 Lit. b, 250 Abs. 1 Nr. 1 Lit. b StGB auf diese ungefährlichen Gegenstände, dann stellt sich freilich die Frage, ob es sich insoweit überhaupt um Dual-Use-Gegenstände handelt; dies wird hier für vollkommen ungefährliche Gegenstände ohne objektives Umsetzungspotential abgelehnt.

---

230 BGH NStZ 2011, 211.

231 In diese Richtung wohl auch *Sander* in: MüKo-StGB, § 250 Rn. 44 („Obwohl dieser restriktive Ansatz i. d. R. in Bezug auf Scheinwaffen thematisiert wird, erweist er sich gerade diese betreffend als nicht ergiebig. Denn da es sich bei diesen *per definitionem* um Gegenstände handelt, die zwar objektiv ungefährlich sind, aber den Eindruck scharfer Waffen erwecken, können die vom Bundesgerichtshof entwickelten einschränkenden Voraussetzungen insoweit nicht vorliegen“).

c) § 149 Abs. 1 Nr. 1 StGB

(1.) Struktur des Tatbestands im Allgemeinen

§ 149 Abs. 1 Nr. 1 StGB spricht ebenfalls einen potentiellen Dual-Use-Gegenstand an. Die Vorschrift stellt bestimmte Vorbereitungshandlungen zur Geld- und Wertzeichenfälschung unter Strafe. Es handelt sich um ein abstraktes Gefährdungsdelikt, anknüpfend daran, dass sich der Täter durch die Tat in die Lage versetzt, Falsifikate in großer Zahl oder besonders guter Qualität herzustellen.[232] Die Vorverlagerung des strafrechtlichen Schutzes wird von der h.M. mit der herausragenden Bedeutung des Geldes für eine funktionierende Wirtschaft legitimiert.[233]

Dazu erfasst § 149 Abs. 1 Nr. 1 StGB bestimmte Vorrichtungen zur Herstellung von Falsifikaten, darunter Platten, Formen, Drucksätze, Druckstöcke, Negative, Matrizen und Computerprogramme. Die Aufzählung ist indes nicht abschließend (vgl. den Wortlaut „oder ähnliche Vorrichtungen").[234] Unter den Begriff der ähnlichen Vorrichtungen sollen solche Gegenstände fallen, die nach ihrem Erscheinungsbild und in ihrer Eigenschaft als Fälschungsmittel den ausdrücklich erwähnten Fälschungsmitteln vergleichbar sind.[235]

§ 149 Abs. 1 Nr. 2 StGB nennt als Tatgegenstand zudem Papier, das einer zur Herstellung von Geld- oder Wertzeichen bestimmten und gegen Nachahmung besonders gesicherten Papierart gleicht oder ähnlich sieht. Eine Sicherung gegen Nachahmung besteht bspw. in Wasserzeichen oder unsichtbaren Fasern, die in das Papier eingearbeitet sind.[236] Die durch den Tatbestand geforderte Ähnlichkeit besteht, wenn das Papier trotz vorhandener Abweichungen nach seinem Gesamteindruck geeignet ist, bei einem durchschnittlichen und über besondere Sachkenntnisse nicht verfügenden Betrachter, der das Papier nicht näher prüft, die Fehlvorstellung herbeizuführen, dass es sich um besonders gesichertes Papier

---

232 *Fischer* StGB, § 149 Rn. 2; *Puppe/Schumann* in: NK-StGB, § 149 Rn. 2; *Erb* in: MüKo-StGB, § 149 Rn. 1.

233 *Erb* in: MüKo-StGB, § 149 Rn. 1. Vgl. dazu auch *Sternberg-Lieben* in: Schönke/Schröder, StGB, § 149 Rn. 1. Zur Legitimation der Vorschrift unter dem Gesichtspunkt des vorgelagerten Rechtsgüterschützes *Hefendehl* Kollektive Rechtsgüter im Strafrecht, S. 241.

234 Vgl. *Erb* in: MüKo-StGB, § 149 Rn. 4. Entscheidend ist, dass es sich stets um Vorlagen der Vervielfältigungstechnik handelt, d. h. solche Gegenstände, die unmittelbar zum Herstellen der Fälschungsprodukte gebraucht werden können.

235 *Sternberg-Lieben* in: Schönke/Schröder, StGB, § 149 Rn. 3; *Weidemann* in: BeckOK-StGB, § 149 Rn. 5.

236 *Erb* in: MüKo-StGB, § 149 Rn. 9; *Lackner/Kühl/Heger* StGB, § 149 Rn. 3; *Ruß* in: LK-StGB, § 149 Rn. 4; *Sternberg-Lieben* in: Schönke/Schröder, StGB, § 149 Rn. 5; *Weidemann* in: BeckOK-StGB, § 149 Rn. 7.

handelt.[237] § 149 Abs. 1 Nr. 3 StGB schließlich erfasst Hologramme und andere Bestandteile, die der Sicherung gegen Fälschung dienen, als Tatgegenstände.

Computerprogramme wurden im Jahr 2002 in den Tatbestand einbezogen.[238] Dies wurde damals als „bedeutende Erweiterung" des Tatbestands eingeordnet.[239] Eine Neuerung lag darin zwar nur insoweit, als Computerprogramme nicht das Erscheinungsbild des Falsifikats selbst verkörpern.[240] Just daraus ergibt sich aber, dass die Umschreibung der Gegenstände („ihrer Art nach ... geeignet") für Computerprogramme nicht unbedingt passt.

Computerprogramme i.S.d. § 149 Abs. 1 Nr. 1 StGB sind insbesondere solche, die dazu taugen, Originaldaten von echten Zahlungskarten auf andere Datenträger zu kopieren. In der Lit. wird indes erwogen, sog. Skimmer ebenfalls zu diesen Vorrichtungen zu zählen. Hierbei handelt es sich um Geräte, mit denen der Magnetstreifen einer Kreditkarte gelesen werden kann, um deren Daten auf Dubletten zu kopieren. Da §§ 152a Abs. 5, 152b Abs. 5 StGB auf § 149 StGB verweisen und zudem der Wortlaut des § 149 Abs. 1 Nr. 1 StGB Computerprogramme einschließt, erscheint es den Vertretern jener Ansicht nur sachgerecht und konsequent, diese Vorrichtungen als Gegenstände „moderner Fälschungsmethoden" ebenfalls einzubeziehen.[241] Der Skimmer sei damit zwar nicht selbst ein Computerprogramm, enthalte aber als ähnliche Vorrichtung i.S.d. Vorschrift ein solches.

Der Täter muss zudem vorsätzlich handeln, wobei sich der Vorsatz sowohl auf die Merkmale des jeweiligen Gegenstands als auch darauf erstrecken muss, dass er eine eigene oder eine fremde Tat nach §§ 146 Abs. 1, 148 Abs. 1 StGB vorbereitet. Bedingter Vorsatz genügt.[242]

---

237 BGH NStZ 1994, 124; *Fischer* StGB, § 149 Rn. 4; *Hefendehl* JR 1996, 353; *Lackner/Kühl/Heger* StGB, § 149 Rn. 3; *Sternberg-Lieben* in: Schönke/Schröder, StGB, § 149 Rn. 5.

238 Gesetz vom 22. 8. 2002, BGBl. 2002/I, S. 3387.

239 *Erb* in: MüKo-StGB, § 149 Rn. 3.

240 Bei den im Gesetz nicht abschließend aufgezählten Vorlagen der Vervielfältigungstechnik setzt die von der Vorschrift geforderte spezifische Eignung zur Begehung der Tat jedenfalls voraus, dass sie das Erscheinungsbild des Falsifikats ganz oder teilweise selbst verkörpern. Die Vorlagen müssen gebrauchsfertig und zum unmittelbaren Einsatz im eigentlichen Fälschungsvorgang geeignet sein; *Nestler* Bank- und Kapitalmarktstrafrecht, Rn. 579. Damit sollen z. B. als „Negative" i.S.d. Vorschrift nur solche fototechnischen Vorlagen sein, mit denen „auf direktem Wege Falsifikate erzeugt werden können". Was „quasi nur als Vorlage der Vorlage" taugt, sei nicht erfasst. Allerdings sollen Negative, die bei objektiver Betrachtung unmittelbar verwendbar wären und nur nach dem Willen des Täters bloß als mittelbare Vorlage dienen, durchaus in den Anwendungsbereich des § 149 Abs. 1 Nr. 1 StGB fallen; vgl. *Sternberg-Lieben* in: Schönke/Schröder, StGB, § 149 Rn. 3.

241 *Weidemann* in: BeckOK-StGB, § 149 Rn. 6; *Erb* in: MüKo-StGB, § 149 Rn. 6.

242 *Weidemann* in: BeckOK-StGB, § 149 Rn. 11 f.

(2.) Bezugspunkt des Verwendungszwecks

Von § 149 Abs. 1 Nr. 1 StGB erfasst werden Vorrichtungen, die ihrer Art nach zur Begehung der (Fälschungs-)Tat geeignet sind. Den Gegenständen muss dazu nach Auffassung des Gesetzgebers eine spezifische Verwendbarkeit gerade zur Ausführung von Fälschungen innewohnen.[243]

Im vorliegenden Kontext zentral ist dabei das Merkmal der Geeignetheit. Den Bezugspunkt dieses Merkmals bildet in § 149 Abs. 1 Nr. 1 StGB die Begehung der Straftat (Geld- oder Wertzeichenfälschung). Darüber hinaus wird von der Norm näher spezifiziert, woraus sich diese Eignung ergibt, nämlich aus der Art des Gegenstands („ihrer Art nach“). Die Vorschrift setzt also voraus, dass die Vorrichtungen nach objektiver (!) Beschaffenheit, Funktion etc. dazu taugen, Geld oder Wertzeichen zu fälschen, d. h. den Tatbestand der §§ 146, 148 StGB zu verwirklichen.

Diese Eignung erfordert nach h.Lit. die „spezifische“ Verwendbarkeit des Fälschungsmittels gerade zur Vornahme von Geld- oder Wertzeichenfälschungen.[244] Es reicht nicht aus, dass der Täter über allgemein übliches Werkzeug (Hammer, Meißel, Metallsäge) oder gewöhnliche Bürogeräte wie Farbdrucker und Kopierer verfügt. Damit schließt die h.Lit. unter Rekurs auf die Gesetzesmaterialien[245] bloße Alltagsgegenstände aus dem Tatbestand aus.

Woraus sich aber die Eignung ergibt, wird in der Lit. dann aber nicht näher ausgeführt. Die Rspr. nimmt das Merkmal immerhin einigermaßen ernst, auch wenn es nicht zu weiteren Präzisierungen kommt.[246] Eine Einschränkung versucht sie eher dadurch zu erreichen, dass sie die Unmittelbarkeit der Verwendung zur Fälschung ablehnt.[247] Ansonsten sind publizierte Judikate ohnehin rar.

(3.) Auswertung

Entscheidende Erkenntnis für die vorliegende Untersuchung ist, dass es im Rahmen von § 149 Abs. 1 Nr. 1 StGB nicht um eine subjektive Anknüpfung geht. Stattdessen wird ausschließlich auf ein (normatives) objektives Merkmal abge-

---

243 BT-Drs. 7/550 S. 229.

244 *Fischer* StGB, § 149 Rn. 3; *Lackner/Kühl/Heger* § 149 Rn. 2; *Ruß* in: LK-StGB, § 149 Rn. 3; *Sternberg-Lieben* in: Schönke/Schröder, StGB, § 149 Rn. 3; *Weidemann* in: BeckOK-StGB, § 149 Rn. 6.

245 BT-Drs. 7/550, S. 229.

246 BGH Wistra 2004, 265 ff. („Das Kartenlesegerät diente nicht unmittelbar der Fälschung von Zahlungskarten. Es war nämlich nicht, wie vom Gesetz gefordert, seiner Art nach zur Begehung der Tat – der Vorbereitung der Kartenfälschung – geeignet, weil damit die gefälschten Kreditkarten nicht hergestellt wurden.“)

247 BGH NStZ 2014, 81 („liegt weit im Vorfeld der eigentlichen Tat des Nachmachens“).

stellt. Um eine Eingrenzung zu erreichen, stellt die Rspr. dann zusätzlich auf das Erfordernis der Unmittelbarkeit abgestellt. Dass dies möglich ist, bleibt allerdings auch dem insoweit recht eng umrissenen Tatfokus geschuldet, der ausschließlich auf die Fälschung von Geld i. e.S. ausgerichtet ist. Es wird im weiteren Verlauf der Untersuchung zu klären sein, ob diese Lösung auch auf andere Dual-Use-Bereiche übertragbar ist.

d) § 89a Abs. 2 Nr. 3 StGB

(1.) Konzeption durch den Gesetzgeber

Anstatt verstärkt subjektive Parameter zu fokussieren, lässt sich – wie soeben gesehen – auch mit objektiven, aber normativen Tatbestandsmerkmalen arbeiten. Dies ist auch für andere Regelungen durchaus typisch, in denen Vorbereitungshandlungen kriminalisiert werden. So macht sich nach § 89a Abs. 1 StGB strafbar, wer eine schwere staatsgefährdende Gewalttat vorbereitet. § 89a Abs. 2 Nr. 3 StGB normiert dazu das Erfordernis, dass der Täter die Vorbereitungshandlung begeht, indem er Gegenstände oder Stoffe sich verschafft oder verwahrt, die für die Herstellung von Waffen, Stoffen oder Vorrichtungen einer bestimmten, in Nr. 1 näher bezeichneten Art wesentlich sind. In Nr. 1 der Norm finden sich Schusswaffen, Sprengstoffe, Spreng- oder Brandvorrichtungen, Kernbrenn- oder sonstige radioaktive Stoffe, Stoffe, die Gift enthalten oder hervorbringen können, sowie andere gesundheitsschädliche Stoffe.

Gemeint sind damit Grundstoffe und Gegenstände zur weiteren Verarbeitung. Welche Gegenstände sich aber im Einzelnen hinter diesen Grundstoffen verbergen, ist weitestgehend unklar. Das Justizministerium führt hier oftmals Wasserstoffperoxid als Beispiel an.[248] Dies trägt zur Auslegung allerdings wenig bei.[249] Demgegenüber benennt die Gesetzesbegründung als gesetzgeberische Intention, Gegenstände mit alltäglichem Verwendungszweck dem Tatbestand gerade nicht

---

248 Vgl. nur die Pressemitteilungen v. 29.1.2009 und v. 28.5.2009, www.bmj.bund.de. Krit. *Paeffgen* NK-StGB, § 89a Rn. 49 („hätte mit einer tauglicheren Formulierung in § 89a Abs. 2 Nr. 1 abgeholfen werden können"), unter Verweis auf *Gazeas/Grosse-Wilde/Kießling* NStZ 2009, 593, 598. Bei Wasserstoffperoxid handle es sich ab einer bestimmten Konzentration und Menge tatsächlich um einen explosionsgefährlichen Stoff (ab ca. 40 %). *Paeffgen* sieht es daher nicht nur als bloßen „Grundstoff" wie etwa handelsübliches Stickstoff und Ammoniak an; so aber *Gazeas/Grosse-Wilde/Kießling* NStZ 2009, 593, 598.

249 *Paeffgen* NK-StGB, § 89a Rn. 49 weist noch darauf hin, dass nicht ersichtlich ist, welches „kriminelle Unrecht [...]dem Kauf des Koffers als ‚Grundstoff der Kofferbombe' zukommt, das es rechtfertigen können sollte, bereits dieses Verhalten [...] zu pönalisieren". Ähnlich krit. zu dem Tatbestand insgesamt *Gierhake* ZIS 2008, 397, 402.

hinzuzurechnen. Vielmehr bleibe der Anwendungsbereich der Vorschrift auf „wesentliche Gegenstände und Stoffe" beschränkt.[250]

(2.) Kritik in der Lit.

In der Lit. spielt sich die Kritik zu diesem Merkmal auf zwei Ebenen ab. Zum einen wird dazu vorgebracht, dass der Wortsinn des einschränkenden Merkmals der Wesentlichkeit eben gerade keine Beschränkung dergestalt bewirke, dass Alltagsgegenstände von der Norm nicht erfasst sind.[251] Vielmehr können gerade auch solche Alltagsgegenstände ganz zentrale und damit wesentliche Bedeutung für den Bau bspw. eines Sprengsatzes haben.

Zum anderen wird die Weite des Merkmals selbst angeprangert. Es bleibe unklar, welche Stoffe etwa für den Bau einer Kofferbombe, neben dem Sprengstoff, „wesentlich" sein sollen. Der Umgang mit dem Letztgenannten ist bereits von § 89a Abs. 2 Nr. 2 (i.V.m. Abs. 1) StGB erfasst. Diesem letzten Argument begegnet der Gesetzgeber in der Begründung mit dem Hinweis, dies sei „im Rahmen einer wertenden Gesamtschau im Einzelfall zu beurteilen".[252]

Schließlich wird die Formel der Sozialadäquanz bemüht[253], die der Begriffsbedeutung nach zwar nichts mit dem Wesentlichkeitsmerkmal zu tun hat, aber dennoch zur Konturierung eines gewissen Prüfungsmaßstabs beitragen soll. Hierbei werden bspw. der Weg sowie die Art und Weise der Beschaffung angeführt, die den Rahmen des sozial Üblichen verlassen haben können. Allerdings versagt diese Formel dann dort, wo eine missbräuchliche Verwendung „sozialadäquat" erworbener Gegenstände durch den Täter selbst oder durch Dritte im Raum steht. Umgekehrt ist mit der Formel auch dort wenig geholfen, wo unge-

---

250 BT-Drucks. 16/12428, S. 15 (Verwahren eines Weckers oder Handys als möglichen Bestandteilen einer Zündvorrichtung sei nicht tatbestandsmäßig); so auch *Schäfer* in: MüKo-StGB, § 89a Rn. 50.

251 Anschaulich bspw. für den Koffer sowie die Bestandteile der Zündanlage, die zweifellos für die Detonation einer Kofferbombe wesentlich sind.

252 BT-Drucks. 16/12428, S. 15. Zur Kritik siehe sogleich.

253 Krit. etwa *Fischer* StGB, § 89a StGB Rn. 8, der eine mangelhafte „Unrechtsvertypung" durch den objektiven Tatbestand sieht. Ähnlich krit. zur Ausdehnung von Tatbestände in den Bereich sozialadäquater Handlungen *Radtke/Steinsiek* JR 2010, 107, 108. In diese Richtung auch *Weißer* ZStW 121 (2009), 131. So aufgegriffen auch bei *Lackner/Kühl/Heger* StGB, § 89a Rn. 2, die dem entgegenhalten, dass sich der auf spätere Taten gerichtete Zweck in manchen Fällen schon objektiv überhaupt nicht anders deuten lässt.

wöhnliche Beschaffungsmaßnahmen gleichwohl nicht in Zusammenhang mit der Begehung von Straftaten stehen.[254]

Schließlich existiert die Idee, den Anwendungsbereich der Norm teleologisch auf die explosions- und brandgefährlichen Stoffe (wie etwa Wasserstoffperoxid in hinreichender Konzentration und Menge) als wesentliche Bestandteile eines Sprengsatzes zu reduzieren.[255] Diese Beschränkung wird unter Rekurs auf den „hinreichenden deliktischen Bezug" der fraglichen Gegenstände vorgeschlagen.

(3.) Umgang mit dem Merkmal in der Rspr.

Der BGH hatte bereits zu § 89a StGB Stellung zu nehmen[256], wobei auch Abs. 2 Nr. 3 zu diskutieren war. In der Entscheidung heißt es, § 89a StGB stehe „bei verfassungskonformer Auslegung der Norm mit dem Grundgesetz in Einklang".[257] Die in großen Teilen des Schrifttums[258] erhobenen Einwände insbesondere dahin, die Vorschrift verletze den Bestimmtheitsgrundsatz, widerspreche dem Schuldprinzip, überschreite die Grenze zum Gesinnungsstrafrecht und missachte das Übermaßverbot, griffen im Ergebnis „vor allem mit Blick auf den weiten Beurteilungsspielraum des Gesetzgebers bei der Normierung strafbaren Unrechts" nicht durch.

Sodann überprüft das Gericht die Norm an den Anforderungen des Art. 103 Abs. 2 GG. Dabei verweist der BGH unter Rekurs auf das BVerfG[259] auf die gesetzgeberische Notwendigkeit, der „Vielgestaltigkeit des Lebens Herr zu werden".[260] Erforderlich zur Beurteilung des Ausmaßes der Offenheit von Straftat-

254 Krit. auch *Paeffgen* NK-StGB, § 89a Rn. 50 („Pseudo-‚Auslegungshilfe' des Gesetzgebers", die befürchten lasse, bereits „der Kauf eines Kilogramms Nägel zum Bau einer Nagelbombe" erfülle den Tatbestand). Ähnlich krit. *Schäfer* in: MüKo-StGB, § 89a Rn. 50.

255 Vgl. dazu *Zöller* in: SK-StGB, § 89a Rn. 26.

256 BGH BeckRS 2014, 17995 (Rn. 7, 10).

257 BGH BeckRS 2014, 17995 unter Verweis u. a. auf OLG Stuttgart v. 4. 2. 2014 – 4 Ws 16/14; OLG Karlsruhe StV 2012, 348, 349 f.; KG StV 2012, 345, 346 ff.; aus der Literatur vgl. etwa *Becker/Steinmetz* in: Matt/Renzikowski, StGB, § 89a Rn. 4; *Bader* NJW 2009, 2853, 2854 ff.; *Griesbaum/Walenta* NStZ 2013, 369, 372

258 Vgl. etwa *Zöller* in: SK-StGB, § 89a Rn. 4 ff.; *Backes* StV 2008, 654; *Deckers/Heusel* ZRP 2008, 169; *Gazeas/Große-Wilde/Kießling* NStZ 2009, 593; *Gierhake* ZIS 2008, 397; *Mitsch* NJW 2008, 2295, 2298; *Radtke/Steinsiek* ZIS 2008, 383; *Sieber* NStZ 2009, 353; *Weißer* ZStW 2009, 131; *Zöller* GA 2010, 607, 614 ff.

259 BVerfGE 126, 170, 196.

260 So führt das BVerfG a.a.O. aus: „Müsste er [der Gesetzgeber] stets jeden Straftatbestand bis ins Letzte ausführen, anstatt sich auf die wesentlichen für die Dauer gedachten Bestimmungen über Voraussetzungen, Art und Maß der Strafe zu beschränken, bestünde die Gefahr, dass die Gesetze zu starr und kasuistisch würden und dem Wandel der Verhältnisse oder der Besonderheit

beständen sei es daher, „im Wege einer wertenden Gesamtbetrachtung unter Berücksichtigung möglicher Regelungsalternativen zu entscheiden, ob der Gesetzgeber seinen Verpflichtungen aus Art. 103 Abs. 2 GG im Einzelfall nachgekommen ist". Zu prüfen seien dabei die Besonderheiten des jeweiligen Straftatbestands einschließlich der Umstände, die zu der gesetzlichen Regelung führen, wobei der Gesetzgeber die Strafbarkeitsvoraussetzungen umso genauer festlegen und präziser bestimmen muss, je schwerer die von ihm angedrohte Strafe ist. Auch der Kreis der Normadressaten sei von Bedeutung.

Speziell zu § 89a Abs. 2 Nr. 3 StGB heißt es in der Entscheidung unter Bezugnahme auf die einschlägige Drucksache[261], der Gesetzgeber habe sich an bereits bestehenden Strafnormen, namentlich an § 310 Abs. 1 StGB, orientiert. Dies trägt zur Konkretisierung des Wesentlichkeitsmerkmals allerdings nichts bei, da § 310 Abs. 1 StGB ein solches nicht enthält.[262] Dort ist vielmehr von den „zur Ausführung der Tat erforderlichen besonderen Vorrichtungen" die Rede, was zumindest auf ein ähnlich enges Verständnis des Wesentlichkeitsmerkmals hindeutet. Weiter ausgeführt wird dann nur der Begriff der Vorrichtung, der ebenfalls im Wege einer Parallele zu § 310 Abs. 1 StGB durch Auslegung zu erschließen sei. Schlussendlich findet der BGH dann noch einen Satz zu dem Merkmal der Wesentlichkeit: „Den Erwägungen des Gesetzgebers ist für die Auslegung des Begriffs der wesentlichen Gegenstände in § 89a Abs. 2 Nr. 3 StGB ein Anhaltspunkt dahin zu entnehmen, dass einzelne Alltagsgegenstände nicht vom Tatbestand erfasst werden sollen".[263] Diese Feststellung ist indes nur für Bereiche weiterführend, in denen es nicht gerade jene Alltagsgegenstände sind, denen eine doppelte Funktion zukommt.

---

des Einzelfalls nicht mehr gerecht werden könnten. Wegen der gebotenen Allgemeinheit und der damit zwangsläufig verbundenen Abstraktheit von Strafnormen ist es unvermeidlich, dass in Einzelfällen zweifelhaft sein kann, ob ein Verhalten noch unter den gesetzlichen Tatbestand fällt oder nicht. Das Bestimmtheitsgebot bedeutet nicht, dass der Gesetzgeber gezwungen wäre, sämtliche Straftatbestände ausschließlich mit unmittelbar in ihrer Bedeutung für jedermann erschließbaren deskriptiven Tatbestandsmerkmalen zu umschreiben. Es schließt die Verwendung wertausfüllungsbedürftiger Begriffe bis hin zu Generalklauseln im Strafrecht nicht von vornherein aus. Der Gesetzgeber kann Tatbestände auch so ausgestalten, dass zu ihrer Auslegung auf außerstrafrechtliche Vorschriften zurückgegriffen werden muss. Dies führt, soweit es sich nicht um Normen zur Ausfüllung eines strafrechtlichen Blanketts handelt, nicht dazu, dass auch die betreffenden außerstrafrechtlichen Vorschriften am Bestimmtheitsgebot des Art. 103 Abs. 2 GG zu messen wären".

261 Vgl. BT-Drs. 16/12428, S. 15.

262 So *Paeffgen* NK-StGB, § 89a Rn. 28.

263 Unter Verweis auf BT-Drs. 16/12428, S. 15; ähnlich bereits zu § 311a StGB a.F. (heute: § 310 StGB) BT-Drs. IV/2186, S. 3.

Eine – für den Fortgang dieser Untersuchung interessante – Passage enthält die Entscheidung dann aber doch. So heißt es in dem Urteil, der Senat sehe „die Grenze zur Unverhältnismäßigkeit [...] als überschritten an, wenn es zur Begründung der Strafbarkeit auf der subjektiven Tatseite lediglich erforderlich wäre, dass es der Täter nur für möglich hält und billigend in Kauf nimmt, das von ihm ins Auge gefasste Vorhaben auch umzusetzen“. Dem könne jedoch „durch eine verfassungskonforme Restriktion des subjektiven Tatbestands Rechnung getragen werden“. Der Senat verlangt daher, dass der Täter bei Begehung der in § 89a Abs. 2 Nr. 3 StGB normierten Vorbereitungshandlungen zur Begehung der schweren staatsgefährdenden Gewalttat „bereits fest entschlossen“ ist. Bei einem derartigen Verständnis werden nach Ansicht des BGH die unter Umständen sozialneutralen objektiven Tathandlungen durch den manifest gewordenen, unbedingten Willen des Täters zur Durchführung der – wenn auch nur in Umrissen konkretisierten – geplanten schweren staatsgefährdenden Gewalttat derart verknüpft, dass gerade noch eine abstrakte Gefährdung der durch § 89a Abs. 2 Nr. 3 StGB geschützten, gewichtigen Rechtsgüter in einem Maße erkennbar wird, das eine Strafverfolgung des Täters zu legitimieren geeignet ist.

(4.) Auswertung

Die Rspr. überrascht, nicht weil sie die Norm für verfassungsgemäß hält, sondern weil sie trotzdem (!) eine Restriktion verlangt.[264] Nicht überraschend ist wiederum der Weg über den subjektiven Tatbestand. Er passt ins Bild der Rspr. zu den Dual-Use-Gegenständen im Übrigen. Auch dort versucht die Judikatur über subjektive Kriterien die objektiven Merkmale einzugrenzen bzw. ihren Unwertgehalt zu konturieren. Letztlich entspricht das Ausweichen in den subjektiven Tatbestand dem üblichen Vorgehen der Rspr., wenn es um objektive Zurechnungsfragen geht.[265] Die Besonderheit liegt indes darin, dass im Wortlaut des § 89a Abs. 2 Nr. 3 StGB, anders als in anderen Normen, keinerlei subjektive Anknüpfungsmomente enthalten sind.

Eine bessere Abgrenzung ermöglicht das objektive Tatbestandsmerkmal der Wesentlichkeit nicht. Im Gegenteil führt es sogar noch zu Auslegungsschwierigkeiten und zwingt die Rspr. zu der einschränkenden Interpretation bzw. der verfassungskonformen Restriktion einer eigentlich für verfassungsgemäß erklärten Norm.

---

264 So *Paeffgen* NK-StGB, § 89a Rn. 51.

265 Vgl. dazu auch unten S. 99.

e) § 86 Abs. 1 Nr. 4 StGB, § 86a Abs. 1 Nr. 2 StGB

Nach § 86 Abs. 1 Nr. 4 StGB macht sich strafbar, wer Propagandamittel verbreitet, die „nach ihrem Inhalt dazu bestimmt sind, Bestrebungen einer ehemaligen nationalsozialistischen Organisation fortzusetzen". Die nähere Spezifikation dieser Mittel in der Nr. 4 sowie der Vergleich zu den Nrn. 1 bis 3 lässt darauf schließen, dass es theoretisch auch Propagandamittel gibt, die eben nicht dazu bestimmt sind, solche Bestrebungen fortzusetzen.

(1.) Legaldefinition des § 86 Abs. 3 StGB

Das Propagandamittel ist dabei legaldefiniert in § 86 Abs. 2 StGB als „nur ein solcher Inhalt, der gegen die freiheitliche demokratische Grundordnung oder den Gedanken der Völkerverständigung gerichtet ist". Die freiheitlich demokratische Grundordnung ist nach Auffassung des BVerfG eine Ordnung, die unter Ausschluss jeglicher Gewalt- und Willkürherrschaft eine rechtsstaatliche Herrschaftsordnung auf der Grundlage der Selbstbestimmung des Volkes nach dem Willen der jeweiligen Mehrheit sowie der Freiheit und Gleichheit darstellt.[266] Zu den grundlegenden Prinzipien dieser Grundordnung zählen zumindest die Achtung vor den im Grundgesetz konkretisierten Menschenrechten, insbesondere dem Recht auf Leben und freie Entfaltung der Persönlichkeit, die Volkssouveränität, die Gewaltenteilung, die Verantwortlichkeit der Regierung, die Gesetzmäßigkeit der Verwaltung, die Unabhängigkeit der Gerichte, das Mehrparteiensystem und die Chancengleichheit für alle politischen Parteien mit dem Recht auf die verfassungsmäßige Bildung und Ausübung einer Opposition.[267]

Der Gedanke der Völkerverständigung ist auf ein friedliches Zusammenleben der Völker auf der Grundlage einer Einigung ohne Gewalt gerichtet. Er umfasst auch das Verbot eines Angriffskrieges, Art. 26 GG.[268]

(2.) Begriff der Propaganda

Im vorliegenden Kontext von Interesse ist – unabhängig vom Wortlaut der Nr. 4[269] – schon das Begriffsverständnis des Propagandamittels. Propaganda war früher als Begriff an sich wertneutral und stellte eine Form der Werbung für bestimmte politische, religiöse oder wirtschaftliche Ziele oder Ideen dar. Insbesondere durch den Sprachgebrauch während des Nationalsozialismus hat dieser

---

266 So bereits seit BVerfGE 2, 1, 12.

267 Ebenso *Anstötz* in: MüKo-StGB, § 86 Rn. 10; *Paeffgen* in: NK-StGB, § 86 Rn. 11.

268 BVerfGE 47, 327, 382.

269 Dazu sogleich S. 78.

Terminus heute nur noch im abwertenden Sinn eine einseitig und voreingenommen werbende Tätigkeit im Blick.[270]

Im Kontext des § 86 StGB muss sich die Propaganda gegen die freiheitlich demokratische Grundordnung oder den Gedanken der Völkerverständigung richten, Abs. 2. Nach h.M. muss sie zudem einen „werbenden, aufwieglerischen Charakter" haben.[271] Dazu gehört nach dieser ganz h.M. eine aktiv kämpferische und aggressive Tendenz, die sich aber auch subtil oder „zwischen den Zeilen" (z. B. einer propagandistischen Schrift) zeigen kann.[272] Nicht entscheidend dafür, ob z. B. eine Schrift mit verfassungsfeindlichen Inhalten als Propagandamittel i.S.d. § 86 StGB oder aber bspw. als Kunst einzustufen ist, seien jedoch die „Motive des Autors".[273]

(3.) Zweck der Fortsetzung von Bestrebungen einer ehemaligen nationalsozialistischen Organisation

Interessant im vorliegenden Kontext ist sodann die Tatvariante der Fortsetzung von Bestrebungen einer ehemaligen nationalsozialistischen Organisation. Unabhängig von den in der Kommentarliteratur laut geäußerten Zweifeln an der Anwendungstauglichkeit dieser Tatvariante[274] stellt sich die Frage, ob es sich bei den Fortsetzungsbestrebungen um ein objektives oder subjektives Tatbestandsmerkmal handelt.

Der Tatbestand stellt hier darauf ab, dass die Propagandamittel dazu bestimmt sind, Bestrebungen einer solchen Organisation fortzuführen. Die fraglichen Organisationen (NSDAP und ihre Untergliederungen) gibt es heute nicht mehr. Darin liegt der Unterschied zu Nrn. 1 bis 3, die an Gruppierungen anknüpfen, deren Organisationsreste noch heute vorhanden sind.[275] Aus diesem

---

270 *Ellbogen* in: BeckOK-StGB, § 86 Rn. 4.

271 So bspw. BGH NStZ 2015, 512 (eine wissenschaftliche Abhandlung, Dokumentation oder belletristische Darstellung zu dem Thema genügt nicht).

272 *Anstötz* in: MüKo-StGB, § 86 Rn. 15.

273 *Ellbogen* in: BeckOK-StGB, § 86 Rn. 9 unter Verweis auf BGHSt 17, 28 ff.

274 *Paeffgen* in: NK-StGB, § 86 Rn. 23 („Daneben kommen Zweifel an der Anwendungstauglichkeit der Nr. 4 im faktischen Bereich auf: Kann man mehr als 70 Jahre nach dem Zusammenbruch des 3. Reiches, also nach einem ganzen Menschenalter (!), noch die Bestrebungen v. seit so langer Zeit ausgelöschten Organisationen fortsetzen wollen").

275 Vgl. z. B. für die KPD *Ridder* KPD-Verbot (1966) S. 7; für „Blood & Honour" und „White Youth" Verfassungsschutzbericht 2000, S. 40 ff., für RAF-Organisationsreste S. 135 ff. sowie für die PKK S. 190 ff. So zitiert auch bei *Paeffgen* in: NK-StGB § 86 Rn. 22.

Grund fokussiert § 86 Abs. 1 Nr. 4 StGB das Bestimmtsein zur Fortsetzung dieser eigentlich bereits eliminierten Organisationen.[276]

Der Tatbestand wird daher von Teilen der Lit. so interpretiert, dass er sich „nur formal gegen ehemalige nationalsozialistische Organisationen" richtet, in Wahrheit aber „nationalsozialistisches Gedankengut" im Blick hat.[277] Verfassungsrechtlich zu legitimieren ist eine solche Regelung zwar mittels des klaren verfassungsrechtlichen Bekenntnisses gegen derartiges Gedankengut, vgl. Art. 139, 132 Abs. 2 GG. Dies dürfe jedoch nicht den Blick dafür verstellen, dass es sich im Grunde genommen um Meinungsstrafrecht handelt – nur eben mit der Besonderheit, dass diese bestimmte Meinung verfassungsrechtlich verboten ist. Aus diesem Grund verlangt die ganz h.M.[278] eine Art doppelte Inhaltsprüfung. Zum einen müssen die Propagandamittel i.S.d. § 86 Abs. 3 StGB gegen die freiheitliche demokratische Grundordnung oder den Gedanken der Völkerverständigung gerichtet sein. Zum anderen müssen sie darauf abzielen („nach ihrem Inhalt dazu bestimmt" sein), Bestrebungen einer ehemaligen nationalsozialistischen Organisation fortzusetzen. Beide Voraussetzungen ergeben sich unmittelbar aus dem Wortlaut des § 86 StGB.

Für die vorliegende Untersuchung von Interesse ist dabei just diese in § 86 Abs. 1 Nr. 4 StGB verwendete Formulierung „nach ihrem Inhalt dazu bestimmt". Daraus folgt nämlich, dass sich die illegale Zielsetzung, Bestrebungen einer ehemaligen nationalsozialistischen Organisation fortzusetzen, aus dem Propagandamittel selbst ergeben muss. Es soll sogar gänzlich unerheblich sein, was der Täter oder der Verfasser der Schrift mit dieser bezweckt hat oder bezwecken wollte.[279]

---

276 Eine Erweiterung der Kreises erfasster Organisationen findet sich in Abs. 2 der Vorschrift, der zusätzlich ein spezielles Ausfuhrverbot normiert.

277 *Paeffgen* in: NK-StGB, § 86 Rn. 23.

278 *Laufhütte/Kuschel* in: LK-StGB, § 86 Rn. 17; *Paeffgen* in: NK-StGB, § 86 Rn. 22; *Sternberg-Lieben* in: Schönke/Schröder, StGB, § 86 Rn. 11.

279 So auch BGHSt 23, 64, 75: „Maßgebend dafür, ob ein Propagandamittel mit diesem Merkmal vorliegt, ist sein Inhalt, wie ihn ein ‚verständiger Durchschnittsleser(-hörer)' verstehen muß. Auf die Motive des Herstellers, die Absicht des Täters oder der sonst an der Herstellung oder Verbreitung beteiligten Personen kommt es nicht an. Insoweit ist an der bisherigen Rechtsprechung des erkennenden Senats zu § 93 StGB a.F. festzuhalten. Dabei ist zu berücksichtigen, daß in der Wirklichkeit des modernen politischen Lebens die mit solchen Propagandamitteln erstrebten Endziele – wenn sie verfassungswidrig sind – selten von vornherein offen herausgestellt, vielmehr möglichst verdeckt und den jeweiligen Gegebenheiten in möglichst harmloser Form angepaßt werden. Es ist daher der wirkliche Gehalt des Propagandamittels unter Außerachtlassung der vordergründigen Einkleidung auf seine Zielrichtung zu prüfen. Dabei muß der Wortinhalt diese Zielrichtung wenigstens in Ansatzpunkten erkennen lassen, die der ergänzenden Auslegung

(4.) Auswertung

Die Formulierung der Norm legt nahe, es gebe objektive Komponenten der betreffenden Propagandamittel, aus denen sich die illegitime Fortsetzungsabsicht erkennen lasse. Näher definiert werden die Anforderungen an das betreffende Propagandamittel in der Rspr. dann aber nicht. Auch im Schrifttum wird diese Bestimmung nicht weiter erörtert; es findet zum Teil nicht einmal eine saubere Differenzierung zwischen den beiden von der Rspr. angemahnten Prüfungsstufen statt[280]. Die Präzisierung im Wortlaut der Vorschrift wäre indes nicht erforderlich gewesen, wenn es nicht auch Propagandamittel ohne diese spezifische objektive Bestimmung gäbe. Im Gegenteil bezieht aber die Rspr. (inkonsequent) teilweise sogar subjektive Komponenten in die Beurteilung ein.[281] So stellt der BGH bei der Verwendung von Bildern oder Fotografien bspw. auf den „bewussten Bezug" zu bestimmten Ereignissen ab.[282]

Jedenfalls lässt sich damit sagen, dass die Propagandamittel i.S.d. § 86 StGB vom Gesetz anders als Dual-Use-Güter eingestuft werden. Propaganda ist nicht

---

durch das, was der verständige Durchschnittsleser ‚zwischen den Zeilen' lesen kann, und durch allgemeinkundige Tatsachen zugänglich sind." Damit konstatiert der BGH eine Art Verobjektivierung des Schriftinhalts, jedenfalls aber eine strikte Trennung von Schrift und den dahinterstehenden Personen. Offenbar kommt es der Rspr. gerade nicht auf die Intention derer an, die in irgendeiner Weise mit der Schrift in Kontakt kamen und kommen; vielmehr muss der Schrifteninhalt aus sich heraus den Modalitäten des § 86 Abs. 1 Nr. 4 StGB unterfallen. Diese objektive Betrachtung zwingt den jeweiligen Leser schon denklogisch zur Interpretation des Textes, ist doch jedes informationsträchtige Medium interpretationsfähig und interpretationsbedürftig. Der BGH mahnt dabei aber zu besonderer Vorsicht, da der gegen die freiheitlich demokratische Grundordnung gerichtete Inhalt nur schwerlich expressis verbis festgehalten sein dürfte. Vielmehr sei ein „zwischen den Zeilen" Lesen aus der Warte eines Durchschnittslesers angezeigt. Eingehend zu dieser Begrenzung dann auch *Anstötz* in: Müko-StGB, § 86 Rn. 24 i.V.m. Rn. 13 f., der aus der in Frage stehenden Wendung aber auf eine Begrenzung der Auslegungsmöglichkeiten schließt, wenn er anführt, dass „nicht etwas in [ihn] hineininterpretiert werden [darf], für das sich kein unmittelbarer Anhalt finden lässt." Vielmehr sei diesem Erfordernis der inhaltlichen Verfassungsfeindlichkeit bereits Genüge getan, wenn die Schrift bei willkürfreier Auslegung tatsächliche Anhaltspunkte enthält, die unter Berücksichtigung allgemeinkundiger Tatsachen die verfassungsfeindliche Ausrichtung ergeben. Die Entscheidung wird aufgegriffen von *Paeffgen* in: NK-StGB, § 86 Rn. 22 und *Ellbogen* in: BeckOK-StGB, § 86 Rn. 9.

280 Vgl. bspw. *Bartels/Kollorz* NStZ 2002, 298, die nur fragen „für welche Bestrebungen der NSDAP das Porträt von *Rudolf Heß* stehen soll, d. h. welchen Erklärungsinhalt das Porträt haben soll".

281 BGH NJW 2005, 3225.

282 Bspw. wenn ein unübersehbarer Zusammenhang mit den rassistischen Zielen der SS und auch der Waffen-SS hergestellt und deren Bestrebungen zur Erhaltung der „arischen" Rasse und Eliminierung anderer Bevölkerungsgruppen gefördert werden sollte, so wörtlich in LG Dortmund v. 7.1.2003 – KLs 157 Js 348/02, bestätigt durch BGH v. 15.5.2003 – 3 StR 154/03.

der doppelte bzw. zusätzliche Verwendungszweck, sondern der einzige. Der Charakter als Propagandamittel ist sowohl unabhängig von der Bestimmung zur Fortsetzung der Bestrebungen einer ehemaligen nationalsozialistischen Organisation als auch von der subjektiven Verwendungsintention des Täters. Es handelt sich somit nicht um Dual-Use-Güter, sondern um Gegenstände mit einer spezifischen Zielrichtung (Propaganda). Eine mögliche legale Verwendung z. B. für Museen oder schulischen Unterricht bildet die Ausnahme.[283]

f) § 202c Abs. 1 Nr. 2 StGB

Nach § 202c Abs. 1 StGB macht sich strafbar, wer das Ausspähen oder Abfangen von Daten nach §§ 202a, 202b StGB vorbereitet, indem er (Nr. 1) Passwörter oder sonstige Sicherungscodes, die den Zugang zu Daten ermöglichen, oder (Nr. 2) Computerprogramme, deren Zweck die Begehung einer solchen Tat ist, herstellt, sich oder einem anderen verschafft, verkauft, einem anderen überlässt, verbreitet oder sonst zugänglich macht. Im Rahmen dieser Norm wird ein Computerprogramm zur Verwirklichung von Vorbereitungshandlungen zu Taten nach §§ 202a, 202b StGB eingesetzt. Insoweit beinhaltet § 202c StGB eine Vorfeldkriminalisierung und stellt ein abstraktes Gefährdungsdelikt dar.[284] Das geschützte Rechtsgut entspricht demjenigen der §§ 202a, 202b StGB; es handelt sich um die formelle Verfügungsbefugnis über die betroffenen Daten, die aus dem Recht des Einzelnen über den gedanklichen Inhalt der Information folgt.[285]

(1.) Auffassung des BVerfG

Der Tatbestand des § 202c StGB bezieht sich in seinem Abs. 1 Nr. 2 auf Computerprogramme, deren Zweck die Begehung einer Tat nach §§ 202a, 202b StGB ist. Im Jahr 2009 hatte das BVerfG im Rahmen einer Verfassungsbeschwerde zu dieser Zwecksetzung Stellung zu nehmen.[286] Es vertrat die Ansicht, vom Tatbestand erfasst sei nur solche Software, die schon mit der Absicht entwickelt wurde, sie zur

---

283 Siehe zur Sozialadäquanz unten S. 99 ff.

284 BT-Drs. 16/3656, S. 11; *Hilgendorf* in: LK-StGB, § 202c Rn. 3; *Kargl* in: NK-StGB, § 202c Rn. 3; *Bosch* in: SSW, StGB, § 202c Rn. 1; *Graf* in: MüKo-StGB, § 202c Rn. 3; *Lackner/Kühl/Heger* § 202c Rn. 1; *Malek/Popp* Strafsachen im Internet, Rn. 174; *Hilgendorf/Valerius* Computer-Strafrecht, Rn. 572; *Werkmeister/Steinbeck* Wistra 2015, 209, 213; *Ernst* NJW 2007, 2661, 2663; *Schumann* NStZ 2007, 675, 678.

285 *Eisele* in: Schönke/Schröder, StGB, § 202c Rn. 1a.

286 BVerfG BeckRS 2009, 35013; vgl. zu dieser Entscheidung auch *Eisele* in: Schönke/Schröder, StGB, § 202c Rn. 4; *Bachmann* ZRP 2009, 251; *Stuckenberg* Wistra 2010, 41; *Hornung* CR 2009, 673 ff.; *Valerius* JR 2010, 79 ff.; *Höhne/Heckmann* K&R 2009, 632 ff.; *Höfinger* ZUM 2009, 745 ff.

Begehung von Straftaten nach §§ 202a, 202b StGB einzusetzen. Diese Absicht müsse sich zudem „objektiv manifestiert“ haben. Eine solche Manifestation kann in den Augen des BVerfG bspw. in der Gestaltung des Programms selbst – i.S.e. Verwendungsabsicht, die sich aus der Sache selbst interpretativ ablesen lässt – oder auch in einer eindeutig auf illegale Verwendungen abzielenden Vertriebspolitik und Werbung des Herstellers liegen.[287]

Im der Verfassungsbeschwerde zugrunde liegenden Sachverhalt ging es um Sicherheitsanalysewerkzeuge, d.h. Softwareprogramme, die durch systematisches Testen mögliche Schwachstellen in informationstechnischen Systemen aufspüren und eine Sicherheitsbewertung dieser Lücken durchführen. Sämtliche der Software-Tools konnten allerdings nicht nur zur Überprüfung von Sicherheitslücken in den zu schützenden Systemen eingesetzt werden, sondern auch missbräuchlich für Zwecke des unerlaubten Zugangs zu fremden Rechnern und Netzwerken.[288]

Das BVerfG stellte dabei fest, die verwendete und objektiv auch zur Begehung von Computerstraftaten geeignete Software sei als sog. Dual-Use-Software einzuordnen, die den Tatbestand nicht erfüllt.[289] Lediglich soweit „echte Schadsoftware“ aus zweifelhaften Quellen im Internet beschafft werde, um sie bei Penetrationstests einzusetzen, könne „angesichts deren Herkunft und Vertriebsweise durchaus angenommen werden, dass sie gerade zum Zweck der Begehung rechtswidriger Taten entwickelt wurde und über Eigenschaften verfügt, in denen sich diese Zweckbestimmung manifestiert“.

(2.) Begriff der Computerprogramme i.S.d. § 202c Abs. 1 Nr. 2 StGB in der Lit.

Auch in der Lit. vertritt man auf der Grundlage dieser Entscheidung teilweise die Auffassung, die bloße Eignung von Programmen für kriminelle Zwecke sei nicht ausreichend. Dementsprechend sollen „Dual-Use-Tools, die sowohl zur Begehung von Straftaten als auch für legitime Zwecke benutzt werden können, nicht erfasst werden“.[290] Es wird in der Lit. zudem bezweifelt, dass die Entscheidung des BVerfG dazu taugt, die seit der Einführung des § 202c StGB bestehende Unsicherheit bei denjenigen zu beseitigen, die sich beruflich mit IT-Sicherheit be-

287 BVerfG BeckRS 2009, 35232.

288 So die Sachverhaltsdarstellung bei BVerfG BeckRS 2009, 35232.

289 BVerfG BeckRS 2009, 35232; siehe dazu BT-Drs. 16/3656, S. 12; krit. *Bosch* in: SSW, StGB, § 202c Rn. 3.

290 Ebenso *Kargl* in: NK-StGB, § 202c Rn. 7 unter verweis auf BVerfG BeckRS 2009, 35232; krit. *Bosch* in: SSW, StGB, § 202c Rn. 3.

schäftigen.[291] Auch wurde prognostiziert, dass die einzelfallbezogene Abgrenzung zu Schadsoftware i.S.d. § 202c StGB der strafrechtlichen Praxis weiterhin große Probleme bereiten würde.[292]

Von § 202c Abs. 1 Nr. 2 StGB intendiert ist nach dem Willen des Gesetzgebers die Erfassung sog. Hacker-Tools, die „bereits nach der Art und Weise ihres Aufbaus darauf angelegt sind, illegalen Zwecken zu dienen, und die durch das Internet eine weite Verbreitung und leichte Verfügbarkeit erfahren, einfach anzuwenden sind und aus dem Internet weitgehend anonym geladen werden können".[293] Das Spektrum der hiervon erfassten Programme scheint schier unendlich. Um den Anwendungsbereich der Vorschrift nicht ausufern zu lassen, soll deshalb eine Einschränkung dadurch erreicht werden, dass es bereits im objektiven Tatbestand auf die „Bestimmung" des Computerprogramms als Mittel zur Begehung einer bestimmten Straftat ankommt.[294] Im Rahmen von § 202c StGB stellt die Gesetzesbegründung dabei auf die „objektivierte Zweckbestimmung des Programms" ab.[295] Dadurch soll sichergestellt werden, dass nur „echte" Hacker-Tools erfasst werden und die allgemeinen Programmier-Tools, -sprachen oder sonstigen Anwendungsprogramme bereits nicht unter den objektiven Tatbestand der Strafvorschrift fallen. Ausgenommen sein sollen, wie schon gesagt, auch sog. Dual-Use-Programme bzw. Dual-Purpose-Tools.[296]

Auf der anderen Seite sei jedoch nicht erforderlich, dass das Programm ausschließlich für die Begehung einer Computerstraftat bestimmt ist. Es reicht nach wohl h.M., wenn die „objektive Zweckbestimmung" des Tools zumindest auch die Begehung einer solchen Straftat ist.[297] Allein der Begriff ist schon paradox – wie kann eine Zweckbestimmung objektiv sein?[298]

---

291 Krit. *Holzner* ZRP 2009, 177.

292 *Weidemann* in: BeckOK-StGB, § 202c Rn. 7.2.

293 BT-Drs. 16/3656, S. 12; *Weidemann* in: BeckOK-StGB, § 202c Rn. 7.

294 BT-Drs. 16/3656, S. 12.

295 BT-Drs. 16/3656, S. 12; siehe auch *Graf* in: MüKo-StGB, § 202c Rn. 13.

296 Vgl. die in BVerfG BeckRS 2009, 35232 wiedergegebenen Stellungnahmen; dazu auch *Holzner* ZRP 2009, 177; *Hornung* CR 2009, 677; *Stuckenberg* Wistra 2010, 41; vgl. auch *Cornelius* CR 2007, 682 ff., 685 mit dem Hinweis, dass ein Programm objektiv zwar Eigenschaften, aber keinen Zweck haben kann, dieser ihm vielmehr erst vom Verwender gegeben wird; ähnlich *Tiedemann/Valerius* in: LK-StGB, § 263a Rn. 83; krit. insoweit auch *Hilgendorf* in: LK-StGB, § 202c Rn. 4, der darauf hinweist, dass Zwecke nur subjektiv bestimmt werden können. Abweichend *Heghmanns* in: Handbuch Wirtschaftsstrafrecht, 6. Teil Rn. 211 (Zweckbestimmung muss objektiv sein, subjektive Widmung durch Täter genügt nicht).

297 BT-Drs. 16/3656, S. 12;

298 Gemeint sein kann allenfalls die (objektive) Eignung aufgrund von (objektiver) Beschaffenheit, Einsatzfähigkeit oder Leistung.

Darüber hinaus sollen unspezifische Programme, wie bspw. allgemeine System- oder Filterprogramme, jedenfalls nicht dazu gehören.[299] Diese fehlende Spezifität wird in Rspr. und Lit. jedoch nicht näher herausgearbeitet. Es existieren Programme, die von vorne herein darauf ausgelegt sind, sowohl von Berechtigten als auch von Unberechtigten z. B. zur Umgehung von Sicherheitssystemen gebraucht zu werden. Genannt werden in diesem Zusammenhang z. B. Testprogramme von Sicherheitsfirmen oder Systemadministratoren, d. h. die Verwendung von Analyse-Tools als klassischem Fall der Dual-Use-Tools.[300]

Unter Rekurs auf den Gedanken des Art. 6 CKÜ[301] wollen Teile der Lit. hier auf den „primären Zweck des Programms" abstellen.[302] Dann bleibt allerdings die Frage, wer diesen primären Zweck des Programms festlegt. Dies könnte der Hersteller sein, aber auch der erste Käufer, der Verwender etc. Zudem sind all diese Parteien häufig keine Einzelpersonen mit einem individuellen Willen, sondern nicht selten juristische Personen oder Personenmehrheiten, die ihren Willen durch ihre Mitglieder oder Gesellschafter bilden.

Jedenfalls soll aber die bloß objektive Geeignetheit nicht ausreichen.[303] Teilweise wird in diesem Zusammenhang vorgeschlagen, die Zweckbestimmung anhand gemischt objektiv-subjektiver Kriterien vorzunehmen.[304] So soll § 202c

---

299 *Sassenberg/Lammer* DuD 2008, 461, 464.

300 *Marberth-Kubicki* Computer-Strafrecht, Rn. 123 f.; *Ernst* NJW 2007, 2661, 2663.

301 Art. 6 Abs. 1 CKÜ, Missbrauch von Vorrichtungen: Jede Vertragspartei trifft die erforderlichen gesetzgeberischen und anderen Maßnahmen, um folgende Handlungen, wenn vorsätzlich und unbefugt begangen, nach ihrem innerstaatlichen Recht als Straftaten zu umschreiben: a) das Herstellen, Verkaufen, Beschaffen zwecks Gebrauchs, Einführen, Verbreiten oder anderweitige Verfügbarmachen i) einer Vorrichtung einschließlich eines Computerprogramms, die in erster Linie dafür ausgelegt oder hergerichtet worden ist, eine nach den Artikeln 2 bis 5 umschriebene Straftat zu begehen; ii) eines Computerpassworts, eines Zugangscodes oder ähnlicher Daten, die den Zugang zu einem Computersystem als Ganzem oder zu einem Teil davon ermöglichen, mit dem Vorsatz, sie zur Begehung einer nach den Artikeln 2 bis 5 umschriebenen Straftat zu verwenden, und b) den Besitz eines unter Buchstabe a Ziffer i oder ii bezeichneten Mittels mit dem Vorsatz, es zur Begehung einer nach den Artikeln 2 bis 5 umschriebenen Straftat zu verwenden. Eine Vertragspartei kann als gesetzliche Voraussetzung vorsehen, dass die strafrechtliche Verantwortlichkeit erst mit Besitz einer bestimmten Anzahl dieser Mittel eintritt.

302 *Weidemann* in: BeckOK-StGB, § 202c Rn. 7.1; *Hilgendorf/Valerius* Computer-Strafrecht Rn. 578; *Böhlke/Yilmaz* CR 2008, 261, 263; *Schumann* NStZ 2007, 675, 678; *Lackner/Kühl/Heger* § 202c Rn. 3; vgl. auch *Cornelius* CR 2007, 682, 685, der als Kriterien zusätzliche durch den Hersteller/Verkäufer gesetzte Merkmale bzgl. eines späteren kriminellen Einsatzes vorschlägt.

303 So wohl *Goeckenjan* Wistra 2009, 47, 54; *Popp* GA 2008, 375, 389 (Software, die sowohl zu legalen wie auch illegalen Zwecken eingesetzt werden kann, soll neutrale und damit tatbestandslose Software sein).

304 *Schultz* DuD 2006, 778, 782.

Abs. 1 Nr. 2 StGB einschlägig sein, wenn das Programm zur Begehung von Straftaten nach §§ 202a, 202b, 303b StGB geeignet ist, der Täter bei Ausführung der Tathandlung mit der Zwecksetzung handelt, eine solche Tat vorzubereiten und sich diese Zwecksetzung objektiv manifestiert hat.[305] Allerdings bleibt auch diese Auffassung eine Erklärung schuldig, wann die objektive Manifestation in Gestalt z. B. einer bewussten Designentscheidung des Programmerstellers vorliegt. Zum Teil wird daher eine Einschränkung auf objektiver Ebene nicht für möglich gehalten und auf der subjektiven Ebene differenziert[306], wobei aber auch nicht ganz klar wird, auf wessen Willen jeweils abgestellt werden soll.

(3.) Beispiele für Tatmittel nach § 202c Abs. 1 Nr. 2 StGB

In Lit. und Rspr. wird für einige Tools die Tatmitteleigenschaft nach § 202c Abs. 1 Nr. 2 StGB jedenfalls überwiegend bejaht. Dazu gehören etwa Passwort-Generatoren (Key-Gen), die automatisch nach einem Algorithmus Lizenzschlüssel für andere Programme erstellen. Key Generatoren werden u. a. zur Verbreitung von Schadprogrammen genutzt.

Als klassische Hacker-Tools zählen außerdem Programme zum Ermitteln von Passwörtern und der Codes von Netzwerken[307], passwortgeschützten Dokumenten oder Dateien sowie Keylogger zum Mitloggen von Tastatureingaben.[308] Sie lassen sich verwenden, um die Eingaben des Benutzers an der Tastatur zu protokollieren und damit zu überwachen oder zu rekonstruieren. Gerade hierin liegt aber zugleich das Problem. Moderne Sicherheitssoftware folgt dem Nutzerverhalten nämlich ebenfalls, um anhand von Abweichungen von den hergebrachten Verhaltensmustern fremde Zugriffe auf das System zu identifizieren. Insoweit

---

305 *Hilgendorf* in: LK-StGB, § 202c Rn. 21; ähnlich auch *Heghmanns* in: Handbuch Wirtschaftsstrafrecht, 6. Teil Rn. 121

306 *Fischer* StGB, § 202c Rn. 6; *Kargl* in: NK-StGB, § 202c Rn. 7; *Ernst* NJW 2007, 2661, 2663.

307 Hierzu gehöre bspw. Das bekannte Programm Aircrack-ng, das binnen Sekunden den Schlüssel eines WEP-geschützten Funknetzes ermittele. Schlüssel des sichereren WPA-Verfahrens könne Aircrack-ng nur durch Ausprobieren sämtlicher Buchstaben- und Zahlenkombinationen ermitteln (https://www.cio.de/a/diese-tools-nutzen-profi-hacker,2234851). Passwörter werden normalerweise nicht im Klartext abgelegt, sondern in Form von Hashes. Vom Hash auf das Passwort zurückzurechnen sei (nahezu) unmöglich, das Klartextpasswort in einen Hash zu verwandeln sei jedoch simpel. Zur Überprüfung von Passwörtern im legalen Bereich rechnet die Software das eingegebene Passwort in den Hash um und vergleicht es dann mit dem Hash in der Datenbank. Passworthackingtools, die nicht gerade Schwachstellen von schlechten Hashalgorithmen nutzen, hashen Passwörter ebenfalls Stück für Stück und vergleichen dann. Die Funktionen sind also identisch.

308 *Graf* in: MüKo-StGB, § 202c Rn. 12.

unterscheiden sich beide Tools wiederum einzig über die subjektive Zweckbestimmung (hier: des Verwenders).[309]

Auch Trojanische Pferde oder andere Viren, die entweder den befallenen Rechner ausspionieren oder eine „Backdoor" installieren[310], durch die von außen auf den Rechner bzw. das Datennetz Zugriff genommen werden kann, gelten als Hacker-Tools.[311]

(4.) Subjektiver Tatbestand und Bezugspunkt des Verwendungszwecks

Der Täter muss mit Vorsatz hinsichtlich aller objektiven Tatbestandsmerkmale handeln. Zudem muss der Täter mindestens Dolus eventualis im Hinblick auf die vorbereitete eigene oder fremde Straftat nach §§ 202a, 202b StGB aufweisen. Dies wird z.B. für die Mitarbeiter aus der IT-Sicherheitsbranche i.d.R. verneint.[312] Andererseits wird vertreten, der Vorsatz des Täters entfalle nicht einmal dadurch, dass er im Ergebnis mit seiner Tat in Wirklichkeit die Absicht verfolgt, andere Computerstraftaten zu vermeiden, indem er bspw. Sicherheitslücken in Banksystemen oder Einrichtungen des Gesundheitssystems aufzeigen und damit zur Beseitigung beitragen will.[313]

Hier stellt sich die Frage, ob der Täter in Bezug auf den Zweck des Programms mit Dolus directus 1. Grades handeln muss. Dies wird in Lit. und Rspr. soweit ersichtlich allerdings nicht einmal diskutiert. Stattdessen scheint die Zwecksetzung ausschließlich als Teil des objektiven Tatbestandsmerkmals des Computerprogramms begriffen zu werden – wobei, wie gesehen, unklar bleibt, auf wessen Zwecksetzung es eigentlich ankommt. Zwar wurde im Gesetzgebungsverfahren gefordert, das Vorsatzerfordernis hinsichtlich der Vorbereitung einer Straftat auf den Dolus directus zu beschränken.[314] Dazu kam es aber nicht.

---

309 Viele klassische Antivirenprogramme verfahren bei Verbindungen ins Internet auch nach dem „man in the middle"-Prinzip und brechen damit die End-zu-End Verschlüsselung auf – im Fall des Antivirenprogramms, damit es überhaupt prüfen kann, ob nicht durch die verschlüsselte Verbindung evtl. doch Schadsoftware übertragen wird. Auch diese Vorgehensweise entspricht durchaus derjenigen klassischer Hacker-Tools.

310 Dazu gehört etwa das Tool „HijackThis", das Sicherheitslücken im Internet Explorer identifiziert – insoweit noch kein Unterschied zu klassischer Sicherheitssoftware – um dann aber Software zu installieren, die den Startseiteneintrag im Browser ändert.

311 *Graf* in: MüKo-StGB, § 202c Rn. 12.

312 *Stuckenberg* Wistra 2010, 41, 45; *Popp* GA 2008, 375, 393.

313 *Hilgendorf* in: LK-StGB, § 202c Rn. 29.

314 Dies würde mit der zugrunde liegenden CKÜ übereinstimmen, die hier den Begriff „intentionelly" verwendet, der Absicht und positive Kenntnis umfasst, nicht aber das bloße In-Kauf-Nehmen; so *Kargl* in: NK-StGB, § 202c Rn. 14.

g) § 263a Abs. 3 StGB

§ 263a Abs. 3 StGB erfasst nach seinem Wortlaut Vorbereitungshandlungen zur Begehung eines Computerbetrugs nach § 263a Abs. 1 StGB. Es handelt sich, wie auch bei §§ 149, 202c Abs. 1 Nr. 1 StGB, um ein abstraktes Gefährdungsdelikt.[315] Die Besonderheit besteht darin, dass diese Handlungen äußerlich oftmals völlig neutral bzw. unscheinbar daherkommen und lediglich durch den subjektiven Bezug des Täters als Vorbereitung eines Computerbetrugs eingeordnet werden können.

(1.) Computerprogramme i.S.d. § 263a Abs. 3 StGB

Der Tatbestand nennt Computerprogramme, deren „Zweck die Begehung einer solchen Tat ist". Nach der Begründung des Gesetzentwurfs muss das Programm „nicht ausschließlich für die Begehung eines Computerbetruges bestimmt", die Begehung einer Computerstraftat muss aber „objektiver Zweck" des jeweiligen Computerprogramms sein.[316] Insoweit gelte nichts anderes als im Rahmen von § 202c Abs. 1 Nr. 2 StGB.

Vor dem Hintergrund der Rspr. des BVerfG zu § 202c Abs. 1 Nr. 2 StGB wird daher an dieser Stelle auf eine spezifische Widmung des Programms abgestellt. Entscheidend dafür soll der Wille des Erstellers oder gar eines nachfolgenden Nutzers sein.[317] Dies ist für eine Abgrenzung jedenfalls dann kein gangbarer Weg, wenn es den „Ersteller" i.S.e. einzigen natürlichen Person überhaupt nicht gibt und der letzte Nutzer des betreffenden Programms, wie in etlichen Fallkonstellationen, der später Geschädigte selbst ist, der es unwissentlich auf seinem Rechner installiert und ausführt.

Die Bestimmung soll sich dabei aus einem „Akt der äußerlichen Manifestierung" ergeben, etwa einer Bewerbung des Programms zu illegalen Zwecken oder einem Vertrieb innerhalb gewerbs- oder bandenmäßig Computerstraftaten begehender Strukturen.[318] Dann stellt sich aber das Problem, dass der Tatbestand das

---

315 Siehe *Perron* in: Schönke/Schröder, StGB, § 263a Rn. 32.

316 Vgl. *Mühlbauer* in: MüKo-StGB, § 263a Rn. 113 mit Hinweise auf die Diskussion, inwieweit eine solche objektive Zweckbestimmung überhaupt möglich ist.

317 *Mühlbauer* in: MüKo-StGB, § 263a Rn. 113 („abweichend von einer sonst objektiv bemühten Auslegung des § 263a StGB") mit Verweis u.a. auf *Perron* in: Schönke/Schröder, § 263a Rn. 33; *Cornelius* CR 2007, 682, 686; *Tiedemann/Valerius* in: LK-StGB, § 263a Rn. 84 (subjektive Kriterien); ferner *Fischer* StGB, § 263a Rn. 33 („Vorbereiten" bezieht sich nicht auf eine äußerlich abgrenzbare Handlung, sondern beschreibt das subjektive Verhältnis des Täters zu den aufgezählten Tatvarianten); a.A. *Heghmanns* in: Handbuch Wirtschaftsstrafrecht, 6. Teil Rn. 211.

318 *Mühlbauer* in: MüKo-StGB, § 263a Rn. 113 führt hier den Verweis in BVerfG BeckRS 2009, 35013 an, unter Verweis auf *Cornelius* CR 2007, 682, 687 f. – der bei näherem Hinsehen allerdings

„Einem-Anderen-Verschaffen" und das „Einem-Anderen-Überlassen" neben dem Herstellen zwar separat erfasst. Beide Verhaltensweisen sind aber eigentlich dem Herstellen nachgelagert. Daher sei eine in diesem Zusammenhang auftretende Manifestation der deliktischen Absicht nicht in jedem Fall denkbar. Die deliktische Absicht könne sich vielmehr auch in der Gestaltung des Programmes selbst zeigen, wenn es „nach sachverständiger Einschätzung [...] spezifisch geeignet und bestimmt"[319] ist, einen Computerbetrug zu begehen. Ein „hohes Missbrauchspotential" soll dabei aber für sich genommen noch nicht ausreichen.[320]

(2.) Beispiele für Tatmittel nach § 263a Abs. 3 StGB

Der Anwendungsbereich von § 263a StGB wird diskutiert[321] z. B. für sog. Opos-Karten. Es handelt sich um Blanko-Smart-Cards, deren Chip noch unbeschrieben ist und die vom Täter selbst beschrieben werden können. Sie sollen keine Tatobjekte i.S.d. § 263a Abs. 3 StGB sein, da sie nicht per se zu einer Datenmanipulation geeignet sind, sondern erst mit einem Gerät zum Beschreiben der Karten und einer speziellen Software dafür tauglich gemacht werden.[322] Taugliches Tatmittel i.S.d. § 263a Abs. 3 StGB könne aber die Software sein, die zum Beschreiben der Opos-Karten verwendet wird.

Das bloße Verfassen von Phishing-Emails, mit denen nach relevanten und sensiblen Daten (Kontodaten oder sonstigen Zugangsdaten) gefragt wird, genügt ebenfalls nicht zur Verwirklichung des § 263a Abs. 3 StGB. Ein Programm ist nämlich nur eine Befehlsfolge an einen Computer, die selbsttätig abläuft und ein eigenes Arbeitsergebnis produziert.[323] Emails genügen dafür nicht.[324] Das Versenden der Email könne jedoch einen versuchten Betrug darstellen, §§ 263 Abs. 1, 22, 23 Abs. 1 StGB.

Umstritten ist, ob sog. Skimmer in den Anwendungsbereich des § 263a Abs. 3 StGB fallen. Solche Vorrichtungen lassen sich z. B. an Geldautomaten einsetzen

---

eher die Auffassung vertritt, der Zweck werde stets durch den jeweiligen Nutzer bestimmt; ähnlich *Tiedemann/Valerius* in: LK-StGB, § 263a Rn. 84; *Altenhain* in: Matt/Renzikowski, § 263a Rn. 28; ferner *Perron* in: Schönke/Schröder, StGB, § 263a Rn. 33.

319 *Mühlbauer* in: MüKo-StGB, § 263a Rn. 113; ähnlich *Kindhäuser* in: NK-StGB, § 263a Rn. 43 (Zwecksetzung muss „objektiviert" sein) unter Verweis auf LG Karlsruhe Wistra 2006, 317, 318.

320 Vgl. auch *Kindhäuser* in: NK-StGB, § 263a Rn. 43 (Programm soll „in erster Linie der Begehung eines Computerbetrugs dienen").

321 Eine ausführliche Darstellung dieser und weiterer Beispiele findet sich bei *Mühlbauer* in: MüKo-StGB, § 263a Rn. 113 ff.

322 LG Karlsruhe Wistra 2006, 317; *Tiedemann/Valerius* in: LK-StGB, § 263a Rn. 82.

323 *Mühlbauer* in: MüKo-StGB, § 263a Rn. 115.

324 So auch *Altenhain* in: Matt/Renzikowski, § 263a Rn. 28.

um die eingegebenen Daten, wie die PIN und Daten vom Magnetstreifen der Karte auszulesen und an den Täter oder Dritte weiterzuleiten. Diese Daten lassen sich dann zum Fälschen von Bank-, Kredit- oder Zahlungskarten verwenden. In der Lit. wird die Auffassung vertreten, Skimmer seien als Geräte zwar geeignet, einen Computerbetrug nach § 263a StGB vorzubereiten.[325] Allerdings werden nicht die Programme oder Magnetkarten-Leser zu einem Computerbetrug genutzt, sondern erst die mit den gewonnen Daten beschriebenen, gefälschten Karten. Dementsprechend fallen die Skimmer als solche nach wohl h.M. nicht unter § 263a Abs. 3 StGB.[326] Diese Einordnung kann ein Rekurs auf das Unmittelbarkeitskriterium sein, das auch z. B. im Rahmen von § 149 StGB herangezogen wird.[327]

(3.) Subjektiver Tatbestand und Bezugspunkt des Verwendungszwecks

Der Täter muss mit Vorsatz in Bezug auf den objektiven Tatbestand handeln, wobei hinsichtlich des Vorliegens eines tauglichen Computerprogramms bedingter Vorsatz ausreicht. Dies gilt nach verbreiteter Auffassung auch hinsichtlich der eigenen oder fremden Straftat nach § 263a Abs. 1 StGB, die durch die Tat nach Abs. 3 vorbereitet wird.[328] Andere fordern diesbzgl. Absicht i.S.e. Dolus directus 1. Grades.[329] Es ist letztlich nicht ersichtlich, weshalb der (Computer-)Betrug selbst ein Delikt mit überschießender Innentendenz sein soll, während in subjektiver Hinsicht für seine Vorbereitung geringere Anforderungen gelten. Diese Lesart trägt nach hiesigem Verständnis zudem dem Wortlaut Rechnung, der vom „Zweck" der Begehung eines Computerbetrugs spricht.

(4.) Auswertung und Vergleich: § 202c Abs. 1 Nr. 2 StGB vs. § 263a Abs. 3 StGB

Die in §§ 202c, 263a Abs. 3 StGB angesprochenen Programme zeigen zwar die stärksten Parallelen zu den von der Dual-Use-VO in Bezug genommenen Dual-Use-Gütern. Für § 202c Abs. 1 Nr. 2 StGB und – mit Einschränkungen – auch für § 263a Abs. 3 StGB wird überwiegend aber die Möglichkeit einer objektiven Manifestation der Verwendungsabsicht gesehen. Keine der vertretenen Auffassungen – auch nicht die des BVerfG – vermag indes zu erklären, wann eine eben-

325 *Perron* in: Schönke/Schröder, StGB, § 263a Rn. 33a.
326 *Eisele* CR 2011, 134.
327 Siehe S. 71.
328 *Kindhäuser* in: NK-StGB, § 263a Rn. 43 unter Verweis auf *Fischer* StGB, zu § 149 Rn. 5 und § 275 Rn. 3a.
329 *Mühlbauer* in: MüKo-StGB, § 263a Rn. 118; *Fischer* StGB, § 263a Rn. 34; *Altenhain* in: Matt/Renzikowski, § 263a Rn. 30 („überschießende Innentendenz").

solche Manifestation vorliegt. Es bleibt insbesondere unklar, ob sie sich nur aus dem Programm selbst oder auch aus seinem sozialen Kontext ergeben kann. Im Rahmen des § 149 Abs. 1 Nr. 1 StGB stellt die h.M. ebenfalls ausschließlich auf ein (unbestimmtes) objektives Merkmal ab, das sie aber durch einen strengen Programm- und nicht nur einen Sozialbezug charakterisiert sieht. Da dies i.E. aber zu vage bleibt, erfolgt eine Ergänzung um das zusätzliche Erfordernis der Unmittelbarkeit (als objektives Kriterium).

Im Gegensatz dazu klassifiziert der IT-Bereich selbst Software bzw. Programme nach ihrem Verhalten auf dem Rechner – und eben nicht nach ihrer abstrakten Eignung oder Beschaffenheit. Die Abgrenzung erfolgt damit zwar objektiv, aber eben verhaltensbasiert.[330] Weshalb sich diese Vorgehensweise, die im IT-Bereich ja durchaus bewährt scheint, nicht auch für die damit verbundenen Rechtsfragen durchsetzt, erschließt sich nicht.

Das Resumée ernüchtert: Es bleibt nicht etwa unklar, wo die Grenze zwischen „echten" Hacker-Tools und Dual-Purpose-Tools verläuft. Vielmehr hat sich gezeigt, dass die Mehrzahl aller Programme abhängig von ihrer Einbettung, ihrer Herkunft, dem Kontext ihrer Verwendung und der von ihrem Nutzer verfolgten Zielsetzung sowohl legalen als auch illegalen Zwecken dienen kann. Dass ein Programm überhaupt nur ausschließlich zu kriminellen Zwecken verwendet werden kann, ist im IT-Bereich kaum vorgesehen. Ausschließliche Hacker-Tools i.d.S. gibt es so gut wie nicht.[331]

Interessant erscheint dieser Befund vor allem dann, wenn man ihn in Bezug zu dem jeweils geschützten Rechtsgut setzt. So schützt § 202c StGB die formelle Verfügungsbefugnis über die betroffenen Daten. Es überrascht daher wenig, dass der Wille des formell Verfügungsbefugten entscheidend für die Legalität der Programmverwendung sein muss. Die mit der Tat nach § 202c StGB angestrebten §§ 202a, 202b StGB bringen dies durch das Merkmal der Unbefugtheit zum Ausdruck. Ebenso verhält es sich bei § 263a StGB, der das Vermögen schützt. Folglich schließt auch hier der Wille des Berechtigten die Tatbestandsverwirklichung aus; § 263a Abs. 1 StGB kennt ebenfalls das Merkmal unbefugt.[332]

Für §§ 202c, 263a StGB nach einem objektiven Abgrenzungsmerkmal zu suchen, ist also nicht nur müßig, sondern sogar falsch. Denn im Rahmen der Straftatbestände, auf die sich §§ 202c, 263a Abs. 3 StGB beziehen, hängt die Tatbestandsmäßigkeit entscheidend vom Willen des Rechtsgutsinhabers ab. Ent-

---

330 Vgl. bspw. im Rahmen der Betrugserkennung im mobilen Zahlungsverkehr *Hierl* Mobile Payment, S. 159; ähnlich berichtet von *Welchering/Kloiber* Informantenschutz. Ethische, rechtliche und technische Praxis in Journalismus und Organisationskommunikation, S. 99.

331 So *Nestler* Jura 2021, 637.

332 *Nestler* Jura 2021, 637.

spricht die Verwendung des Programms, wenn auch durch eine andere Person, dem Willen dieses Berechtigten, so kann der Tatbestand nicht verwirklicht sein – selbst wenn das betreffende Programm objektiv ein klassisches Hacker-Tool[333] ist.

Problematisch ist dementsprechend nur der umgekehrte Fall, in dem der Täter ein Dual-Purpose-Tool zur Vorbereitung einer Straftat nach §§ 202a, 202b, 263a StGB herstellt und dabei nicht mit dem Willen des Rechtsgutsinhabers handelt. Ausgehend vom Rechtsgut muss es hier für die Tatbestandsverwirklichung darauf ankommen, ob durch die Herstellung des Tools bereits eine abstrakte Gefahr begründet wird. Ob dies der Fall ist, muss verhaltensbasiert beurteilt werden. Attackiert oder bedroht die Software im Fall ihres Einsatzes das geschützte Rechtsgut, dann handelt es sich um ein Computerprogramm i.S.d. §§ 202c Abs. 1 Nr. 2, 263a Abs. 3 StGB.[334]

Etwas anders verhält es sich bei § 149 StGB.[335] Die Norm schützt das Allgemeininteresse an der Sicherheit und Zuverlässigkeit des Geldverkehrs, ein Universalrechtsgut, das nicht zur Disposition Einzelner steht. Aus diesem Grund kann auch der Wille eines Berechtigten die Tatbestandsverwirklichung nicht entfallen lassen. Konsequent erscheint es daher, dass die Norm selbst auf die objektive Eignung des Programms abstellt (abstellen muss) und sogar näher spezifiziert, dass sich diese Eignung aus der Art – und nicht etwa dem Verhalten (!) – des Programms ergeben muss.[336]

2. Verhaltensbezug als Anknüpfungsmoment der Abgrenzung

Eine nur leichte Veränderung des Blickwinkels weg vom (Straf-)Recht hin zu den technischen Grundlagen der Problemfelder bringt Erhellung in diese Abgrenzung. Daher wählt diese Untersuchung die Perspektive nachfolgend funktional so, dass im Zentrum nicht die Beschaffenheit des Gegenstands oder die subjektive Einstellung des Täters zu ihm steht, sondern andere Parameter der Tat. Dazu gehört eine stärkere Zentrierung von Funktionsweise, Einsatzbereichen und Verhaltensweisen der entsprechenden Tools.

---

333 Unterstellt es gäbe ein solches.

334 *Nestler* Jura 2021, 637.

335 Siehe oben S. 68 ff.

336 Die Rspr. hebt zusätzlich auf das Kriterium der Unmittelbarkeit ab; siehe oben.

a) Inbezugnahme der Handlung durch die Definition des Gegenstands

Der Verhaltensbezug legt zunächst ein Anknüpfen an die Tathandlung nahe. Da es i.d.R. um Gefährdungsdelikte (oder solche, die Gefährdungselemente im Hinblick auf bestimmte Rechtsgüter enthalten) und Tätigkeitsdelikte geht[337], steht konsequent insoweit das Handlungsunrecht im Vordergrund[338]; mithin gibt die Handlung der Tat ihr wesentliches Gepräge.

Doch zeigt sogar eine kurze Analyse der §§ 244 Abs. 1 Nr. 1 Lit. b, 250 Abs. 1 Nr. 1 Lit. b StGB, die gerade keine abstrakten Gefährdungsdelikte und Tätigkeitsdelikte sind, dass im Bereich doppelter Verwendbarkeiten die (anvisierte) Handlung nicht von dem betreffenden Gegenstand zu trennen ist:

§§ 244 Abs. 1 Nr. 1 Lit. b, 250 Abs. 1 Nr. 1 Lit. b StGB nennen als Tathandlung das Beisichführen. In räumlicher Hinsicht erfordert dies eine derartige Zugriffsmöglichkeit auf den Gegenstand derart, dass der Täter sich seiner ohne nennenswerten Zeitaufwand und ohne besondere Schwierigkeiten bedienen kann.[339] Für die zeitliche Komponente ist eine permanente Zugriffsmöglichkeit während der Tatbegehung nicht notwendig. Insbesondere braucht der Täter das Tatmittel nicht schon zum Tatort mitgebracht zu haben. Es reicht aus, dass er es dort erst vorfindet, sofern er es zu irgendeinem Tatzeitpunkt ergreift.[340] Das Beisichführen weist als Tathandlung somit zwar keinerlei Bezug zu dem Charakter bzw. der Qualität des mitgeführten Gegenstands auf, sehr wohl aber zu seinem Gebrauch. Zudem nennt § 250 Abs. 2 Nr. 1 StGB als Tathandlung auch das Verwenden. Ein Verwenden liegt nach h.M. sowohl bei einem Einsatz des Tatmittels als Verletzungs- oder Gefährdungsmittel als auch bei einem Einsatz als Mittel zur Drohung mit Gewalt vor.[341] Erforderlich ist dafür, dass die Drohung infolge ihrer Realisierbarkeit als latent gefährlich und damit als realisierbar eingestuft wird.[342] Das Drohungsmittel muss deshalb vom Bedrohten visuell oder in sonstiger Weise, z. B. taktil oder akustisch, wahrgenommen werden und eine entsprechend qualifizierte Zwangslage auslösen.

Im vorliegenden Kontext gewinnt sodann an Bedeutung, dass § 250 Abs. 2 StGB die Tatvariante des Verwendens lediglich für die bereits in § 250 Abs. 1 Nr. 1 Lit. a StGB angesprochenen gefährlichen Gegenstände anbietet. Die sonstigen

---

337 Siehe jeweils oben.

338 Vgl. zum Handlungsunrecht bei Tätigkeitsdelikten *Rönnau* JuS 2010, 962.

339 *Schmitz* in: MüKo-StGB, § 244 Rn. 26.

340 *Wittig* in: BeckOK-StGB, § 244 Rn. 9

341 BGHSt 45, 92, 94 f.; BGH NStZ 1998, 511; BGH NStZ 2002, 31, 33; BGH NJW 2004, 3437; BGH NStZ 2011, 158.

342 BGH NStZ 2002, 31, 33; BGH NStZ-RR 2002, 9.

Werkzeuge werden im Hinblick auf das Verwenden von der Norm nicht erfasst.[343] Der BGH rekurriert hier bislang zwar auf die bekannte Formel von der objektiven Beschaffenheit und der Art der Benutzung im Einzelfall[344], soll in etlichen Entscheidungen aber auch neutrale Gegenstände, die ihre Gefährlichkeit ausschließlich durch die Art der konkreten Verwendung erhielten und damit eigentlich unter § 250 Abs. 1 Nr. 1 Lit. b StGB fallen, in den Anwendungsbereich einbezogen haben[345]. Diese „gespaltene“ Bestimmung des Begriffs des gefährlichen Werkzeugs spitze der BGH noch zu, indem er auch die nähere Feststellung der Art des Mittels offenbar für überflüssig hält, sofern nur ein „Verwenden“ vorliegt.[346]

Da das Tatmittel eingesetzt werden muss, braucht sich dessen Gefährlichkeit nicht unbedingt – wie bei § 250 Abs. 1 Nr. 1 Lit. a StGB – allein aus sich selbst heraus zu ergeben. Die bei diesem Qualifikationstatbestand vorhandene Einsatzkomponente gestattet es in den Augen der Rspr., entsprechend der ursprünglichen Vorstellung des Gesetzgebers[347], ein Werkzeug schon dann als gefährlich einzustufen, wenn es nach der Art seiner Benutzung im Einzelfall geeignet ist, erhebliche Körperverletzungen zuzufügen. Das jeweilige Tatgericht habe, so heißt es, bei dieser Prüfung sämtliche Umstände der Nutzung im konkreten Fall zu berücksichtigen. Dabei könne sich die Gefährlichkeit gerade daraus ergeben, dass ein Gegenstand bestimmungswidrig gebraucht oder ein derartiger Gebrauch auch nur angedroht wird.[348]

Beispiele hierfür bilden Glasreinigungsspray und Haushaltsreiniger, die mit Hilfe einer Sprühflasche in das Gesicht des Opfers gesprüht werden.[349] Demgegenüber soll bei einem Kugelschreiber, der an den Hals des Opfers gedrückt wird, indiziell sein, ob es sich um ein „stabiles Schreibgerät“ oder einen „leicht zer-

---

343 Nach *Kindhäuser* in: NK-StGB, § 250 Rn. 18 sei es „sachgerecht, den konkreten Einsatz solcher objektiv ungefährlichen Alltagsgegenstände erst dann der verschärften Qualifikation nach Abs. 2 zu unterwerfen, wenn sie der Täter tatsächlich zur schweren körperlichen Misshandlung oder Herbeiführung einer Lebensgefahr iSv Abs. 2 Nr 3a bzw b benutzt“. Dagegen spricht allerdings, dass § 250 Abs. 1 StGB gerade mit Blick auf die „jederzeitige Eskalationsmöglichkeit“ das Beisichführen erfassen will; eine solche Eskalationsmöglichkeit ist bei entsprechender Verwendung(sintention) auch bei ungefährlichen Gegenständen gegeben.

344 BGHSt 44, 103, BGH NStZ 1998, 567 statt Vieler.

345 So die Beobachtung von *Kindhäuser* in: NK-StGB, § 250 Rn. 18 unter Rekurs u. a. auf BGHSt 48, 365, 366 f.; BGH NJW 1998, 3130; BGH NStZ-RR 1999, 15.

346 *Kindhäuser* in: NK-StGB, § 250 Rn. 18

347 BT-Drs. 13/9064, S. 18.

348 *Sander* in: MüKo-StGB, § 250 Rn. 61 mit zahlreichen Beispielen.

349 BGH BeckRS 2010, 08145; BGH NStZ-RR 2011, 275, 276.

brechlichen Plastikkugelschreiber" handelt.[350] Dieser Rekurs auf die objektive Beschaffenheit des Gegenstands bleibt im Rahmen des § 250 Abs. 2 Nr. 1 StGB zwar die Ausnahme. Er zeigt jedoch, dass eine saubere Trennung von Gegenstand und Handlung kaum möglich erscheint. Denn ob dem Opfer mit einem Plastikkugelschreiber entsprechend fest oder einem Metallstift weniger fest in die Kehle gestochen wird, macht aus der Perspektive des betroffenen Rechtsguts keinen Unterschied.

Dementsprechend schließt die Definition des gefährlichen Werkzeugs, die von der ganz h.M. für beinahe jede betroffene Norm zugrunde gelegt wird, unmittelbar oder mittelbar die konkrete Art der Verwendung mit ein.[351] Das muss auch für §§ 244 Abs. 1 Nr. 1 Lit. b, 250 Abs. 1 Nr. 1 Lit. b StGB gelten. Da nun aber die Verwendung in diesen Fällen noch nicht stattgefunden hat, kann es nur um eine hypothetische (im Unterschied zur beabsichtigten) Verwendung als unverzichtbares Teilmerkmal gehen.[352]

b) Inbezugnahme einer (hypothetischen) Handlung durch technische Komponenten

Gangbar zur Abgrenzung erscheint damit, wie oben bereits angedeutet, auch ein stärker handlungszentrierender Weg. Das fügt sich nicht nur besser in das Konzept des Tatstrafrechts (in Abgrenzung zum Täterstrafrecht) ein, sondern bietet sich vor allem an, wenn es um Gegenstände geht, die weitgehend autonom agieren, wie bspw. Software. Ein solcher verhaltensbasierter Ansatz zur Begriffsbestimmung wird daher wie selbstverständlich bspw. im IT-Bereich zur Klassifizierung von Computerprogrammen durch Sicherheitssoftware verwendet.

Für Software ist jedoch in rechtlicher Hinsicht, wie ebenfalls bereits gesagt, umstritten, wann deren Zweck die Begehung einer bestimmten Straftat ist, vgl. § 202c Abs. 1 Nr. 2 StGB. Wie dargelegt schlägt eine verbreitete Auffassung vor, orientiert an der Cybercrime-Konvention[353] danach zu fragen, ob die Software

---

350 BGH NStZ 2004, 261, 262.

351 Vgl. bspw. für § 224 Abs. 1 Nr. 2 2. Alt. StGB: *Eschelbach* in: BeckOK-StGB, § 224 Rn. 28; *Paeffgen/Böse* in: NK-StGB, § 224 Rn. 14; *Lackner/Kühl/Heger* StGB, § 224 Rn. 5. Nach *Hilgendorf* ZStW 112 (2009), 811 soll die Komponente der objektiven Beschaffenheit in der Definition sogar überflüssig sein.

352 Diese hypothetische Verwendung ist von der subjektiven Verwendungsabsicht durch die zugrundeliegende Fragestellung zu unterscheiden. Für die hypothetische Verwendung ist danach zu fragen, wie der Täter im weiteren Verlauf den Gegenstand tatsächlich eingesetzt hätte und auch objektiv hätte einsetzen können; für die Verwendungsabsicht ist zu fragen, wie der ggf. auch realitätsferne Plan zum (ersten) Moment des Beisichführens aussah.

353 So auch *Kargl* in: NK-StGB, § 202c Rn. 7.

„primarely designed for the purpose of committing any of the offences" war.[354] I.S.d. Konventionstextes ist danach entscheidend, dass der primäre, vorwiegende Zweck in der Begehung der genannten Straftaten liegt. In dieser Zweckbestimmung scheint neben dem gesondert zu prüfenden Vorbereitungsvorsatz ein „subjektivierendes" Element insofern enthalten zu sein, als es die Tätervorstellung über die weitere Verwendung des Computerprogramms einbezieht.[355] Aufgrund der naturgemäß bestehenden Unsicherheit über diese Vorstellung verlangt dann die h.M., dass sich die illegale Zwecksetzung des Programms objektiv manifestiert hat – was das bedeutet ist jedoch völlig unklar und wird in der einschlägigen Rspr. nicht näher präzisiert.[356] Auch für § 263a Abs. 3 StGB soll sich die Zweckbestimmung danach bemessen, welche spezifische Widmung der Schöpfer und/oder der spätere Programminhaber dem Programm gegeben haben. Da sich die Widmung nicht von selbst erschließt, kommt auch diese Auffassung nicht darum herum, den subjektiven Faktor aus den äußeren Umständen abzulesen[357], und krankt dabei an denselben Mängeln, wie die Auffassungen zu § 202c Abs. 1 Nr. 2 StGB.

Abheben ließe sich auf diejenigen Fragen, die die Branche selbst stellt, um etwaige Schadsoftware zu identifizieren. Den zentralen Gesichtspunkt bildet dabei i.d.R. die Abweichung von anerkannten (Verhaltens-)Mustern.[358] So ist abgesehen von der sicheren digitalen Signatur stets danach zu fragen, ob das Programm einen ungewöhnlichen Zugriff vornimmt und vor allem, ob das Verhalten im Detail von bekannten Mustern – auch unter Einbeziehung des Userverhaltens – abweicht.[359] Konsequenterweise müsste also auch bei der Bestimmung des rechtlichen Charakters der fraglichen Software, wie im IT-Bereich üblich, auf deren Verhalten auf dem betroffenen Rechner rekurriert werden (bspw. Zugriff auf den Schlüsselbund, Zugriff auf Systemdateien etc.). In der juristischen

---

354 Diese Ansicht stützt sich darauf, dass die Tat der Vorbereitung einer Straftat nach §§ 202a, 202b StGB dienen muss.

355 Ebenso *Kargl* in: NK-StGB, § 202c Rn. 7 unter Verweis auf BT-Drs. 16/3656, S. 33.

356 Siehe oben S. 86.

357 *Cornelius* CR 2007, 687 sowie *Kargl* in: NK-StGB, § 202c Rn. 7, der den Anwendungsbereich damit auf die geringe Zahl von Fällen beschränken will, bei denen sich die illegale Zwecksetzung aus dem „Aufbau des Programms selbst oder aber aus einer die wahren Absichten gar nicht verschleiernden Vertriebspolitik und Werbung des Herstellers ergibt".

358 Siehe oben S. 84.

359 Die gemeinhin bzw. stillschweigend propagierte Einordnung eines Programms anhand äußerlicher Merkmale wie seinem Programm- oder Sourcecode als „gut" oder „schlecht" trägt indes nicht, zum einen weil der Sourcecode üblicherweise unbekannt ist, zum anderen, weil selbst ein bekannter Quellcode allenfalls teilweise bekannte Komponenten enthält, die aber ohne Verhaltensanalyse nicht aussagekräftig sind.

Fachliteratur und in der Rspr. wird darauf im Kontext der §§ 202c, 263a StGB bisher aber nicht vertieft eingegangen.

Richtet sich nach der hier vertretenen Ansicht also sowohl bei Dual-Purpose-Programmen als auch bei „reiner Schadsoftware" die Einordnung als Software i.S.d. § 202c Abs. 1 Nr. 2 StGB in erster Linie nach dem Verhalten des Programms, so bleibt die Einordnung stets beschränkt auf einen konkreten Anwendungsfall – sie erfolgt nie abstrakt. Das Problem besteht nun aber darin, dass das Strafrecht mit §§ 202c Abs. 1 Nr. 2, 263a Abs. 3 StGB Vorfeldkriminalisierung betreibt, weshalb ein konkreter Anwendungsfall in diesem Moment noch nicht vorliegt. Parallel zu dem Vorgehen bei § 250 StGB[360] müsste nun auch hier die bisher nur bevorstehende Handlung, d.h. das hypothetische Verhalten des Programms auf dem jeweiligen Rechner fokussiert werden. Dies wäre freilich verbunden mit einem verstärkten Rekurs auf technische Komponenten, die, jedenfalls zum Zeitpunkt ihres Einsetzens, einer menschlichen Steuerung nur noch begrenzt zugänglich sind.

c) Zum Vergleich: Tatortbestimmung durch Abstellen auf Push- oder Pulltechnologie

Diskutiert wird ganz ähnlich das Abstellen auf technologische Komponenten im Strafrecht an anderer Stelle, so bspw. im Rahmen des § 9 Abs. 1 StGB für sog. Distanzdelikte, die aus dem Ausland über das Internet begangen werden[361] und für die keine anderen legitimierenden Anknüpfungspunkte i.S.d. §§ 3 ff. StGB in Betracht kommen, als ein Erfolgsort nach § 9 Abs. 1 Var. 3 StGB.[362] Diese Frage nach dem Erfolgsort i.S.d. § 9 Abs. 1 Var. 3 StGB stellt sich insbesondere bei (ab-

---

360 Siehe oben S. 59ff.

361 *Goger/Stock* ZRP 2017, 10; *Schiemann* JR 2017, 344.

362 Eingehend dazu *Ambos* in: MüKo-StGB, § 9 Rn. 26 mit ausführlicher Darstellung der vertretenen Auffassungen und anderen Anknüpfungspunkte. Teilweise werde ein Handlungsort in Deutschland bereits dann angenommen, wenn der Anbieter der strafbaren Inhalte seinen Sitz in Deutschland hat, auch wenn der Server im Ausland steht. Dies folge § 3 TMG, der das Herkunftslandprinzip normiert, wonach in Deutschland niedergelassene Diensteanbieter und ihre Teledienste auch dann deutschem Recht unterliegen, wenn ihre Dienste im Ausland angeboten oder erbracht werden. *Ambos* merkt aber an, dass das Herkunftslandprinzip nur für geschäftsmäßig erbrachte (nicht private) Dienste gilt und auch bei geschäftsmäßig erbrachten Diensten für das Strafrecht ausscheidet, da § 3 Abs. 5 TMG insofern eine ausdrückliche Ausnahme vorsieht. Durch das Herkunftslandprinzip entstehe für Internetstraftaten also weder ein zusätzlicher Handlungsort i.S.d. Territorialitätsprinzips, noch werde die Erstreckung der deutschen Strafgewalt auf Auslandstaten auf Grund anderer legitimierender Anknüpfungspunkte eingeschränkt.

strakten oder „abstrakt-konkreten“) Gefährdungsdelikten. Das vertretene Meinungsspektrum ist breit.[363]

Von Bedeutung im vorliegenden Kontext sind dabei lediglich jene Ansichten, die die technischen Details der Tatbegehung fokussieren. So sind *Cornils*[364] und ihr folgend *Eser/Weißer*[365] der Auffassung, dass bei durch Datenübertragung begangenen abstrakten Gefährdungsdelikten mangels Erfolgsort im klassischen Sinne zwar ausschließlich auf den Handlungsort abgestellt werden müsse. Zu berücksichtigen sei dabei aber bei Internetstraftaten auch die Vorstellung von der „virtuellen Anwesenheit“. Sobald Daten mit rechtswidrigem Inhalt vom Ausland her gezielt und kontrolliert auf einem in Deutschland installierten Server abgelegt würden, handele der (ausländische) Täter auch unmittelbar auf diesem Server, also im Inland. Damit werde auch in diesen Fällen über den Handlungsort des Täters ein inländischer Begehungsort begründet.[366]

Als problematisch wird es neben anderen Kritikpunkten angesehen, dass der Standort des Servers zumeist von technischen Zufälligkeiten abhängig ist und sich i. d. R. nicht vom Täter steuern lässt.[367] Ähnlich wie bereits *Cornils* vertritt daher

---

363 *Hilgendorf* ZStW 113 (2009), 650, 662 f., 672 (stellt bereits den Begriff der abstrakten Gefahr in Frage); *Fischer* StGB, § 9 Rn. 5a; *Böse* in: NK-StGB, § 9 Rn. 12; Satzger in: SSW-StGB, § 9 Rn. 20; *Duesberg* JA 2008, 270, 273; *Duesberg/Buchholz* NZWist 2015, 17; *Wörner/Wörner* Jurisdiktionskonflikte bei grenzüberschreitender organisierter Kriminalität, Das deutsche Strafanwendungsrecht, in: Sinn, Jurisdiktionskonflikte bei grenzüberschreitender Organisierter Kriminalität – ein Rechtsvergleich zum Internationalen Strafrecht, S. 232 (kein „zum Tatbestand gehörenden Erfolg“ bei abstrakten Gefährdungsdelikten); *Lagodny* JZ 2001, 1198, 1200 (teleologische Reduktion für Internetstraftaten, bei denen „keine Unterscheidung von Inlands- und Auslandtat mehr möglich“ ist); nach *Hecker* ZStW 115 (2008), 880, 888 soll Erfolgsort auch jeder Ort, an dem sich die abstrakte Gefahr realisiert oder auch nur realisieren könnte; ähnlich *Werle/Jeßbreger* in: LK-StGB, § 9 Rn. 33. *Ambos* in: MüKo-StGB, § 9 Rn. 31 weist hier aber zurecht auf die rechtspolitisch unschöne Konsequenz hin, dass der gesamte Inhalt des Internets dem deutschen Strafrecht unterfallen würde. BGHSt 46, 212 ff., 218 differenziert scheinbar nach Deliktstypen („abstrakt-konkretes Gefährdungsdelikt“). BGH NStZ 2017, 146 geht dann aber davon aus, dass „jedenfalls an dem Ort, an dem [...] die hervorgerufene abstrakte Gefahr in eine konkrete lediglich umschlagen kann, kein zum Tatbestand gehörender Erfolg eingetreten“ ist.

364 *Cornils* JZ 1999, 396.

365 *Eser/Weißer* in: Schönke/Schröder, StGB, § 9 Rn. 4, 7b.

366 Krit. *Hilgendorf* ZStW 11 (2009)3, 665; *Heinrich* FS-Weber, 2004, S. 99; *Satzger* in: SSW-StGB, § 9 Rn. 16. Im Ansatz zustimmend *Ambos* in: MüKo-StGB, § 9 Rn. 29, krit. aber insoweit, als der Handlungsort des Täters immer nur sein Aufenthaltsort sein kann. Lediglich der „Handlungs“-Ort des Unterlassungstäters könne zusätzlich auch am Vornahmeort liegen. Deshalb führe auch diese Ansicht an einer eigenständigen Auslegung des Erfolgsbegriffs i.S.v. § 9 StGB nicht vorbei.

367 *Ambos* in: MüKo-StGB, § 9 Rn. 29; *Hilgendorf/Valerius* Computerstrafrecht, Rn. 160; *Satzger* in: SSW-StGB, § 9 Rn. 16.

auch *Sieber*[368] die Auffassung, dass Daten mit strafbarem Inhalt vom Täter bzw. Teilnehmer gezielt ins Inland übermittelt werden müssen, um tatortbegründend zu wirken (sog. „Push-Technologie"). Ein bloßes Abrufen der strafbaren Inhalte durch einen Inländer von einem ausländischem Server (sog. „Pull-Technologie") soll demgegenüber noch keinen inländischen Erfolgs- und Tatort begründen.[369] Der ausländische Täter könne sich daher im Inland allenfalls als Teilnehmer (Anstifter oder Gehilfe) strafbar machen, wenn etwa der Inländer die vom Ausländer bereitgestellten Informationen strafbaren Inhalts seinerseits zu einer Straftat nutzt, indem er die Daten im Inland abspeichert und Dritten zugänglich macht oder aber auf einem inländischen Standort Hyperlinks[370] zu dem ausländischen Provider einrichtet.[371] *Sieber*[372] begründet den inländischen Tatort von im Ausland verübten abstrakten Gefährdungsdelikten jedoch – anders als *Cornils* – nicht mit der Tathandlung, sondern mit einer eigenständigen Auslegung des Erfolgsbegriffs in § 9 StGB, dem sog. Tathandlungserfolg. Für dessen Vorliegen sei es ausreichend, dass sich die tatbestandliche Handlung des im Ausland handelnden Täters im Inland realisiere.[373] Folglich kann nach dieser Ansicht eine Inlandstat angenommen werden, wenn etwa inländische Provider die im Ausland eingespeisten Informationen strafbaren Inhalts vermitteln.[374] Dabei kommen als Begehungstäter aber nur inländische Content-Provider in Betracht, da diese auch selbst strafbare Inhalte in das Netz einspeisen.[375] Für bloße Access-Provider und Service-Provider steht i.d.R. allenfalls eine Unterlassungsstrafbarkeit im Raum[376], sofern sie keine Vorkehrungen dagegen getroffen haben, dass Dritte den Provider mit Daten strafbewehrten Inhalts speisen.[377]

---

368 *Sieber* NJW 1999, 2065.

369 Krit. mit Blick auf die kaum mögliche Unterscheidung der verschiedenen Technologien *Duesberg* JA 2008, 270, 273. Ebenfalls krit. *Hilgendorf/Valerius* Computerstrafrecht, Rn. 152; *Bochmann* Strafgewaltkonflikte und ihre Lösung, 2015, S. 56 ff., der die bloße Abrufbarkeit von Daten als nicht ausreichenden *genuine link* bewertet. Grundlegend zur Push- und Pull-Technologie *Paramonova* Internationales Strafrecht im Cyberspace, 2013, S. 44 ff., 50, die eine deliktsspezifische und an der Art der Internetdienste orientierte Zuständigkeit befürwortet.

370 Zur Strafbarkeit des Hyperlink-Setzens LG Karlsruhe CR 2009, 543; *Malek/Popp* Strafsachen im Internet, Rn. 131 ff.; *Hilgendorf/Valerius* Computerstrafrecht, Rn. 232 ff.

371 So *Fischer* StGB, § 9 Rn. 7a.

372 *Sieber* NJW 1999, 2065.

373 *Sieber* NJW 1999, 2065, 2068. Zust. *Jeßberger* JR 2001, 429, 433; *Hörnle* NStZ 2001, 310; krit. *Hilgendorf* ZStW 113 (2009), 666. Vgl. auch *Paramonova* Internationales Strafrecht im Cyberspace, 2013, S. 143.

374 *Hilgendorf* NJW 1997, 1873.

375 *Conradi/Schlömer* NStZ 1996, 472; *Basak* in: Matt/Renzikowski, StGB, § 9 Rn. 14.

376 LG München NJW 2000, 1051.

Nach einer a.A. soll § 9 StGB teleologisch (generell) auf der subjektiven Ebene dahingehend zu reduzieren sein, dass es dem Täter auf einen Taterfolg im Inland zur Begründung eines inländischen Tatorts auch zielgerichtet ankommt.[378] Es müsse also im „finalen Interesse" des im Ausland handelnden Täters gelegen haben, gerade in Deutschland den Abruf der Daten zu bewirken. Diese Ansicht ist jedoch bereits mit dem Wortlaut des § 9 StGB sowie mit völkerrechtlichen Grundsätzen unvereinbar, ergibt sich daraus doch ausdrücklich, dass deutsches Strafrecht nicht für alle Deliktsgruppen weltweit gelten soll.[379]

Übertragen auf die hier beleuchtete Problematik erweist sich die Auffassung, es komme auf die Unterscheidung zwischen Push- und Pulltechnologie an, durchaus als weiterführend. Sie differenziert nach dem Verhalten der verwendeten Technologie exakt so, wie auch innerhalb des IT-Bereichs selbst verhaltensorientierte Einordnungen vorgenommen werden.

Gegen diese Auffassung werden im Kontext des Strafanwendungsrechts allerdings durchaus beachtenswerte Einwände vorgebracht. Ein zentrales Argument lautet dabei, dass die Art der gewählten Technologie von Zufälligkeiten abhängt. Das trifft zu und führt in der Tat zu Unbilligkeiten, soweit die Funktionsweise der verwendeten Technologie (wie im Rahmen der §§ 3 ff. StGB) dem Täter für den Eintritt der Rechtsfolge nicht klar vor Augen stehen muss. Hinsichtlich der Voraussetzungen des Strafanwendungsrechts bedarf es keines Vorsatzes[380]; insofern trägt das Argument in diesem Zusammenhang. In Bezug auf das gewählte Tatmittel muss Vorsatz allerdings sehr wohl vorliegen. Insofern spricht auch nichts dagegen, die technische Funktionsweise (i. e. das Verhalten) eines Tatmittels bei der Einordnung des Tatgeschehens im Dual-Use-Kontext zu berücksichtigen.

Im Gegenteil wäre es sogar falsch, nicht nach dem Verhalten und der Funktion der verwendeten Gegenstände oder Technologie zu unterscheiden, sofern sie eine solche autonome aufweisen. So muss schließlich auch im Rahmen einer gefährlichen Körperverletzung mittels Gift gem. § 224 Abs. 1 Nr. 1 1. Alt. StGB erörtert werden, welche Reaktion der fragliche Stoff im Körper des Opfers ausgelöst

---

377 Vgl. zur weiteren Differenzierungen und der Einschränkung nach §§ 7–10 TMG *Ambos* in: MüKo-StGB, § 9 Rn. 33.

378 *Collardin* CR 1995, 629.

379 *Ambos* in: MüKo-StGB, § 9 Rn. 30 (dieser objektive Gehalt könne durch eine „Subjektivierung" von § 9 nicht überspielt werden) unter Verweis auf siehe auch *Hilgendorf* ZStW 113 (2009), 650, 661; *Kudlich* HRRS 2004, 278, 280. *Ambos* a.a.O. merkt außerdem an, der Ansatz sei wenig praxistauglich, da der Nachweis eines solchen subjektiven Inlandsbezugs doch kaum möglich ist.

380 *Eser/Weißer* in: Schönke/Schröder, StGB, vor §§ 3–9 Rn. 85; *Ambos* in: MüKo-StGB, vor § 3 Rn. 3; *Fischer* StGB, vor §§ 3–7 Rn. 30; a.A. *Böse* in: NK-StGB, vor §§ 3 ff. Rn. 52.

hat.[381] Geht es also um den Einsatz z. B. einer Software als Tatmittel, so sind Erörterungen dazu notwendig, wie diese Software auf dem Rechner des Opfers agiert. Dementsprechend kann (und muss) im Rahmen von §§ 202c, 263a StGB eben durchaus auf das Verhalten der Software auf dem Rechner des Opfers abgestellt werden – und nicht auf die passive „Beschaffenheit" des Programms.

3. Sozialadäquanz als Abgrenzungskriterium im Kernstrafrecht?

Schließlich stellt sich für die Tatbestände des StGB die Frage, ob die Versuche in der Rspr. (und teilweise in der Lit.), die fraglichen Gegenstände einzugrenzen, in Wahrheit als ein Rekurs auf den Sozialadäquanzgedanken einzuordnen sind. Mit der Lehre von der Sozialadäquanz sollen Verhaltensweisen, in denen sich das Gemeinschaftsleben nach seiner „geschichtlich bedingten Ordnung" vollzieht, von der Strafbarkeit ausgenommen sein.[382]

a) Objektive Beschaffenheit/subjektiver Verwendungszweck

Das StGB geht überwiegend davon aus, dass die im Tatbestand angesprochenen Gegenstände „ihrem Inhalt nach" eine spezifische Bestimmung aufweisen können.[383] Damit entscheidet sich das Gesetz im Ausgangspunkt für eine objektive Einordnung. Diese fokussiert i. d. R. jedoch die abstrakte Beschaffenheit und gerade nicht die konkrete Verwendung oder Funktionsweise. Eine Ausnahme bildet dabei die hergebrachte Definition im Rahmen des § 250 Abs. 1 Nr. 1 Lit. b StGB, die allerdings gesetzlich keine Verankerung gefunden hat und die nach hiesigem Verständnis insoweit auch dem Dual-Use-Bereich zugeschlagen wird. Nicht mit-

---

381 Vgl. nur *Hardtung* in: MüKo-StGB, § 224 Rn. 6 (Stoff muss „von selber schädlich wirken").
382 So *Welzel* ZStW 58 (1939), 491, 517. Aufgegriffen u. a. von BGHSt 23, 226, 228. Siehe auch *Eisele* in: Schönke/Schröder, StGB, vor §§ 13 ff. Rn. 69 (Einschränkung von „in ihrem Wortlaut zu weit gefasste[n] Tatbestände[n]"). Der Streit um die dogmatische Einordnung des Sozialadäquanzgedankens und die Diskussion um seinen Nutzen sollen an dieser Stelle nicht geführt werden. Dies haben bereits andere übernommen. Vgl. zur Diskussion *Zipf* ZStW 82 (1970), 633. Krit. *Hirsch* ZStW 74 (1962), 78, 93; *Otto* FS Lencker, S. 193, 201; *Rönnau* JuS 2011, 311, 313; *Rönnau* in: LK-StGB, Vor § 32 Rn. 49 ff.; *Roxin* FS Klug, S. 303, 312 f. (Schlagwort ohne fassbaren Inhalt); *Ruppert* Die Sozialadäquanz im Strafrecht, passim; *Ruppert* ZIS 2020, 14; *Valerius* JA 2014, 561 ff. statt Vieler. Die Lehre befürwortend etwa *Dölling*, ZStW 96 (1984), 34, 56; *Knauer* ZStW 126 (2014), 844, 847. Im vorliegenden Kontext gilt es zunächst lediglich zu prüfen, ob die von der Rspr. versuchte Eingrenzung der fraglichen Tatgegenstände überhaupt eine Anleihe an die Sozialadäquanzlehre darstellt. Ist dies nicht der Fall, so erübrigt sich an dieser Stelle jede weitere Diskussion.
383 Siehe oben z. B. S. 76 für Propagandamittel.

geliefert werden allerdings die Abgrenzungskriterien. Rspr. und Lit. präzisieren dann, wie gesehen, anhand von subjektiven Parametern.

Eine Besonderheit ergibt sich für die Propagandamittel i.S.d. § 86 Abs. 1 Nr. 4 StGB, denen keine doppelte Verwendbarkeit im hier verstandenen Sinn zugeschrieben wird. Sie sind nach Auffassung des Gesetzgebers ausschließlich bzw. in erster Linie deliktisch verwendbar, während die Verwendung für Museen, Literatur, Kunst und Wissenschaft die Ausnahme bildet.[384] Gleichwohl verlangt das Gesetz hier zusätzlich eine spezifische inhaltliche Bestimmung, die Bestrebungen bestimmter Organisationen fortzuführen, was den Propagandamitteln einen „doppelt negativen Charakter" verleiht.

Eine rein objektive Bestimmung der doppelten Verwendbarkeit scheitert i.d.R. zum einen an der fehlenden Spezifität, zum anderen an der Möglichkeit geringfügiger Modifikationen, die den Charakter der Gegenstände massiv ändern.

b) „Sozialadäquater Verwendungskontext"

Diese Rspr. kann zudem dahingehend gedeutet werden, es habe nicht allein mit diesem Nebeneinander von objektiven und subjektiven Kriterien sein Bewenden, sondern der deliktische Sinnbezug des Gegenstands ergebe sich gerade aus der Zusammenschau und dem Zusammenwirken dieser Faktoren. Ein solches Verständnis darf indes nicht mit der Frage nach der Sozialadäquanz des Verhaltens verwechselt werden. Die Lehre von der Sozialadäquanz soll als wertungsmäßiges Korrektiv zu verstehen sein, das Handlungen aus der Strafbarkeit ausschließt, die zwar den Tatbestand erfüllen, die sich aber im Rahmen der „normalen, geschichtlich gewordenen sozialen Ordnung des Lebens"[385] halten.

(1.) Gesetzlich normierte Sozialadäquanz-Klausel

§ 86 Abs. 4 StGB enthält eine sog. Sozialadäquanzklausel, die den Tatbestand für bestimmte als sozialadäquat angesehene Zwecke ausschließt.[386] Hierzu gehören

---

384 Zu der Auffassung von *Karpenstein/Kottman* in: Krenzler/Herrmann/Niestedt, EU-Außenwirtschafts- und Zollrecht, Art. 2 Dual-Use-VO Rn. 5 oben S. 33.

385 *Rönnau* in: LK-StGB, Vor §32 Rn. 48 unter Verweis auf *Welzel* ZStW 58 (1939), 491, 527. Siehe außerdem etwa *Eisele* in: Schönke/Schröder, StGB, Vor §§ 13 ff. Rn. 69; *Freund* in: MüKo-StGB, Vor §§ 13 ff. Rn. 159; *Lackner/Kühl/Heger* Vor §§ 32 ff. Rn. 29; *Stratenwerth/Kuhlen* Strafrecht Allgemeiner Teil, § 8 Rn. 30 f.

386 So die hM BGHSt 47, 278, 282 f.; BGHSt 46, 36, 43; *Anstötz*, in: MüKo-StGB, § 86 Rn. 36; *Kubiciel* NStZ 2003, 57; *Lackner/Kühl/Heger* StGB, § 86 Rn. 8; *Sternberg-Lieben* in: Schönke/Schröder, StGB, § 86 Rn. 17; differenzierend *Paeffgen* in: NK-StGB, § 86 Rn. 38ff.; zweifelnd *Fischer* Rn. 17; *Streng* JZ 2001, 205, 208; a. A. *Greiser* NJW 1969, 1155, 1156.

die staatsbürgerliche Aufklärung, die Abwehr verfassungswidriger Bestrebungen, die Kunst oder die Wissenschaft, die Forschung oder die Lehre, die Berichterstattung über Vorgänge des Zeitgeschehens oder der Geschichte, wobei die Aufzählung nicht abschließend ist.

Bemerkenswert an dieser Regelung ist allerdings die Formulierung: Sie setzt nämlich voraus, dass der Gegenstand der Verwirklichung der genannten sozialadäquaten Zwecke „dient". Dieses Merkmal sei erfüllt, wenn der betreffende Zweck zumindest überwiegend gefördert wird.[387] Es bedürfte hier allerdings einer „sorgfältigen Abgrenzung zur tatbestandslosen distanziert-kritischen Berichterstattung und zur bewertungsfreien Dokumentation".[388] Damit ist zwar objektiv vorgeschrieben, welche Zwecke im Rahmen der Norm grds. als sozialadäquat gelten; keine Aussage ist jedoch darüber getroffen, wann der entsprechende Sinnbezug zwischen der Handlung des Täters und dem sozialadäquaten Zweck gegeben ist.

Vor dem Hintergrund dieses begrenzten Regelungsinhalts muss § 86 Abs. 4 StGB somit eher als eine Beschränkung des allgemeinen strafrechtlichen Sozialadäquanzgedankens dahingehend zu verstehen sein, dass im Rahmen dieses Tatbestands – aufgrund seines historisch belasteten Regelungskontextes – eben von vorne herein nur bestimmte Zwecke als sozialadäquat Berücksichtigung finden dürfen. Der Gedanke ist daher nicht auf den gesamten Dual-Use-Bereich übertragbar, zumal es sich bei den Propagandagegenständen, wie oben gesehen, nicht zuletzt auch aufgrund dieser Klausel gerade nicht um Dual-Use-Güter handelt.

(2.) Ungeschriebener Rekurs auf Sozialadäquanzkriterien?

Für §§ 244 Abs. 1 Nr. 1 Lit. b, 250 Abs. 1 Nr. 1 Lit. b StGB spielen Sozialadäquanzüberlegungen in der Rspr. soweit ersichtlich keine zentrale Rolle. Dasselbe gilt für § 149 StGB, wo stattdessen auf das Unmittelbarkeitskriterium abgestellt wird. Abseits der spezialgesetzlichen Regelung des § 86 Abs. 4 StGB führen Rspr. und Lit. zu den Dual-Use-Gegenständen des StGB den Gedanken der Sozialadäquanz für die fraglichen Gegenstände aber im Rahmen der anderen einschlägigen Normen teilweise durchaus an.

So wird im Zusammenhang § 74 Abs. 1 StGB gefragt, ob das Vorhandensein des Tatmittels „allein einen deliktischen Sinn ergibt und eine sozialadäquate Erklärung vernünftigerweise nicht in Betracht kommt".[389] Für §§ 202c, 263a StGB

387 *Steinmetz* in: MüKo-StGB, § 86 Rn. 36 unter Verweis auf BVerfGE 77, 240, 257.
388 *Steinmetz* in: MüKo-StGB, § 86 Rn. 36 mit Bezugnahme auf BGHSt 43, 41 ff.
389 *Heuchemer* in: BeckOK-StGB, § 74 Rn. 13.1.

sind solche Hinweise auf die Sozialadäquanzaspekte zwar nicht ausdrücklich vorhanden. Allerdings stellt das BVerfG[390] auch entscheidend auf den Bezugsweg ab. Stamme die Software aus einer „zweifelhaften Quelle", dann könne „angesichts deren Herkunft und Vertriebsweise durchaus angenommen werden, dass sie gerade zum Zweck der Begehung rechtswidriger Taten entwickelt wurde". Ob die Hinweise auf die „zweifelhafte Quelle" oder den „deliktischen Sinn" in diesen Fällen jedoch als Rekurse auf Gesichtspunkte der Sozialadäquanz aufgefasst werden können, ist jedoch fraglich. Dagegen spricht in erster Linie, dass es im Rahmen der fraglichen Delikte nicht um eine wertungsmäßige Korrektur[391] eines eigentlich erfüllten objektiven Tatbestandsmerkmals geht. Vielmehr wird die Frage relevant, noch bevor der Tatbestand überhaupt erfüllt ist, denn sowohl bei § 74 StGB als auch bei §§ 202c, 263a StGB steht jeweils ein subjektives Tatbestandsmerkmal (subjektive Zwecksetzung des Täters) im Raum, dem objektive Komponenten an die Seite gestellt werden sollen. Damit soll einerseits das Abgleiten in ein bloßes Gesinnungsstrafrecht vermieden werden; andererseits erleichtern objektiv wahrnehmbare Faktoren den Nachweis. Es handelt sich damit wohl eher um eine Inbezugnahme bloß objektiver sozialer Rahmenfaktoren, die außerhalb der unmittelbaren Programm- oder Gegenstandseigenschaften liegen, und die eher als ein Hilfsmittel erscheinen, um auf das Vorliegen der subjektiven Zwecksetzung zu schließen und damit den deliktischen Kontext festzustellen.

Einzig für § 89a Abs. 2 Nr. 3 StGB wurde in der Rspr. ausdrücklich die Sozialadäquanz bemüht[392], wobei hier in der Tat ein objektives Wesentlichkeitsmerkmal im Tatbestand enthalten ist, das durch Sozialadäquanzüberlegungen in seinem Deutungsbereich begrenzt werden könnte. Allerdings wird dazu sogleich angemerkt, die Formel der Sozialadäquanz versage dort, wo eine missbräuchliche Verwendung „sozialadäquat" erworbener Gegenstände durch den Täter selbst oder durch Dritte im Raum steht[393] – was aber für das Dual-Use-Umfeld geradezu typisch erscheint. Betrachtet man die Argumentationslinien derjenigen, die für das Wesentlichkeitsmerkmal des § 89a Abs. 2 Nr. 3 StGB Sozialadäquanzge-

---

390 BVerfG BeckRS 2009, 35013.

391 Die Sozialadäquanz wird gerade als ein solches Korrektiv verstanden, vgl. *Ruppert* ZIS 2020, 18 ff. Ähnlich auch der bei *Roxin* FS Klug, S. 303, 310 ff. genannte Fall deliktstypischer, aber sozial allgemein tolerierter Handlungen.

392 Siehe S. 99 ff. (Fn. 253). Ergänzend sei hier angeführt, dass sich auch für § 89a Abs. 2 Nr. 1 StGB der Hinweis findet, die Norm sei „verfassungsrechtlich sehr problematisch" soweit es bei den in der Norm angesprochenen Fertigkeiten „um sozialadäquate Verhaltensweisen geht" (*Heintschel-Heinegg* in: BeckOK-StGB, § 89a Rn. 15); Verfassungswidrigkeit bejahend etwa *Paeffgen* in: NK-StGB, § 89a Rn. 42).

393 Vgl. oben sowie insb. bei *Paeffgen* in: NK-StGB, § 86 Rn. 50.

sichtspunkte bemühen, genauer, so wird deutlich, dass es weniger um eine wertungsmäßige Begrenzung des objektiven Tatbestands(merkmals)[394] als vielmehr darum geht, den Tatbestand für seine Nähe zum Gesinnungsstrafrecht zu kritisieren.[395] Auch hier findet somit zur Definition kein echter Rückgriff auf die Lehre von der Sozialadäquanz statt.

III. Zwischenergebnis

Doppelte Verwendbarkeiten kommen im Kern- wie auch im Nebenstrafrecht vor. Dabei unterscheidet sich die zentrale Frage für beide Bereiche nicht. Im Ausgangspunkt entscheidet sich das Gesetz hier zwar häufig für eine objektive Sichtweise. Diese kann allerdings zu einer kaum einsichtigen Ungleichbehandlung führen, wie ein Blick auf § 250 StGB bestätigt. Zur weiteren Präzisierung bedienen sich Lit. und Rspr. daher zusätzlicher (meist subjektiver, zum Teil aber auch außertatbestandlicher objektiver) Parameter. Soweit Straftatbestände des StGB mangels Verankerung im Wortlaut keine subjektiven Anknüpfungsmomente vorsehen, operieren sie i. d. R. mit enger gefassten Tatgeschehen (vgl. bei § 149 StGB) und präziseren objektiven Merkmalen.

Der ansonsten scheinbar unreflektierte Rückgriff auf die subjektive Komponente bewirkt auf den ersten Blick nur, dass Normen zu noch weitergehenden Vorfeldtatbeständen umfunktioniert werden und die Bestrafung der Gesinnung bzw. des Verwendungsplans zunehmend in den Vordergrund rückt. Wie eine Gegenüberstellung mit den Kriterien des dreistufigen transaktionsbezogenen Screeningprozesses nach dem Merkblatt des BAFA aber im weiteren Verlauf der Untersuchung zeigen wird, hat ein Verzicht auf die subjektive Komponente zur Folge, dass die Voraussetzungen des Tatbestands noch früher verwirklicht sind und das geschützte Rechtsgut in noch weitere Ferne rückt.[396]

---

394 Just das wäre aber das Ziel der Sozialadäquanzlehre; vgl. *Eisele* in: Schönke/Schröder, StGB, vor §§ 13 ff. Rn. 69 f.

395 So heißt es bei *Fischer* StGB, § 89a StGB, Rn. 8 der Tatbestand sei zu einer Unrechtsvertypung nicht geeignet, weil der „Straftatcharakter des Handelns sich allein aus subjektiven Vorstellungen des Handelnden ergibt". Ähnlich führt *Gierhake* ZIS 2008, 397, 399 402 aus, die Ausführung der in § 89a Abs. 2 StGB genannten Handlungen müsse mit der „Vorstellung" erfolgen, dadurch eine Tat nach Abs. 1 der Norm vorzubereiten; zu dieser Tat müsse sich der Täter dann aber „erneut entschließen".

396 Dies wird im Verlauf der Untersuchung noch genauer aufzuzeigen sein. Eingehend zu den Konsequenzen für die Schutzgüter des AWG unten, S. 127 ff.

Bei der Einordnung zielführend ist oftmals ein Blick auch auf das „soziale Umfeld“, mithin auf die technischen Grundlagen, indem eben Funktionsweise, Einsatzbereiche und Verhaltensweisen der entsprechenden Gegenstände, aber auch der Beschaffungs- und Absatzweg zentriert werden. Das erfordert allerdings nicht nur eine Betrachtung des abstrakten Gegenstands, sondern gerade auch seiner Funktion und seines Verhaltens in einem konkreten Geschehensablauf. Nahe liegt demnach eine verhaltensbasierte Einordnung. Da es häufig aber (noch) nicht zu einer Verwendung der Gegenstände, also der eigentlichen Handlung gekommen ist, muss auf die hypothetische Verwendung des Gegenstands abgestellt werden, die unter Bezugnahme technisch-funktionaler Komponenten objektiv konkretisiert werden kann.

B Personale Verantwortungszuschreibung

Im nächsten Schritt bleiben die Grundlagen der personalen Verantwortungszuschreibung zu klären, d. h. danach zu fragen, worauf sich eine strafrechtliche Verantwortlichkeit des Ausführers (oder anderer Personen) im Zusammenhang mit dem Umgang mit den betreffenden Gegenständen gründet. Dabei wird zunächst eine mögliche besondere Verantwortungsstellung des Ausführers untersucht, bevor eine Verantwortungszuschreibung unter funktionalen Gesichtspunkten anhand ggf. vergleichbarer Mechanismen und in Ansehung des Verantwortungsbezugs der beteiligten Akteure analysiert wird.

I. Besondere Verantwortungsstellung des Täters?

Sonderdelikte, deren Täter sich in einer besonderen Verantwortungsposition im Hinblick auf das tatbestandliche Geschehen befinden, stehen in Regelungskontexten, die den Akteuren besondere Verhaltenspflichten auferlegen.[397] Handelte es sich bei den hier betrachteten Dual-Use-Delikten um Sonderdelikte, so ließen sich aus der strafrechtlich in Bezug genommenen, persönlichen Pflichtenstellung zugleich Hinweise auf den Rahmen des erlaubten Umgangs mit Dual-Use-Gütern gewinnen.

1. Allgemeindelikte des StGB

Die fraglichen Delikte sind i.d.R. aber Allgemeindelikte. Täter des § 202c StGB kann prinzipiell jeder sein, es sei denn die Taten, die vorbereitet werden sollen, sind so konkret, dass der von diesen Taten betroffene Verfügungsberechtigte über die entsprechenden zu kompromittierenden Daten feststeht; dann scheidet dieser Verfügungsberechtigte als Täter der Vorbereitungshandlung aus.[398] § 202c StGB erfasst damit Beihilfehandlungen zu geplanten Straftaten nach §§ 202a, 202b StGB selbst dann, wenn es nicht zur Begehung der Haupttat kommt.[399]

---

397 Sonderdelikte knüpfen i.d.R. an besondere persönliche Verhältnisse i.S.d. § 14 Abs. 1 StGB an und fokussieren damit die äußere Beziehung des potentiellen Täters zu seiner Umwelt sowie die damit verbundene spezifische Pflichtenstellung im Hinblick auf andere Personen bzw. sein privates oder sein berufliches Umfeld. Eingehend dazu *Nestler/Lehner* Jura 2017, 403 ff.

398 Vgl. *Eisele* in: Schönke/Schröder, StGB, § 202c Rn. 2; *Graf* in: MüKo-StGB, § 202c Rn. 32.

399 *Graf* in: MüKo-StGB, § 202c Rn. 33 unter Verweis auf BT-Drs. 16/3656, S. 12.

https://doi.org/10.1515/9783110793246-005

Täter des § 263a Abs. 3 StGB kann ebenfalls jedermann sein.[400] Die Kommentarliteratur weist jedoch darauf hin, dass eine Manipulation an Datenverarbeitungsgeräten oder die Möglichkeit der (Nicht-)Einspeisung bestimmter Daten oftmals besondere Kenntnisse oder Zugangsmöglichkeiten voraussetzt[401], was den Kreis potentieller Täter faktisch beschränkt.

Auch im Rahmen von § 89a StGB kann grds. jeder Täter sein. Es besteht keine Eingrenzung auf mögliche Beteiligte an der vorbereiteten schweren staatsgefährdenden Gewalttat.[402] Zudem kann sich die Vorbereitung auf eigene oder fremde Taten nach § 89a Abs. 1 S. 2 StGB beziehen. § 149 StGB stellt ebenfalls keine besonderen Anforderungen an die Täterqualität. Dasselbe gilt für §§ 244, 250 StGB sowie für § 86 StGB.

2. Vergleich: Sonderdeliktscharakter des § 18 Abs. 5 AWG?

Für § 18 Abs. 5 AWG gelten im Hinblick auf Täterschaft und Teilnahme grds. ebenfalls die allgemeinen Regeln der §§ 25 ff. StGB.[403] §§ 17, 18 AWG normieren prinzipiell also keine Sonderdelikte.[404] Täter kann daher auch hier jede Person sein, die die Voraussetzungen der §§ 17, 18 AWG inklusive ihrer Ausfüllungsnormen verwirklicht.

Zu § 34 AWG a.F. wurde zum Teil vertreten, § 4c Nr. 1 AWV a.F. (entspricht heute § 2 Abs. 2 AWG) kenne den Begriff des Ausführers, der dort als natürliche oder juristische Person bzw. Personenhandelsgesellschaft definiert wurde/wird, die zum Zeitpunkt der Ausfuhr Vertragspartner des Empfängers in einem Drittland ist und über die Versendung der Güter aus dem Wirtschaftsgebiet bestimmt. Wurde kein Ausfuhrvertrag geschlossen oder handelte der Vertragspartner nicht für sich selbst, kam es darauf an, wer die Versendung der Güter tatsächlich bestimmte. Daraus wurde gefolgert, sofern die von der Norm geforderte Tathandlung

---

400 *Perron* in: Schönke/Schröder, StGB, § 263a Rn. 31.

401 *Mühlbauer* in: MüKo-StGB, § 263a Rn. 119.

402 *Schäfer* in: MüKo-StGB, § 89a Rn. 73.

403 BGH NJW 1992, 3114; *Diemer* in: Erbs/Kohlhaas, Strafrechtliche Nebengesetze, § 34 AWG a.F. Rn. 6; *Trouet* in: FS-Krause, 1990, S. 407, 417.

404 Ebenso für § 34 AWG a.F. BGH NJW 1992, 3114; *Alexander/Winkelbauer* in: Müller-Gugenberger/Bieneck, Wirtschaftsstrafrecht, § 62 Rn. 48; *Diemer* in: Erbs/Kohlhaas, Strafrechtliche Nebengesetze, § 34 AWG a.F. Rn. 6; *Wagner* in: MüKo-StGB, § 34 AWG a.F. Rn. 1. Auch der BGH (v. 10. 3. 2016 – 3 StR 347/15) stuft § 18 Abs. 5 AWG (i.V.m. Art. 4 Abs. 1 Dual-Use-VO) trotz des Unterrichtungserfordernisses nicht als Sonderdelikt ein. Täter könne vielmehr jeder sein, der die Tatherrschaft über den Ausfuhrvorgang innehat. Eingehend dazu *Nestler/Lehner* Jura 2017, 403, 405.

in einer Ein- oder Ausfuhr von Waren bestehe, könne Täter nur der Ein- oder Ausführer i.S.d. § 4c Nr. 1 AWV a.F. (§ 2 Abs. 2 AWG) sein.[405] Diese Ansicht verdient jedoch keine Zustimmung. § 2 Abs. 2 AWG legt zwar den Terminus des Ausführers fest, beschränkt jedoch dadurch nicht den Täterkreis der §§ 17, 18 AWG auf die Begriffsbestimmung eines Sonderdelikts mit den sich daraus ergebenden Konsequenzen für Mittäterschaft oder mittelbare Täterschaft.[406] Einen solchen Zusammenhang ließ bereits die frühere gesetzliche Systematik an keiner Stelle erkennen. Für die Frage, ob jemand Mittäter oder mittelbarer Täter sein kann, erlangt seine formale Stellung als Vertragspartner des in- oder ausländischen Abnehmers ebenso wenig Bedeutung wie seine etwaige außenwirtschaftsrechtliche Pflicht, eine Genehmigung einzuholen. Den Ausschlag geben allein die im Rahmen der §§ 25 ff. StGB geltenden Regeln zur Abgrenzung der Täterschaft von der Teilnahme. Täter kann damit grds. jede Person sein, die i.S.d. Tatherrschaftslehre den Ausfuhrvorgang (bzw. das sonstige tatbestandliche Verhalten) tatsächlich sowie ggf. wirtschaftlich und/oder rechtlich kontrolliert.[407] Hierzu gehören etwaige für ein Exportunternehmen tätige Personen ebenso, wie ein im Einzelfall zuständiger Beamter.[408] Es mag ferner zwar ein Indiz für einen evtl. vorhandenen animus auctoris darstellen, wenn sich der Betreffende in den entsprechenden Zollformularen als „Ausführer" bezeichnet, hinreichende oder gar notwendige Voraussetzung für eine Täterschaft ist es wegen der unterschiedlichen Schutzrichtungen der jeweiligen Regelungen allerdings nicht.[409]

Differenzieren lässt sich insofern zwischen dem formellen Ein- bzw. Ausführerbegriff, der als verfahrensrechtlich maßgebliche Person agiert und den die außenwirtschaftsrechtlichen Melde- und Nachweispflichten treffen[410] und einem an den §§ 25 ff. StGB orientierten Begriffsverständnis, das für die strafrechtliche Bewertung eines Verhaltens Bedeutung erlangt. Ein „strafrechtlicher Ausführerbegriff", der schlechterdings alle Personen zum Täter macht, die eine Ausfuhrhandlung vornehmen, existiert hingegen nicht. Ein derartiges Verständnis hätte eine nicht haltbare Verwischung der Grenze zwischen Allgemein- und Sonder-

---

405 A.A. *Bieneck* in: Bieneck, Handbuch des Außenwirtschaftsrechts, § 24 Rn. 1, 4, 14; *Holthausen* NStZ 1993, 568, 570.

406 BGH NJW 1992, 3114; *Deiters* ZIS 2009, 306, 308; *Weith/Wegner/Ehrlich* Grundzüge der Exportkontrolle, 2006, Abschn. H Rn. 6; a.A. *Bieneck* in: Bieneck, Handbuch des Außenwirtschaftsrechts, § 24 Rn. 1, 4, 14 (allerdings bezogen nur auf Verstöße gegen Melde-, Vorlage- und Aufbewahrungspflichten); *Holthausen* NStZ 1993, 568, 570.

407 *Diemer* in: Erbs/Kohlhaas, Strafrechtliche Nebengesetze, § 34 AWG a.F. Rn. 10.

408 *Trouet* in: FS-Krause, 1990, S. 407, 417.

409 BGH NJW 2007, 1893 (insb. 1895).

410 Anders bei § 19 AWG, der Verstöße gegen Melde-, Nachweispflichten als Ordnungswidrigkeit erfasst; siehe *Nestler* in: ERST, Wirtschaftsstrafrecht, § 19 AWG Rn. 2 ff.

delikten zur Folge, widerspräche den Vorgaben der §§ 25 ff. StGB und findet zudem im AWG keine Stütze.[411] Dies gilt im Grundsatz auch für den Dual-Use-Bereich und § 18 Abs. 5 AWG.

Zumindest für Verstöße gegen Catch-All-Klauseln gem. § 18 Abs. 5 S. 1 Nr. 2 AWG i.V.m. Art. 4 Abs. 2 Dual-Use-VO soll nach Auffassung der Rspr. aber durch das Merkmal der „Kenntnis" – und nicht durch den Rekurs auf den Begriff des Ausführers – Sonderdeliktscharakter gegeben sein. Denn nach dieser Vorschrift wird bestraft, wer gegen die Dual-Use-VO verstößt, indem er ohne Entscheidung der zuständigen Behörde über die Genehmigungspflicht oder ohne deren Genehmigung nicht gelistete Dual-Use-Güter ausführt, obwohl er als Ausführer aufgrund seiner Kenntnis eines kritischen Endverwendungszwecks die Entscheidung der Behörde über die Genehmigungspflichtigkeit der Ausfuhr hätte ermöglichen müssen.[412] In dieser Konstellation knüpfe der Genehmigungsvorbehalt des Art. 4 Abs. 2 Dual-Use-VO nicht an den tatsächlichen Vorgang der Ausfuhr, sondern unmittelbar an die formelle Ausführereigenschaft an. Nichts anderes gilt für Art. 5 Abs. 2 Dual-Use-VO.

Der Vorteil der Lesart des BGH liegt sicherlich darin, dass sich Umgehungen des Tatbestands durch die Einschaltung nicht unterrichteter Dritter („Strohmänner", d. h. Personen außerhalb der in § 14 StGB angesprochenen Vertreter) in den Exportvorgang verhindern lassen. Der Nachteil besteht allerdings in der dogmatischen Friktion, sich indirekt über die Anforderungen der Ausfüllungsnorm hinweggesetzt zu haben. § 18 Abs. 5 AWG enthält nämlich einen Direktverweis auf Art. 4 Abs. 2 Dual-Use-VO. Letztgenannte Vorschrift wird dadurch zum vollwertigen Inhalt des deutschen Straftatbestands, der Wortlaut der Verordnungsvorschrift wird in § 18 Abs. 5 AWG hineingelesen. Art. 4 Abs. 2 Dual-Use-VO geht aber gerade davon aus, dass nur derjenige Ausführer die Behörde unterrichten und die Genehmigung einholen muss, der die positive Kenntnis hat (vgl. den Wortlaut: „einem" Ausführer).[413]

Anders verhält es sich dagegen im Fall des „Unterrichtetseins" nach Art. 4 Abs. 1 Dual-Use-VO. Hierzu (bzw. zur a.F.) vertritt (vertrat) der BGH[414], dass Catch-All-Delikte gem. § 18 Abs. 5 S. 1 Nr. 1 AWG i.V.m. Art. 4 Abs. 2 Dual-Use-VO a.F., die zwar ebenfalls den Ausführer explizit im Tatbestand erwähnen, jedoch nicht an die Kenntnis des Ausführers anknüpfen, sondern nur an dessen Unterrichtung

---

411 *John* in: Hohmann/John, § 34 AWG a.F. Rn. 44; ähnlich im Ergebnis BGH NJW 1992, 3114; *Diemer* in: Erbs/Kohlhaas, Strafrechtliche Nebengesetze, § 34 AWG a.F. Rn. 6; a.A. *Bieneck* in: Bieneck, Handbuch des Außenwirtschaftsrechts, § 24 Rn. 1, 4, 14; *Holthausen* NStZ 1993, 568, 570.

412 BGH NJW 2010, 2370, 2371.

413 *Nestler/Lehner* Jura 2017, 403, 405.

414 BGH NStZ 2016, 733, 735.

durch die zuständige Behörde über einen kritischen Endverwendungszweck der Güter, keine Sonderdelikte sind. Anders als bei der Kenntnis des Ausführers gem. § 18 Abs. 5 S. 1 Nr. 2 AWG müsse das Unterrichtetsein gem. § 18 Abs. 5 S. 1 Nr. 1 AWG nämlich nicht beim Täter selbst vorliegen. Der Sonderdeliktscharakter habe sich für den früheren Rechtszustand allein aus dem Wortlaut des § 70 Abs. 5a S. 1 Nr. 2 AWV a.F. ergeben, wonach derjenige ordnungswidrig handelte, der ohne Genehmigung nach Art. 4 Abs. 1 Dual-Use-VO a.F. Güter ausführte, obwohl er (!) von der zuständigen Behörde entsprechend unterrichtet worden war. § 18 Abs. 5 S. 1 Nr. 1 AWG (n.F.) enthalte eine solche Verknüpfung gerade nicht mehr, so dass nach heutigem Recht jeder an der Ausfuhr Beteiligte als Täter in Betracht komme.

Die logische Folge dieses Normverständnisses besteht allerdings in einer Unrechts-Abstufung: Während im Rahmen des Art. 4 Abs. 2 Dual-Use-VO die genehmigungslose Ausfuhr nur bei individueller Kenntnis des kritischen Endverwendungszwecks strafbares Unrecht darstellt, liegt – zumindest auf den ersten Blick – im Fall der behördlichen Unterrichtung in der genehmigungslosen Ausfuhr generell objektives Unrecht. Insoweit ließe sich der behördlichen Unterrichtung durchaus eine „unrechtskonstituierende" Wirkung zusprechen. Ob dies zutrifft, wird im weiteren Verlauf der Untersuchung zu klären sein.[415]

II. Funktionale Verantwortungsverteilung

Nachdem für die Frage des strafrechtlichen Verantwortungsrahmens nicht an einen Sonderdeliktscharakter der Tatbestände angeknüpft werden kann, bleibt zu fragen, wie sich die strafrechtliche Verantwortlichkeit zwischen den beteiligten Akteuren verteilt. Bei der Beantwortung dieser Frage kann eine funktionale Betrachtung der beteiligten Personen helfen. So reicht der Kreis der Akteure vom Hersteller des Produkts über den Abnehmer bis hin zum konkreten Verwender im Rahmen eines etwaigen späteren, tatbestandsmäßigen Geschehens. Im folgenden Abschnitt wird daher erörtert, ob im Rahmen dieser außerstrafrechtlichen Kategorisierung anhand der für das Gesamtgeschehen relevanten Funktionen Verantwortlichkeitsstrukturen existieren, die für den Dual-Use-Bereich fruchtbar gemacht werden können.

415 Siehe S. 114.

1. Hersteller/Programmierer

a) Hersteller – begriffliche Anlehnung an das Produkthaftungsrecht

(1.) Herstellerbegriff des ProdHaftG

Rein tatsächlich betrachtet beginnt der Vorgang[416] bei der Herstellung eines Produkts, wobei vom „Hersteller" oftmals, jedoch (vor allem bei Grundstoffen) nicht immer eine subjektive Verwendungszweckbestimmung ausgeht. Hier bietet sich für eine erste begriffliche Einordnung eine Anknüpfung an § 4 Abs. 1 S. 1 ProdHaftG an. Die Norm enthält eine Haftungsregelung, die sich primär auf den Hersteller eines fehlerhaften Produkts bezieht. Hersteller ist nach der dort verankerten Legaldefinition derjenige, der das Produkt hergestellt hat.[417] Tatsächlich verhält sich der Herstellerbegriff komplementär zum Produktbegriff des § 2 ProdHaftG. Als Hersteller gilt also jeder, in dessen Organisationsbereich eine bewegliche Sache entstanden ist.[418] Dabei spielt es keine Rolle, auf welche Art und Weise das Produkt angefertigt oder erzeugt wurde, so dass Industrie und Handwerk ebenso erfasst werden wie Landwirtschaft und Urproduktion.[419]

Bei sachbezogenen Dienstleistungen bedarf es einer wertenden Entscheidung über den Anwendungsbereich des ProdHaftG, die an der Frage orientiert sein muss, ob die Tätigkeit in erheblicher Weise die physische Beschaffenheit und insbesondere die Sicherheitseigenschaften einer beweglichen Sache modifiziert oder determiniert.[420] Keine Hersteller i.d.S. sind sämtliche Akteure, die lediglich Dienstleistungen in Bezug auf ein Produkt erbringen, unabhängig davon, ob sie im Rahmen der Herstellung, beim Inverkehrbringen oder danach erbracht werden. Insbesondere sind Lieferanten und andere Distributoren keine Hersteller, wie nicht zuletzt die Regelung des § 4 Abs. 3 ProdHaftG deutlich macht, die den Lieferanten nur ausnahmsweise einem Hersteller gleichstellt. Die Grenze zur Neuherstellung ist (z. B. im Kontext von sog. Off-Label-Use[421]) erst überschritten, wenn die sicherheitsrelevanten physischen Eigenschaften des Produkts so wesentlich verändert werden, dass es gerechtfertigt ist, den jeweiligen Akteur mit der produkthaftungsrechtlichen Verantwortung für das Produkt insgesamt zu belas-

---

416 Vorbehaltlich etwaiger weiter vorgelagerter Entwicklungsschritte.

417 *Förster* in: BeckOK-BGB, § 4 ProdHaftG Rn. 6.

418 Siehe *Spickhoff* in: BeckGK, § 4 ProdHaftG Rn. 5 (Tautologie); vgl. *Wagner* in: MüKo-BGB, § 4 ProdHaftG Rn. 10.

419 *Wagner* in: MüKo-BGB, § 4 ProdHaftG Rn. 10.

420 *Spickhoff* in: BeckGK, § 4 ProdHaftG Rn. 1 unter Verweis auf OLG Düsseldorf NJW-RR 2001, 458; a.A. *Oechsler* in: Staudinger, BGB, § 4 ProdHaftG Rn. 12, 23.

421 Siehe unten S. 103 ff.

ten.[422] Wann dies der Fall ist, klärt die einschlägige Lit. des Produkthaftungsrechts jedoch nicht abschließend. Gerade diese Frage zu beantworten wäre aber – nicht nur unter produkthaftungsrechtlichem sondern auch unter strafrechtlichem Blickwinkel – von enormer Bedeutung.

Zudem heißt es in der zivilrechtlichen Lit., soweit die Zweckentfremdung vorhersehbar war, bestehe „daneben die Haftung des ursprünglichen Herstellers fort".[423] Auch diesem hier relevanten Problem wird in der Lit. jedoch nicht weiter nachgegangen.

(2.) Sonderfall im Dual-Use-Bereich?

Besonders intensiv diskutiert werden im Produkthaftungsrecht der Herstellerbegriff und die Frage der Verantwortlichkeit im Zusammenhang mit additiven Fertigungsmethoden („3D-Druck"). Da dieser Bereich beachtliche Überschneidungen zum Dual-Use-Kontext aufweist[424], lohnt sich ein Blick auf diese Debatte:

Additive Fertigung bzw. Additive Manufacturing, Generative Fertigung oder Rapid-Technologie[425] sind umfassende Bezeichnungen für Fertigungsverfahren, bei denen Material Schicht für Schicht aufgetragen wird und so dreidimensionale Gegenstände (Werkstücke) erzeugt werden.[426] Die Methode basiert auf dem computergesteuerten schichtweisen Aufbau aus einem oder mehreren flüssigen oder festen Werkstoffen nach vorgegebenen Maßen und Formen (CAD/CAP/CAM). Beim Aufbau finden physikalische oder chemische Härtungs- oder Schmelzprozesse statt. Typische Werkstoffe für das 3D-Drucken sind Kunststoffe, Kunstharze, Keramiken[427] und speziell aufbereitete Metalle. Das Besondere an dieser Fertigungsmethode – und einer der Hauptgründe für ihre Brisanz des Dual-Use-Bereichs – ist, dass für die formenden Verfahren keine speziellen Werkzeuge, Gussformen oder Vorlagen notwendig sind, an die eine präventive behördliche Kontrolle oder Genehmigung anknüpfen könnte; Geometrie und Funktionalität

---

422 *Wagner* in: MüKo-BGB, § 4 ProdHaftG Rn. 12.

423 *Wagner* in: MüKo-BGB, § 4 ProdHaftG Rn. 12.

424 Das liegt vor allem daran, dass sich nach bestimmten auch für die additive Fertigung gebräuchlichen Fertigungsmethoden hergestellte oder bearbeitete Werkstoffe zum Teil auf der Anlage zur Dual-Use-VO finden (z. B. beim Laser-Sintern).

425 *Lachmayer/Lippert* Entwicklungsmethodik für die additive Fertigung, S. 2 f., 11. Zum Rapid Prototyping im Maschinenbau eingehend *Wörner/Jung/Friederich/Beier/Vormwald* Rapid Prototyping im Maschinen- und Automobilbau, in: Richard/Schramm/Zipsner, Additive Fertigung von Bauteilen und Strukturen, S. 1 ff.

426 *Wirth* Additive Fertigung. Technologie, Markt und Innovation, S. 13.

427 Vgl. die tabellarische Übersicht bei *Lachmayer/Lippert* Entwicklungsmethodik für die additive Fertigung, S. 12.

des Werkstücks müssen nicht im Vorfeld abgespeichert oder festgelegt sein[428]. Der Fertigungsprozess ist daher offen, was das Spektrum an Verwendungsmöglichkeiten für die Werkstücke ins Unermessliche verbreitert und Risiken nahezu unabsehbar macht.

Zwar stehen die Verwender von 3D-Druckern keinesfalls generell in Verdacht, sich mit den Werkstücken an illegal oder militärisch tätige Abnehmer zu wenden. Additive Fertigung kommt in der Industrie, im Modellbau und der Forschung zum Einsatz und betrifft Heim- und Unterhaltungsbereich, Baugewerbe sowie Kunst und, aufgrund der Möglichkeit besonders feine und präzise Strukturen auszuarbeiten, vor allem Medizin- und Dentaltechnik.[429] In den Anwendungsbereich fallen allerdings auch kontrollbedürftigere Felder, z. B. wenn es um die Fertigung von Lasersinterteilen geht.[430]

Hinzu kommt, dass eine Kombination additiver Fertigungsmethoden mit Verfahren wie Reverse Engineering oder CAD zu einer derart rasanten Produktentwicklung (Rapid Product Development) befähigt, dass eine Regelung mittels der bekannten Listentechnik[431] versagt. Die Liste wäre überholt, noch bevor sie publiziert wurde. In Betracht kommen für den Bereich additiver Fertigung damit in erster Linie abstrakt-generalisierende Regelungen – die, wie gesehen, subjektive Verwendungszweckbestimmungen enthalten (können)[432] – oder ein verstärkter Rückgriff auf Auffangtatbestände bzw. Catch-all-klauseln[433].

Ein weiteres Problem ergibt sich für den vom Gesetzgeber gewählten Mechanismus, auch das zur Verfügung Stellen technischer Unterstützung in den Anwendungsbereich der §§ 17, 18 AWG einzubeziehen.[434] Die digitale Schnittstelle der 3D-Drucker und deren automatisierte Fertigungsprozesse ermöglichen näm-

---

428 Die wichtigsten Techniken sind Laser-Sintern, Laser-Strahlschmelzen, Elektronen-Strahlschmelzen, Laser-Pulver-Aufschweißen, 3D-Drucken, Fused-Laser-Modeling, Laser-Draht-Aufschweißen, Stereolithografie, Multi-Jet-Modeling. Eingehend zu den Verfahren im Einzelnen *Lachmayer/Lippert* Entwicklungsmethodik für die additive Fertigung, passim (insb. S. 12 ff.).

429 *Schramm/Rupp/Risse/Brüggemann/Riemer/Richard/Kullmer* Medizintechnische Anwendungen der additiven Fertigung, in: Richard/Schramm/Zipsner, Additive Fertigung von Bauteilen und Strukturen, S. 21 ff.

430 Bspw. der Flugzeughersteller Boeing in dem Kampfjet F-18 Hornet 86; vgl. Financial Times v. 23.1.2012 (https://web.archive.org/web/20130609052359/http://www.ftd.de/karriere/management/:innovative-produktion-3-d-druck-sprengt-grenzen-herkoemmlicher-fertigungsverfahren/60153583.html).

431 Siehe oben S. 13 ff.

432 Vgl. insoweit die Ausführungen zu den Regelungen des Kernstrafrechts S. 43 ff.

433 S. 145 f.

434 Zum Begriff *Nestler* in: ERST, Wirtschaftsstrafrecht, § 18 AWG Rn. 41.

lich eine dezentrale Produktion (Cloud Producing), die weltweit abrufbar ist.[435] Die außenwirtschaftsrechtlichen Genehmigungspflichten, deren Verletzung i. d. R. straf- oder mindestens bußgeldbewehrt ist, sind aber nicht auf derart fluide und dynamische Prozesse zugeschnitten.[436]

Im Produkthaftungsrecht wird nun die Frage diskutiert, wer als (verantwortlicher) Hersteller des fertigen Produkts zu qualifizieren ist, was im vorliegenden strafrechtlichen Kontext Bedeutung für die Frage der Verantwortungszuschreibung erlangen könnte. Als Endhersteller des mit dem Drucker hergestellten physischen Gegenstands wird von der wohl h.M. der Betreiber des Druckers angesehen, der die Sache kreiert.[437] Allerdings ist auch die CAD-Datei, die den 3D-Drucker steuert, als Produkt i.S.d. § 2 ProdHaftG zu qualifizieren. Den Programmierer der CAD-Datei behandelt das Produkthaftungsrecht demnach als Teilhersteller.[438]

Die Kette der Verantwortlichkeit lässt sich sogar noch weiter ins Vorfeld verlagern. Wird die CAD-Datei nämlich durch Scannen eines bereits existierenden Gegenstands gewonnen, so stellt das Produkthaftungsrecht die Frage nach der Haftung des Herstellers dieser Vorlage. Sofern überhaupt diskutiert wird dazu vertreten, sofern die Herstellung zu dem Zweck (sic!) erfolgt sei, eine Vorlage für den 3D-Druck zu gewinnen, komme eine analoge Anwendung der Haftungsregelung des § 4 Abs. 1 ProdHaftG unter dem Aspekt der Teilprodukthaftung in Betracht.[439] Nur weil die zur Herstellung der CAD-Datei verwendete Vorlage weder physisch noch virtuell in den mit Hilfe der CAD-Datei gedruckten Endprodukten enthalten ist, wird die Haftung des Herstellers der Vorlage i.E. aber abgelehnt.[440]

---

435 *Lachmayer/Lippert* Entwicklungsmethodik für die additive Fertigung, S. 134.

436 Hier wäre äquivalent zur Herstellerfrage die Frage der Ausführereigenschaft zu klären.

437 *Wagner* in: MüKo-BGB, § 4 ProdHaftG Rn. 18; *Oechsler* NJW 2018, 1569, 1571.

438 Der Ersteller der CAD-Datei gleicht einem Architekten, der ebenfalls nicht als Bauherr angesprochen wird, obwohl sein Plan in dem Gebäude abgebildet ist. Hinzu kommt, dass der Ersteller der CAD-Datei das physische Endprodukt nicht in den Verkehr gebracht hat und sich daher stets nach § 1 Abs. 2 Nr. 1 entlasten kann; so *Müller/Haase* InTer 2017, 125, 127.

439 So angedacht von *Wagner* in: MüKo-BGB, § 4 ProdHaftG Rn. 16, dann allerdings verbunden mit dem Hinweis, da die zur Herstellung der CAD-Datei verwendete Vorlage jedoch weder physisch noch virtuell in den mit Hilfe der CAD-Datei gedruckten Endprodukten enthalten ist, sei die Haftung des Herstellers der Vorlage a limine zu verneinen.

440 *Wagner* in: MüKo-BGB, § 4 ProdHaftG weist aber darauf hin, dass seine Verantwortlichkeit nach § 823 Abs. 1 BGB wegen Verletzung deliktischer Sorgfaltspflichten unberührt bleibt. Eine Pflichtverleztung komme in Betracht, wenn der Hersteller der Vorlage weiß oder damit rechnet, dass sein Produkt als Vorlage für den 3D-Druck verwendet werden wird und er überdies die ihm obliegenden Konstruktionspflichten verletzt hat. Habe der Hersteller hingegen keine Kentnnis davon, dass sein Produkt als Vorlage für den 3D-Druck verwendet werden wird und musste er dies auch nicht wissen, scheide die deliktische Haftung für die gedruckten Kopien sicher aus.

Als Endhersteller der im Wege additiver Fertigung erzeugten physischen Gegenstände seien, wie schon gesagt, die Betreiber der 3D-Drucker anzusehen.[441] Beim Einsatz dieser Drucker im Rahmen industrieller Herstellungsprozesse sei dies das Unternehmen, das den Herstellungsprozess organisiert und kontrolliert.[442] Auch i.Ü., d.h. im Rahmen des Privatgebrauchs, sei der individuelle Nutzer des 3D-Druckers verantwortlich.[443]

Diese Feststellungen rücken die vorliegend untersuchte Problematik in ein neues Licht: Besonders bemerkenswert erscheint, dass auch im Produkthaftungsrecht die subjektive Zweckbestimmung durch den Vorlagenersteller zu seiner Haftung als Teilproduzent führen soll. Anhaltspunkte auf objektive Merkmale[444] der Muster oder Programme, die sie als Vorlage zur Verwendung im Rahmen additiver Fertigung geeignet erscheinen lassen, verlangen die Vertreter dieser Auffassung soweit ersichtlich nicht.

Es steht zu vermuten, dass der Grund für die Verantwortungszuschreibung aufgrund subjektiver Verwendungsbestimmung mit dem Wesen des Produkthaftungsrechts zusammenhängt, für Fehler des Produkts im Hinblick auf einen bestimmten Verwendungszweck, nicht jedoch für Fehler im Rahmen eines anderweitigen Gebrauchs einstehen zu müssen. Dieser Ansatz lässt sich auf die hiesige Problematik allerdings nicht übertragen, denn die vorliegend beleuchteten Dual-Use-Güter gerade sind nicht fehlerhaft. Strafrechtliche Regelungen, die auf doppelte Verwendbarkeiten Bezug nehmen, tragen vielmehr Missbrauchsrisiken Rechnung – auch solchen, die vom Hersteller, Designer oder Verwender ursprünglich nicht intendiert waren. Das spricht dafür, (ggf. neben der subjektiven Zweckbestimmung) für strafrechtliche Kontexte mindestens eine objektive Manifestation zu verlangen, die das ProdHaftG nicht benötigt.

---

441 *Wagner* in: MüKo-BGB, § 4 ProdHaftG Rn. 18; so auch *Oechsler* NJW 2018, 1569, 1571.

442 Es liegt hier wiederum genauso wie beim Einsatz herkömmlicher Maschinen. Das Produktionsergebnis ist demjenigen zuzurechnen, der den Herstellungsprozess beherrscht.

443 Probleme werfen hier in den Augen der Lit. Konstellationen auf, in denen der Betreiber der Anlage die von dem Kunden bereitgestellte CAD-Datei „ausdruckt" und den so hergestellten Gegenstand an den Kunden liefert. In diesem Fall haftet der Betreiber der Anlage schon deshalb nicht nach produkthaftungsrechtlichen Grundsätzen, weil er kein fehlerhaftes Produkt in den Verkehr gebracht hat, und zwar weder die CAD-Datei noch den mit Hilfe der Anlage produzierten Gegenstand.

444 I.S.e. objektiven Manifestation, siehe S. 65 ff., 73.

b) Begründung oder Ausschluss strafrechtlicher Verantwortung des Herstellers durch spezifische Mechanismen des Produkthaftungsrechts beim Off-Label-Use?

Die Grundsätze der strafrechtlichen Produkthaftung – abseits des speziellen Bereichs des 3D-Drucks, für den dies bereits abgelehnt wurde – auf die Herstellung von Dual-Use-Produkten zu übertragen erscheint auch i.Ü. ausgeschlossen. Zwar muss ein Hersteller für die fehlerhafte Konstruktion, die Herstellung eines Produkts unter Missachtung der Erkenntnisse von Wissenschaft und Technik, die Abgabe fehlerhafter Produkte etc. auch strafrechtlich einstehen. Das trifft auch im Fall eines Dual-Use-Produkts zu. In dem hier beschriebenen Grundfall ist jedoch das Produkt, wie gesagt, überhaupt nicht fehlerhaft, sondern funktioniert einwandfrei.

Möglicherweise helfen aber die produkthaftungsrechtlichen Grundsätze weiter, die für den sog. Off-Label-Use im Medizinalbereich entwickelt wurden. Unter Off-Label-Use wird der zulassungsüberschreitende Einsatz eines Arzneimittels außerhalb der von den nationalen oder europäischen Zulassungsbehörden genehmigten Anwendungsgebiete (Indikationen, Patientengruppen) verstanden.[445] Ärzten ist eine solche zulassungsüberschreitende Anwendung von Arzneimitteln zwar prinzipiell erlaubt. Verbunden wird mit dem Off-Label-Use dann i. d. R. im strafrechtlichen Kontext aber die Frage nach der strafrechtlichen Verantwortlichkeit des Arztes (als Anwender) – und nicht nach derjenigen des Herstellers.[446]

Arzneimittel unterliegen einem Zulassungsverfahren, das ausschließlich einen bestimmten Verwendungszweck im Blick hat. Ein Off-Label-Use stellt eine außerhalb des zugelassenen Anwendungsgebiets liegende und insofern zweckwidrige Verwendung dar. Im Rahmen seiner therapeutischen Freiheit darf der Arzt Arzneimittel unabhängig von deren Zulassungsstatus nach h.M. derart zweckwidrig einsetzen, wenn dies aus seiner Sicht medizinisch geboten erscheint.[447] Er darf bei seinen Patienten „auf eigene Verantwortung und mit dem Risiko der Haftung für daraus entstehende Gesundheitsschäden ein auf dem Markt verfüg-

---

445 Davon sind Fälle abzugrenzen, in denen das Arzneimittel gänzlich ohne Zulassung in Verkehr gebracht wurde, sog. unlicensed use. In diesen Fällen liegt ein Verstoß gegen § 21 Abs. 1 AMG vor, der nach § 96 Nr. 5 AMG strafbar ist.

446 *Kortland* in: Kügel/Müller/Hofmann, AMG, § 21 Rn. 22.

447 *Dettling-Kuchler* in: Krauskopf, Soziale Krankenversicherung, Pflegeversicherung, § 35c SGB Rn. 4 f.; *Kortland* in: Kügel/Müller/Hofmann, Arzneimittelgesetz, § 21 Rn. 22; *Ulsenheimer* in: Laufs/Kern/Rehborn Handbuch des Arztrechts, § 158 Rn. 45. Siehe auch *Franzki* in: BeckGK, § 84 AMG Rn. 74 (grds. „bestimmungswidriger Gebrauch").

bares Arzneimittel für eine Therapie einsetzen, für die es nicht zugelassen ist".[448] Das Zulassungsverfahren dient insoweit der Haftungsbegrenzung auf Seiten des Herstellers außerhalb der von der Zulassung erfassten Verwendungsbereiche. Umgekehrt steigt für den Arzt das Haftungsrisiko, je weiter er sich von der Zulassung entfernt.[449]

Bedeutsam für die vorliegende Untersuchung erscheint allerdings der Gedanke, dass eine Verwendung jedenfalls innerhalb des vorgesehenen Zwecks prinzipiell (auch) im Verantwortungsbereich des Herstellers liegt, während eine Verwendung außerhalb dieses Zwecks keine Herstellerhaftung zu begründen vermag. Das Recht kennt hier also einen Mechanismus, Verantwortungszuschreibung von bestimmten und detailliert beschriebenen Verwendungszwecken abhängig zu machen. Die vorgesehenen Anwendungsgebiete sind dabei gem. § 22 Abs. 1 Nr. 6 AMG in den Zulassungsunterlagen anzugeben.

Im hiesigen Dual-Use-Kontext ist zudem von Bedeutung, dass bei (Arzneimittel-)Grundstoffen ein Off-Label-Use mit den entsprechenden Haftungsfolgen nach h.M. nicht existieren kann, da hier der Verwendungszweck eben noch nicht feststeht. Dementsprechend kommt auch bei Grundstoffäquivalenten (z. B. der Dual-Use-Liste) eine Übertragung der Grundsätze des Off-Label-Use nicht in Betracht.[450] Da auch Dual-Use-Güter oftmals solche sind, die weiterverarbeitet oder verbaut werden und nicht als Endprodukt für sich alleine stehen, greift diese Überlegung auch für sie. Auch darüber hinaus zeichnen sich Dual-Use-Tools gerade durch ihre objektive Multifunktionalität aus.[451] Da eine klare Herstellerwidmung dementsprechend fehlt (bzw. fehlen muss), lassen sich die Haftungsregeln des Off-Label-Use insoweit nicht übertragen bzw. gilt hier nichts anderes als für Arzneimittelgrundstoffe.[452]

---

448 BSG NJW 2003, 460, 462; BGH NJW 2007, 2767, 2768; so auch zitiert bei *Ulsenheimer* in: Laufs/Kern/Rehborn Handbuch des Arztrechts, § 158 Rn. 45.

449 Vgl. zur Haftung des Arztes eingehend *Walter* NZS 2011, 361 ff.

450 Daher wird in diesem Bereich für den Export i. d. R. eine entsprechende Endverbleibserklärung gefordert; siehe unten S. 204 ff.

451 Gemeint ist hier mehr als die wissenschaftlich anerkannte Therapiegewohnheit, die im Rahmen des Off-Label-Use eine Ausnahme des gleichwohl bestimmungsgemäßen Gebrauchs bilden soll; vgl. *Franzki* in: BeckGK, § 84 AMG Rn. 77. Es geht vielmehr darum, dass der Hersteller bei der Produktion oder Programmierung eines finalen Zweck oder Einsatzbereich im Regelfall noch nicht klar vor Augen stehen hat.

452 Wollte man den Gedanken gleichwohl heranziehen, so müsste man sich mit der Frage auseinandersetzen, ob eine Verantwortlichkeit unter dem Gesichtspunkt einer praktisch anerkannten Verwendungsmöglichkeit – als Parallele zu der wissenschaftlich anerkannten Therapiegewohnheit – in Betracht kommt. Denkbar erscheint dies aber allenfalls bei einzelnen Listengütern, die bereits fertige Teilkomponenten enthalten, z. B. Astro-Kreiselkompasse nach

2. Ausführer

a) Regelung in AWG und Dual-Use-VO

(1.) Die Regelungen im Einzelnen

Der strafrechtlichen Herstellerhaftung nachgelagert ist im vorliegenden Kontext i. d. R. die strafrechtliche Haftung des Exporteurs – zunächst für eigenes Verhalten.[453] Eine strafrechtliche Verantwortlichkeit im Dual-Use-Kontext wird im Außenwirtschaftsstrafrecht durch § 18 Abs. 5 AWG an Verstöße gegen die Dual-Use-VO geknüpft:

Die Strafbarkeit gem. § 18 Abs. 5 AWG i.V.m. Art. 4 Abs. 1 Lit. a Dual-Use-VO setzt voraus, dass der Ausführer von den zuständigen Behörden des Mitgliedstaats – in der Bundesrepublik Deutschland das BAFA – von einer (möglichen) spezifischen Verwendungsbestimmung der Güter unterrichtet worden ist. Eine solche Unterrichtung hat zu erfolgen, wenn die Waren im Zusammenhang mit der Entwicklung, der Herstellung, der Handhabung, dem Betrieb, der Wartung, der Lagerung, der Ortung, der Identifizierung oder der Verbreitung von chemischen, biologischen oder Kernwaffen bzw. sonstigen Kernsprengkörpern oder zur Entwicklung, Herstellung, Wartung bzw. Lagerung von Flugkörpern für derartige Waffen verwendet werden sollen.

§ 18 Abs. 5 Nr. 1 AWG i.V.m. Art. 4 Abs. 1 Lit. b Dual-Use-VO betrifft ebenfalls nicht gelistete Dual-Use-Güter und entspricht weitestgehend Art. 4 Abs. 1 Lit. a Dual-Use-VO. Anstelle des spezifischen waffenmäßigen Verwendungszwecks verlangt die Vorschrift jedoch, dass gegen das Bestimmungsland ein Waffenembargo aufgrund eines Beschlusses des Rates bzw. eines vom Rat festgelegten Gemeinsamen Standpunkts oder einer Entscheidung der Organisation für Sicherheit und Zusammenarbeit in Europa (OSZE) oder ein Waffenembargo aufgrund einer verbindlichen Resolution des UN-Sicherheitsrates verhängt wurde. Zusätzlich normiert die Vorschrift eine Unterrichtung des Ausführers darüber, dass diese Güter ganz oder teilweise für eine militärische Endverwendung (vgl. Teil I Abschnitt A der Ausfuhrliste) bestimmt sind oder bestimmt sein können.

§ 18 Abs. 5 Nr. 1 AWG i.V.m. Art. 4 Abs. 1 Lit. c Dual-Use-VO setzt auch die Unterrichtung des Ausführers darüber voraus, dass die Güter ganz oder teilweise für die Verwendung als Bestandteile von solchen militärischen Gütern i.S.v. Teil I Abschnitt I der Ausfuhrliste bestimmt sind oder bestimmt sein können, die „aus dem Hoheitsgebiet dieses Mitgliedstaats ohne Genehmigung [...] ausgeführt"

Anhang I Kategorie 7 A104 Dual-Use-VO, wohingegen nahezu sämtliche Güter der Kategorie 2 ohne Weiterverarbeitung kaum einsetzbar sind.

453 Siehe zur strafrechtlichen Haftung für fremdes Verhalten unten im Zusammenhang mit dem Abnehmer, S. 106 ff.

wurden. Gemeint ist damit eine Ausfuhr aus dem Unionsgebiet[454] mit Ausgangspunkt auf deutschem Staatsgebiet.

§ 18 Abs. 5 Nr. 2 AWG i.V.m. Art. 4 Abs. 2 Dual-Use-VO stellt darauf ab, dass dem Ausführer positiv bekannt ist, dass Güter mit doppeltem Verwendungszweck, die er ausführen möchte und die nicht in Anhang I gelistet sind, ganz oder teilweise für eine der Verwendungen des Abs. 1 bestimmt sind. In diesem Fall muss er seinerseits das BAFA davon unterrichten; dieses entscheidet sodann über die Genehmigungspflichtigkeit der Ausfuhr. Verlangt wird hier ein Dolus directus 2. Grades im Hinblick auf den Verwendungszweck.[455]

§ 18 Abs. 5 Nrn. 3 und 4 AWG betreffen Vermittlungstätigkeiten hinsichtlich von Geschäften, die Dual-Use-Waren zum Gegenstand haben. Art. 2 Nr. 7 Dual-Use-VO definiert Vermittlungstätigkeiten als Aushandeln oder Herbeiführen von Transaktionen, Kauf, Verkauf oder Lieferung von Gütern mit doppeltem Verwendungszweck von einem Drittland in ein anderes Drittland sowie als Verkauf oder Kauf von Gütern mit doppeltem Verwendungszweck, die sich in Drittländern befinden, zwecks Verbringung in ein anderes Drittland. Die Dual-Use-VO nimmt die ausschließliche Erbringung von Hilfsleistungen von dieser Definition aus. Als Hilfsleistungen gelten Beförderung, Finanzdienstleistungen, Versicherung respektive Rückversicherung oder allgemeine Werbung bzw. Verkaufsförderung. Nach § 18 Abs. 5 Nr. 3 AWG i.V.m. Art. 6 Abs. 1 Dual-Use-VO wird bestraft, wer Vermittlungstätigkeiten in Bezug auf die in Anhang I der Verordnung aufgeführten Güter erbringt, falls der Vermittler von den zuständigen Behörden des Mitgliedstaats, in dem er ansässig oder niedergelassen ist, darüber unterrichtet wurde, dass die betreffenden Güter ganz oder teilweise für einen der in Art. 4 Abs. 1 Lit. a Dual-Use-VO genannten Verwendungszwecke bestimmt sind oder bestimmt sein können. Nach § 18 Abs. 5 Nr. 3 AWG i.V.m. Art. 6 Abs. 2 Dual-Use-VO gilt dasselbe, wenn einem Vermittler positiv bekannt ist, dass die in Anhang I der Verordnung aufgeführten Güter mit doppeltem Verwendungszweck, für die er Vermittlungstätigkeiten anbietet, ganz oder teilweise für einen der in Art. 4 Abs. 1 Lit. a Dual-Use-VO genannten Verwendungszwecke bestimmt sind. In diesem Fall hat er die zuständigen Behörden davon zu unterrichten und diese entscheiden, ob die Erbringung dieser Vermittlungstätigkeiten genehmigungspflichtig sein soll.

---

454 Vgl. § 2 Abs. 3 sowie Art. 2 Nr. 2 Dual-Use-VO, der auf den Ausfuhrbegriff des EU-Zollkodex verweist.

455 *Nestler* in: ERST, Wirtschaftsstrafrecht, § 18 Rn. 38.

(2.) Kenntnisbasiertheit strafrechtlicher Haftung

§ 18 Abs. 5 AWG begründet i.V.m. der Dual-Use-VO damit eine strafrechtliche Haftung für eigenes Verhalten des Ausführers. Für das strafrechtliche Einstehenmüssen im Hinblick auf die erteilte oder verweigerte Genehmigung wird es ihm – anders als bspw. dem Betriebsinhaber im Rahmen der Geschäftsherrenhaftung[456] – nicht abverlangt, die Betriebsbezogenheit („Gegenstandsbezogenheit") des Drittverhaltens abzuschätzen. Er muss nicht einmal den objektiven Gefahrenkreis des Dual-Use-Produkts einsehen, da ein solcher eben a priori nicht existiert oder jedenfalls nicht mit hinreichender Sicherheit ausschließlich objektiv bestimmbar ist (s.o.).

Das Gesetz behilft sich stattdessen zum einen mit der Unterrichtung des Ausführers über die etwaig beabsichtigte Verwendung und greift dem vermuteten zukünftigen Rechtsbruch des Dritten vor, indem schon die Genehmigung zur Ausfuhr verweigert wird. Exportiert der Täter das Dual-Use-Gut trotz der verweigerten Genehmigung, so muss er strafrechtlich für eigenes Verhalten – nämlich für die Missachtung des Ausfuhrverbots aufgrund fehlender Genehmigung – einstehen. Zum anderen knüpfen die Tatbestände an die positive Kenntnis i.S.e. Dolus directus 2. Grades an, vgl. § 18 Abs. 5 Nr. 2 AWG i.V.m. Art. 4 Abs. 2 Dual-Use-VO.

Im vorliegenden Kontext gesondert zu betonen ist dabei, dass es sich zwar im Grundsatz um eine strafrechtliche Haftung für eigenes Verhalten, nämlich den Verstoß gegen das Verbot genehmigungsloser Ausfuhr, handelt. Die Genehmigungspflicht knüpft dabei allerdings an eine spezifische Art der Endverwendung oder sogar an eine gelistete Destination bzw. einen bestimmten Endverwender und damit eigentlich an Drittverhalten an. Dies abzuschätzen stellte den Exporteur vor erhebliche Schwierigkeiten. Ließe man hier – wie das Strafrecht i.Ü.[457] – einen Dolus eventualis genügen, so ließe sich mit der damit verbundenen Unsicherheit in wirtschaftspraktischer Hinsicht kaum leben. Groteskerweise verringert aber gerade der Mechanismus eines Ausweichens auf die behördliche Mitteilung und das damit verbundene Entstehen einer Genehmigungspflicht den materiellen Bezug zu etwaigen vom Abnehmer oder Dritten später unter Verwendung des Dual-Use-Guts begangenen Taten und führt damit zu einem wertungsmäßigen Unwertungleichgewicht zwischen Art. 4 Abs. 1 und Abs. 2 Dual-Use-VO.

---

456 Siehe dazu sogleich.

457 Eingehend zum divergierenden Vorsatzgrad siehe Fn. 470.

b) Verallgemeinerungsfähigkeit des Ansatzes?

Damit stellt sich Frage, ob diese Regelungstechnik verallgemeinerungsfähig ist, d.h. ob es also ein generelles Prinzip strafrechtlicher Haftung darstellt, strafbewehrte Verhaltenspflichten zur präventiven Unterbindung spezifischen Drittverhaltens zu begründen, sofern dies dem Betreffenden positiv bekannt ist oder er entsprechend unterrichtet wurde. Geläufig ist dieser Mechanismus bereits aus anderen Zusammenhängen, u.a. aus § 10 TMG.[458] Nach dieser Vorschrift sind Diensteanbieter für fremde (!) Informationen nicht verantwortlich, sofern 1. sie keine positive Kenntnis von der rechtswidrigen Handlung oder der Information haben oder 2. sie unverzüglich tätig geworden sind, um die Information zu entfernen oder den Zugang zu ihr zu sperren, sobald sie diese Kenntnis erlangt haben.[459] § 10 TMG normiert damit ein Haftungsprivileg, das auch die eigentlich gegebene Beihilfestrafbarkeit bis zur Schwelle positiver Kenntnis ausschließt. Dass der Host-Provider es nur für möglich oder sehr wahrscheinlich hält, dass eine bestimmte illegale fremde Information auf seinem Server gespeichert ist, reicht nicht aus, um ihm das Haftungsprivileg des § 10 TMG[460] zu versagen. Erst recht genügt bloßes Kennenmüssen nicht.[461] Dem liegt die Erwägung zugrunde, dass der Diensteanbieter angesichts der bei ihm gespeicherten immensen Datenmengen rein faktisch nicht im Stande ist, die gespeicherten Informationen zu kontrollieren.[462] Dass im TMG also Dolus eventualis bezüglich rechtswidriger Informationen – bzw. Drittverhaltens – nicht genügt, rechtfertigen einzig die reine Vermittlerrolle des Host-Providers sowie die immense Datenmenge.

Zwar betrifft das Privileg des § 10 TMG, anders als die Regelungen des AWG, die Verantwortlichkeit eines Diensteanbieters für die Speicherung fremder Nut-

---

458 Hier insbesondere deshalb interessant, weil der Ausfuhrbegriff der Dual-Use-VO auch Technologietransfers einschließt, Art. 2 Nr. 2 Lit. d) Dual-Use-VO.

459 Eine mögliche Versagung des Haftungsprivilegs dadurch, dass ein bestimmtes Verhalten (hier: Betreiben der Plattform) von vorneherein auf Rechtsverletzungen angelegt ist, lässt sich im Rahmen von § 10 TMG andenken; vgl. OLG München BeckRS 2017, 108792.

460 Die Regelung wird vss. zum Jahr 2023 ersetzt durch die EU-Verordnung über einen Binnenmarkt für digitale Dienste (Gesetz über digitale Dienste, digital services Act). Der aktuelle Entwurf zu Art. 5 dieser Verordnung lautet: „Bei der Durchführung eines Dienstes der Informationsgesellschaft, der in der Speicherung der von einem Nutzer bereitgestellten Informationen besteht, haftet der Diensteanbieter nicht für die im Auftrag eines Nutzers gespeicherten Informationen, sofern er a) keine tatsächliche Kenntnis von einer rechtswidrigen Tätigkeit oder illegalen Inhalten hat und sich in Bezug auf Schadensersatzansprüche auch keiner Tatsachen oder Umstände bewusst ist, aus denen eine rechtswidrige Tätigkeit oder illegale Inhalte offensichtlich werden, oder b) sobald er diese Kenntnis oder dieses Bewusstsein erlangt, zügig tätig wird, um den Zugang zu den illegalen Inhalten zu sperren oder diese zu entfernen".

461 Vgl. dazu *Altenhain* in: MüKo-StGB, § 10 TMG Rn. 7.

462 BT-Drs. 13/7385, 20 zu § 5 TDG a.F.

zerinformationen. Indes zeichnet der Ausfuhrverantwortliche i. d. R. auch nicht für den Transport eigener Waren verantwortlich, sondern für fremde, die lediglich bei ihm eingelagert bzw. ihm übergeben und von ihm transportiert werden. Während im Rahmen des § 18 Abs. 5 Nr. 2 AWG i.V.m. Art. 4 Abs. 2 Dual-Use-VO die positive Kenntnis allerdings strafbarkeitsbegründend wirkt, fungiert § 10 TMG als strafbarkeitsbegrenzender Ausnahmetatbestand, der die im Fall erkennbarer Tatgeneigtheit eigentlich auch bei Dolus eventualis gegebene Beihilfestrafbarkeit entfallen lässt.[463] Dies lässt sich damit erklären, dass § 18 Abs. 5 Nr. 2 AWG i.V.m. Art. 4 Abs. 2 Dual-Use-VO als Vorfeldtatbestände unabhängig davon eingreifen, ob durch den Abnehmer der Waren letzten Endes tatsächlich Straftaten begangen und Rechtsgüter verletzt werden.

Zentral ist insoweit das Verständnis, dass es in der dogmatischen Konstruktion vorliegend um ein eigenes Verhalten des Exporteurs geht, der eine Leistung anbietet oder vornimmt, wobei er in Bezug auf das potentielle (!) Verhalten eines Dritten einen gesteigerten Vorsatzgrad aufweisen muss. Diese Regelungstechnik ist durchaus verbreitet soweit Tatbestände auf das Verhalten Dritter Bezug nehmen[464] und hat als Tatbestandselement auch in die Dual-Use-VO Eingang gefunden. Allerdings operiert die Dual-Use-VO alternativ auch mit der Unterrichtung des Ausführers, anstatt nur auf einen bestimmten Vorsatzgrad abzustellen.

Eine mögliche Friktion dieser Regelungstechnik kann darin liegen, dass das Unionsrecht – zumindest in den Augen des EuGH – die im deutschen Strafrecht geläufige Unterscheidung zwischen Eventualvorsatz, Wissentlichkeit und Absicht in dieser Form nicht unbedingt trifft.[465] So hat der EuGH für Merkmale wie „wissentlich" in der Vergangenheit stets eine autonome und einheitliche Auslegung gefordert; dies resultiere aus dem Erfordernis einer homogenen Anwendung des Unionsrechts.[466] Begriffe einer Vorschrift des Unionsrechts seien mithin für die Konkretisierung ihres Sinns und ihrer Bedeutung nicht durch das Recht der Mitgliedstaaten zu ermitteln.[467] Bspw. wurde im Zusammenhang mit Art. 7 Abs. 4 Iran-Embargo-VO[468] vertreten, aus den verschiedenen Sprachfassungen ergebe

---

463 Siehe zu dem von *Roxin* (StR AT/II, § 26 Rn. 218 ff.) entwickelten und vom BGH (BGHSt 46, 107, 112; BGH NStZ-RR 2021, 7, 8 f.) weitestgehend übernommenen Ansatz bei sog. neutraler Beihilfe *Ambos* JA 2000. 724 f.; *Rengier* Strafrecht Allgemeiner Teil, § 45 Rn. 109; *Schünemann/Greco* in: LK-StGB, § 27 Rn. 17 ff.; speziell zu § 10 TMG *Joecks/Scheinfeld* in: MüKo-StGB, § 27 Rn. 58 sowie *Kudlich* in: BeckOK-StGB, § 27 Rn. 16.2.

464 Bspw. in §§ 109e Abs. 2 oder 258 StGB.

465 *Nestler* NStZ 2012, 672, 676.

466 EuGH Urt. v. 21.12.2011 – C-72/11, Rn. 63; dazu *Nestler* NStZ 2012, 672, 675.

467 EuGH, Urteil v. 21.12.2011 – C-72/11, Rn. 63.

468 VO (EG) Nr. 423/2007 v. 19.4.2007 über restriktive Maßnahmen gegen den Iran, ABl L 103 v. 20.4.2007, 1. Art. 7 Iran-Embargo-Verordnung enthielt in seinen Abs. 3 und 4 zwei verschiedene

sich, dass die Begriffe „willentlich" oder „vorsätzlich" ein Wissens- und ein Wollenselement implizieren, die kumulativ erfüllt sein müssen. Das sei der Fall, wenn die Person, die sich an einer Aktivität mit einem bestimmten Zweck oder einer bestimmten Wirkung beteiligt, diesen oder diese absichtlich anstrebt oder es zumindest für möglich hält, dass ihre Beteiligung diesen Zweck oder diese Wirkung hat und dies billigend in Kauf nimmt.[469] Der EuGH ließ somit für die subjektive Tatseite einen dem Dolus eventualis entsprechenden Vorsatzgrad ausreichen, obwohl der Wortlaut der Iran-Embargo-VO ausdrücklich eine Wissentlichkeit sowie gar eine spezifische Zwecksetzung verlangte.[470]

Diese Regelungstechnik hat eine weitere unschöne Konsequenz: Soweit der Tatbestand nun weder objektiv an das tatsächliche Verhalten des Dritten anknüpft[471], noch subjektiv als Delikt mit überschießender Innentendenz ein vorwerfbares Handlungsziel beinhaltet, fehlt es an einem „echten Unrechtsgehalt". Vielmehr geht es dann letzten Endes nur mehr um einen Verstoß gegen die behördlichen Vorgaben, i.e. um den im Anschluss an die behördliche Mitteilung vorgenommenen Export unter Verstoß gegen das mit der Mitteilung verbundene Genehmigungserfordernis. In Fällen nicht gelisteter Dual-Use-Güter, in denen die Strafbarkeit der Ausfuhr an die behördliche Unterrichtung gekoppelt ist (Art. 4 Abs. 1, 5 Abs. 1 Dual-Use-VO), könnte somit jedenfalls dann bloßer sog. Verwaltungsungehorsam sanktioniert werden, wenn es im Anschluss an den Export nicht zu einer Rechtsgüterverletzung oder deren Gefährdung kommt oder kom-

---

Verbotsmaßnahmen. Abs. 3 verbot, den in den Anhängen IV und V dieser Verordnung aufgeführten Personen, Organisationen und Einrichtungen unmittelbar oder mittelbar Gelder oder wirtschaftliche Ressourcen zur Verfügung zu stellen oder zugutekommen zu lassen. Abs. 4 untersagte Aktivitäten, mit denen die Umgehung unter anderem des in Abs. 3 normierten Verbots „bezweckt oder bewirkt" wird.

469 EuGH, Urteil v. 21.12.2011, C-72/11, Rn. 65, 68.

470 Für die Begriffe „wissentlich" und „vorsätzlich" sollte es nach Auffassung des Gerichts ausreichen, wenn der Täter einen entsprechenden Zweck oder eine dahingehende Wirkung seiner Aktivitäten nur für möglich hält oder dies billigend in Kauf nimmt (EuGH, Urteil v. 21.12.2011, C-72/11, Rn. 63). Verlangt das deutsche Strafrecht bei Tatbeständen, die eine besondere subjektive Zwecksetzung des Täters voraussetzen, i.d.R. einen Dolus directus, so begnügt sich der EuGH an dieser Stelle – trotz der für die Definition der Umgehungshandlung gewählten Formulierung „bezwecken oder bewirken der Aushebelung des Verbots" – für den subjektiven Tatbestand mit der schwächeren Vorsatzform des Dolus eventualis. Wünscht man dieses Ergebnis nicht, so bleibt letztlich nur die Möglichkeit, auf objektive Merkmale und Kriterien abzustellen – wie bspw. die Unterrichtung des Ausführers.

471 Selbst § 109e Abs. 2 i.V.m. Abs. 1 StGB ist zumindest noch als konkretes Gefährdungsdelikt ausgestaltet; vgl. *Kargl* in: NK-StGB, § 109e Rn. 1. Ein entsprechendes konkretes Gefährdungselement fehlt jedoch in § 18 Abs. 5 AWG.

men kann.[472] Damit korrespondiert Nr. 5 der Erwägungsgründe der Dual-Use-VO, der statuiert, ein wirksames Ausfuhrkontrollsystem sei erforderlich, um die internationalen Verpflichtungen und Verantwortlichkeiten der Mitgliedstaaten, insbesondere hinsichtlich der Nichtverbreitung, und die der EU einzuhalten. Im Vordergrund steht demnach das Kontrollsystem an sich. Auf die materiell dahinterstehenden Schutzzwecke[473] nimmt die Dual-Use-VO an dieser Stelle keinen Bezug.

Einzig § 18 Abs. 5 Nr. 2 AWG i.V.m. Art. 4 Abs. 2 Dual-Use-VO und § 18 Abs. 5 Nr. 3 AWG i.V.m. Art. 6 Abs. 2 Dual-Use-VO ebenso wie Art. 5 Abs. 2 Dual-Use-VO verlangen demgegenüber die positive Kenntnis des Ausführers von der entsprechenden Verwendungsbestimmung und enthalten damit ein i.d.S. echtes subjektives (Handlungs-)Unrechtselement.

3. Mittelbar: Abnehmer/Käufer

a) Maßgeblichkeit des endgültigen (Verwendungs-)Zwecks

Nach dem zuvor Gesagten ist die Frage nach dem materiellen Unrechtsgehalt des Verhaltens in Fällen des Art. 4 Abs. 1 Dual-Use-VO (bzw. auch des Art. 5 Abs. 1 Dual-Use-VO) immer noch offen. Dieser Unrechtsgehalt kann nun nur noch darin liegen, das (im außenwirtschaftsrechtlichen Sinn) unfriedliche Verhalten eines Dritten durch den Export unterstützt zu haben. Umgekehrt formuliert: Nur wenn der Dritte mit den Waren tatsächlich Zwecke verfolgt, die durch das Strafrecht geschützte Rechtsgüter verletzen, weist das Verhalten des Ausführers zumindest mittelbar einen daran angelehnten Unrechtsgehalt auf. Diese Konstruktion ist allerdings nur dann denkbar, wenn die einschlägigen Straftatbestände zumindest mittelbar auf den Abnehmer Bezug nehmen.[474]

---

472 Der Begriff konturiert hier die Sanktionierung von Zuwiderhandlungen gegen behördliche Anordnungen unabhängig von dabei eingetretenen Rechtsgutsverletzungen. Vgl. zu Finanzsanktionen in diesem Kontext S. 115 ff.

473 Siehe dazu eingehend S. 136 ff.

474 Eine solche Bezugnahme auf Dritte erfolgt z. B. auch bei §§ 257, 258 StGB durch den Wortlaut der Vorschriften, die auf die „rechtswidrige Tat" eines anderen verweisen. Als Vortat kommt dabei nur eine bereits begangene Tat, d. h. eine solche in Betracht, die in der Vergangenheit liegt. Das bedeutet zwar nicht, dass diese bereits vollendet oder beendet sein muss, weshalb auch der strafbare Versuch sowie die strafbare Vorbereitungshandlung als taugliche Vortat zu qualifizieren sind. Solange sich Unterstützungshandlung aber auf die weitere Tatbestandsverwirklichung der Vortat auswirken kann, ist eine Abgrenzung zwischen Beteiligung an der Vortat und Verfolgungsvereitelung erforderlich (*Ruhmannseder* in: BeckOK-StGB, § 258 Rn. 7). Das hängt davon ab, ob sich die Tathandlung bereits in der Vortat niederschlägt oder sich erst später auswirkt (*Walter*

(1.) Außenwirtschaftsrechtliche Endverbleibserklärung

Tatsächlich wendet sich das Außenwirtschaftsrecht im Dual-Use-Bereich auch an das Verhalten der Abnehmer bzw. Käufer, dies allerdings nur indirekt, indem es auf den von diesem geplanten Verwendungszweck Bezug nimmt und dafür für die Genehmigungserteilung vom Ausfuhrverantwortlichen eine Endverbleibserklärung des Abnehmers verlangt. Gem. Art. 12 Abs. 4 UAbs. 1, Art. 15 Abs. 1 Lit. d Dual-Use-VO können die mitgliedstaatlichen Behörden eine solche Endverbleibserklärung einfordern. Sie wird von dem Empfänger oder dem Endverwender der Güter, die ausgeführt werden sollen, ausgestellt und beschreibt bzw. bestätigt die vorgesehene Verwendung der Güter. I.d.R. und soweit zutreffend bestätigt der Empfänger (respektive der Abnehmer oder Käufer) auch, dass die Güter für friedliche Zwecke genutzt werden. Einige Unternehmen verlangen eine Endverbleibserklärung aus Compliance-Gründen auch in Fällen, in denen dies nicht gesetzlich oder durch die zuständigen Verwaltungsbehörden vorgeschrieben ist.[475]

Die Endverbleibserklärung bzw. das End-User-Certificate (EUC) ist ein von einem Warenempfänger zu unterschreibendes Dokument, in dem die Nutzung der Ware für einen bestimmten Zweck und ggf. das Empfängerland dokumentiert sind. Endverbleibserklärungen werden in den verschiedensten Bereichen benutzt.[476] Das Dokument bedeutet insofern einen Vorgriff der behördlichen Kontrolle in räumlicher und zeitlicher Hinsicht über den Export hinaus. Mithilfe der Endverbleibserklärung soll in erster Linie eine bestimmte Nutzung des Wirtschaftsguts sichergestellt werden; abweichende Arten des Gebrauchs sollen ausgeschlossen bleiben und verhindert werden. Endverbleibsdokumente haben die Gestalt privater Endverbleibserklärungen, staatlicher Endverbleibserklärungen oder internationaler Einfuhrbescheinigungen. Solche Erklärungen zum Endverbleib werden allerdings nicht nur im Anwendungsbereich der Dual-Use-VO relevant, sondern z. B. auch für den Export bestimmter Arznei- bzw. Betäubungsmittelgrundstoffe[477], Chemikalien, die unter das CWÜ[478] fallen[479], bei

---

in: LK-StGB, § 258 Rn. 21). Im Rahmen des § 18 Abs. 5 AWG ist dies bereits im zeitlichen Ausgangspunkt völlig anders.

475 So *Grützner/Jakob* Compliance von A-Z, „Endverbleibserklärung".

476 Eine weltweite Liste der Regierungsstellen, die Endverbleibserklärungen ausstellen findet sich auf den Internetseiten des Bundesamtes für Wirtschaft und Ausfuhrkontrolle (BAFA).

477 So bei Grundstoffen der Kategorie 1 des Anhangs zur VO (EG) 111/2005 v. 22.12.2004 zur Festlegung von Vorschriften für die Überwachung des Handels mit Drogenaustauschstoffen zwischen der Gemeinschaft und Drittländern; vgl. auch § 4 GÜG i.V.m. Art. 9 VO (EG) 111/2005.

478 Übereinkommen über das Verbot der Entwicklung, Herstellung, Lagerung und des Einsatzes chemischer Waffen und über die Vernichtung solcher Waffen v. 13.1.1993, BGBl. 1994/II, S. 806.

479 § 17 Abs. 1 AWG, § 21 Abs. 2 S. 1 AWV i.V.m. Teil I A 0007 der Ausfuhrliste.

Schusswaffen[480] oder bei Gegenständen im Anwendungsbereich der Anti-Folter-VO[481].

(2.) Verhinderung von Umgehungshandlungen

Der Sinn und Zweck solcher Endverbleibserklärungen erschließt sich für Dual-Use-Waren erst im Zusammenspiel mit den Genehmigungspflichten. Bei gelisteten Dual-Use-Gütern ist die Endverbleibserklärung üblicherweise conditio sine qua non für die Erteilung der Ausfuhrgenehmigung und daher stets beizubringen.[482] Bei nicht gelisteten Dual-Use-Gütern entsteht die Genehmigungspflicht demgegenüber erst durch die Mitteilung der Behörde an den Ausfuhrverantwortlichen, dass die fraglichen Güter z. B. zur Waffenherstellung bestimmt sind. Bei Ausfuhren nicht gelisteter Güter verzichtet das BAFA i. d. R. auf die Vorlage einer förmlichen Endverbleibserklärung i.S.d. Bekanntmachungen.[483] In diesem Fall wird eine Endverbleibserklärung allenfalls dann relevant, wenn die infolge der Unterrichtung erforderliche Ausfuhrgenehmigung anders nicht zu erwirken ist, als durch den „Gegenbeweis" zu der vermuteten Verwendung.

Mit dem Genehmigungserfordernis korrespondiert ein präventives Verbot mit Erlaubnisvorbehalt, das die Kontrolle der Behörde über den Ausfuhrvorgang sichert. Wird die Genehmigungserteilung von einer entsprechenden Endverbleibserklärung abhängig gemacht, dann ist diese Erklärung Ausdruck ebenjener behördlichen Kontrolle und sichert insoweit deren Fortdauer über den Exportvorgang hinaus. Der Hauptzweck liegt dann in der Verhinderung von Umgehungshandlungen.[484] Diese Handlungen können – müssen aber nicht – rechtsgüterverletzend sein.

Exemplarisch dafür steht ein vom LG Düsseldorf[485] bereits im Jahr 1986 entschiedener Fall. In dem Sachverhalt schlossen die Täter mit einem Abnehmer in Saudi-Arabien einen Vertrag über die Lieferung von 1.500 Maschinengewehren MG 3 und beantragten die nach § 3 Abs. 3 KrWaffG erforderliche Genehmigung für die „Beförderung zur Ausfuhr" dorthin. Da Saudi-Arabien jedoch als „Spannungsgebiet" galt und die Genehmigung deswegen nicht erteilt werden konnte,

---

480 § 17 Abs. 1 AWG, § 21 Abs. 2 S. 1 AWV i.V.m. Teil I A 0001 der Ausfuhrliste

481 Art. 12 Abs. 3 UAbs. 3 Anti-Folter-VO.

482 § 21 Abs. 2 S. 1 AWV.

483 Das BAFA empfiehlt jedoch „vor dem Hintergrund der Catch-all-Vorschriften [...] Anträgen auf Nullbescheid [...] zumindest eine formlose schriftliche Erklärung des Endverwenders über die beabsichtigte Verwendung der beantragten Güter (Endverwendungserklärung) auf firmeneigenem Briefkopf mit Adressangaben in englischer oder deutscher Sprache bei[zu]fügen".

484 Vgl. zu Umgehungsgeschäften *Nestler* NStZ 2012, 672 ff.

485 LG Düsseldorf NStZ 1988, 231.

vereinbarten die Beteiligten mit einem italienischen Unternehmen, dass dieses zunächst als Käufer auftreten solle, weil für den Endverbleib in Italien eine Genehmigung problemlos erhältlich war. Unter Einschaltung einer weiteren Firma mit Sitz in Luxemburg erfolgte sodann die Weiterleitung der Waffen von Italien nach Saudi-Arabien, nachdem unter Vorlage der entsprechenden Zertifikate die Genehmigung für den Transport nach Italien erteilt worden war.[486] Das LG begriff den Ort des Endverbleibs der Ware zu Recht als einen wesentlichen Bestandteil der erteilten Genehmigung, so dass die behördliche Entscheidung eine Weiterleitung der Waffen nach Saudi-Arabien nicht deckte.[487]

Hinsichtlich dieses zum Teil als „klassische" Umgehungsausfuhr[488] bezeichneten Verhaltens können im Hinblick auf den Wortlaut des hier einschlägigen § 3 Abs. 3 KrWaffG Zweifel aufkommen. Begriffe man das in dieser Vorschrift normierte Genehmigungserfordernis nämlich als ein solches in Bezug auf die schlichte Beförderung der Waren und nicht als einen echten „Ausfuhrgenehmigungstatbestand"[489], zu dem auch Ausfuhrzielland und Endverbleib der Ware gehören, so erfasste § 3 Abs. 3 KrWaffG Umgehungshandlungen wie diejenige des Fallbeispiels gerade nicht. Weil sich aber diese Genehmigung auch auf die Ausfuhr der Waren selbst erstreckt[490], konnte das LG das Verhalten der Täter unter die Strafnorm subsumieren. Dieses Ergebnis stützen i.Ü. auch die „Politischen Grundsätze der Bundesregierung für den Export von Kriegswaffen und sonstigen Rüstungsgütern"[491] sowie die Kriegswaffenmeldeverordnung[492]. Verweisen lässt sich in diesem Kontext zudem auf den Verfassungsauftrag des Art. 26 GG, der eine andere Auslegung nicht gestattet.[493]

Im Rahmen der vorliegenden Untersuchung entscheidender Punkt ist, dass die Umgehungshandlungen gerade auf Seiten des Exporteurs verhindert werden sollen, und nicht auf Seiten des Käufers. Mit der Endverbleibserklärung adressieren Art. 12 Abs. 4 UAbs. 1, Art. 15 Abs. 1 Lit. d Dual-Use-VO somit nicht den

486 LG Düsseldorf NStZ 1988, 231; zum selben Fall OLG Düsseldorf NStZ 1987, 565 ff.

487 So bezeichnet von LG Düsseldorf NStZ 1988, 232.

488 *Harder* in: Wabnitz/Janovsky, Handbuch des Wirtschafts- und Steuerstrafrechts, S. 1364 f.

489 *Pottmeyer* KrWaffG, § 3 Rn. 131 ff.

490 So auch *Sprögel* in: Bebermeyer, Deutsche Ausfuhrkontrolle, S. 21 zum „Export von Kriegswaffen"; insoweit fehlinterpretiert von *Pottmeyer* KrWaffG, § 3 Rn. 132; vgl. auch *Hucko/Wagner* Außenwirtschaftsrecht, Kriegswaffenkontrollrecht, S. 21 f.; zur Ausfuhr als „finale Handlung" siehe auch *Pathe/Wagner* in: Bieneck, Handbuch AWR, § 44, Rn. 47 ff., insb. Rn. 50.

491 Beschluss der Bundesregierung v. 28.4.1982, Bulletin v. 5.5.1982, Neufassung in Bulletin vom 19.1.2000, nachrichtlich bekannt gemacht im BAnz. Nr. 19 vom 28.1.2000, S. 1299.

492 Verordnung über Meldepflichten für bestimmte Kriegswaffen (Kriegswaffenmeldeverordnung – KWMV) v. 24.1.1995, BGBl. 1995/I S. 92.

493 *Holthausen*, NStZ 1988, 206 ff.; *Holthausen*, JZ 1995, 284 ff.

Abnehmer der Waren, sondern in erster Linie den Exporteur, dem daraufhin die Genehmigung für den Export erteilt oder verweigert wird. Insofern werden durch das Erfordernis solcher Endverbleibserklärungen dem Ausführer zu Präventionszwecken in Bezug auf das Verhalten eines Dritten Pflichten auferlegt, deren Verletzung einer Sanktionierung unterliegt. Andererseits muss Endverbleibserklärungen insoweit eine haftungsbegrenzende Funktion zukommen.

b) Vergleich: Finanzsanktionen

(1.) Zwecksetzung und Wirkungsweise von Finanzsanktionen

Einen ähnlichen Mechanismus an das Verhalten Dritter ausfuhr- und sanktionsrechtliche Konsequenzen zu knüpfen kennt das Außenwirtschaftsrecht im Kontext strafbewehrter Finanzsanktionen.[494] Solche Finanzsanktionen sind Beschränkungen des Außenwirtschaftsverkehrs, die aus außen- oder sicherheitspolitischen Gründen angeordnet werden.[495] Direktes Ziel eines Embargos in seiner ursprünglichen Form war und ist die Schwächung eines potentiellen oder tatsächlichen Kriegsgegners, insbesondere durch ein Waffenembar-

---

494 Siehe dazu bereits oben.

495 *Niestedt* in: Krenzler/Herrmann/Niestedt, EU-Außenwirtschafts- und Zollrecht, § 50 Rn. 1. Welche Maßnahmen in concreto als Finanzsanktion, d. h. insbesondere als Einfrieren von Geldern oder Konten gelten können, ist nicht ganz klar. Eine Legaldefinition des Terminus findet sich u. a. in der Tunesien-Embargo-Verordnung VO (EU) Nr. 101/2011 vom 4. 2. 2011; dort in Art. 1 lit. b. Die Vorschrift umschreibt als Einfrieren von Geldern die Verhinderung jeglicher Form der Bewegung, des Transfers, der Veränderung und der Verwendung von Geldern sowie des Zugangs zu ihnen oder ihres Einsatzes, wodurch das Volumen, die Höhe, die Belegenheit, das Eigentum, der Besitz, die Eigenschaften oder die Zweckbestimmung der Gelder verändert oder sonstige Modifikationen bewirkt werden, die eine Nutzung der Gelder einschließlich der Vermögensverwaltung ermöglichen. Ähnlich z. B. Art. 1 lit. f VO (EU) Nr. 269/2014 vom 17. 3. 2014 über restriktive Maßnahmen angesichts von Handlungen, die die territoriale Unversehrtheit, Souveränität und Unabhängigkeit der Ukraine untergraben oder bedrohen; Art. 1 lit. g VO (EU) Nr. 224/2014 vom 10. 3. 2014 über restriktive Maßnahmen angesichts der Lage in der Zentralafrikanischen Republik; Art. 1 lit. f VO (EU) Nr. 208/2014 vom 5. 3. 2014 über restriktive Maßnahmen gegen bestimmte Personen, Organisationen und Einrichtungen angesichts der Lage in der Ukraine. I. E. ist damit schlechterdings jeder Umgang mit dem maßnahmegegenständlichen Kapital betroffen, inklusive seiner Vermehrung. Legt man diese Definition zu Grunde, so stellt das Einfrieren eine wirtschaftliche Sanktion im o.g. Sinn dar. Nur sofern gegenständliche Kapitalbewegungen über Staatsgrenzen hinweg unterbunden werden, kann das Einfrieren von Geldern oder Konten als Teil eines Embargos begriffen werden; dies gilt jedoch bloß, wenn sich die Maßnahme gegen einen ganzen Staat als solchen und nicht lediglich gegen einzelne natürliche oder juristische Personen bzw. Gruppierungen richtet – was eher selten der Fall sein dürfte. Zugleich zählt das Einfrieren von Konten zum Katalog der restriktiven Maßnahmen der EU.

go.[496] Heute dienen Embargos aber zumeist vorrangig dem indirekten Zweck, auf das politische Verhalten eines Staates einzuwirken.[497] Konkrete Anlässe können z. B. ein militärischer Angriff gegen einen dritten Staat, ein schwerer Verstoß gegen die Menschenrechte oder auch nur ein unwillkommener Regierungswechsel sein.[498] Finanzsanktionen verfolgen zum Teil dieselben Ziele. Neben diesen militärischen bzw. außenpolitischen Aspekten kommt besondere Bedeutung aber den Aufgaben zu, Finanzströme zu unterbinden, mit deren Hilfe Einzelpersonen oder ganze Organisationen den Terrorismus finanzieren[499] und der Proliferation von Massenvernichtungswaffen und vor allem deren Finanzierung entgegenzutreten.[500] Im Zentrum der zu diesem Zweck eingesetzten Sanktionen steht das Einfrieren von Vermögenswerten derjenigen Personen, die in Verdacht stehen, als Terroristen (oder Störer sonstiger Art) tätig zu sein oder terroristische respektive kriegerische Handlungen zu unterstützen.[501] Die Sanktion weist damit eine präventive Ausrichtung dahingehend auf, ebenjene terroristischen oder kriegerischen Handlungen zu verhindern bzw. sogar bereits im Vorfeld deren Vorbereitung zu unterbinden. Dabei treten neben die ursprünglichen Zwecke wirtschaftlicher Sanktionsmaßnahmen solche der inneren Sicherheit eines Staates.[502] Insofern unterscheidet sich der Zweck einer Finanzsanktion grundlegend von der Zielrichtung der Maßnahmen im Dual-Use-Bereich.

(2.) Gemeinsamkeiten und Unterschiede zu Sanktionen im Dual-Use-Kontext

Im vorliegenden Kontext relevant werden Finanzsanktionen aber, weil auch in diesem Fall die direkten Adressaten der Sanktion (Staat, Einzelperson, Organisation) mit den „indirekten“ Adressaten der Verbote, die sich prinzipiell an alle Rechtsunterworfenen richten, auseinanderfallen. Die Einschränkungen – d. h. die Verfügungsverbote über Gelder – treffen damit insbesondere Investoren, Ge-

---

496 *Plümper* Lexikon der Internationalen Beziehungen, 1996, S. 136.

497 *Achtelik* in: Herzog, GWG, § 6a KWG Rn. 9; *Plümper* Lexikon der Internationalen Wirtschaftsbeziehungen, S. 137.

498 *Plümper* Lexikon der Internationalen Beziehungen, 1996, S. 137.

499 *Meyer* ZEuS 2007, 2, 3; siehe auch *Roeder/Buhr* BB 2011, 1333.

500 *Achtelik* in: Herzog, GWG, § 6a KWG Rn. 9; unter Berufung auf den vollständigen Titel der neu gefassten FATF Empfehlungen vom Februar 2012: „International Standards on Combating Money Laundering and the Financing of Terrorism & Proliferation – the FATF Recommendations“.

501 *van Aaken* in: Bungenberg/Meessen, Internationales Wirtschaftsrecht im Schatten des 11. September 2001, 2004, Verschärfte Kontrolle transnationaler Finanzmärkte, S. 133 ff.; *Albin* ZRP 2004, 71 ff.; *Bartelt/Zeitler* EuZW 2003, 712 ff.; *Biehler* AVR 2003, 169 ff.; *Schmalenbach* JZ 2006, 349 ff.

502 Vgl. *Hirsch* ZRP 2008, 24; *Hörmann* EuR 2007, 120, 123.

schäftspartner der betroffenen Personen und/oder Organisationen, Finanzdienstleister usw. – mithin jeden, der mit den finanziellen Ressourcen der Betroffenen auf irgendeine Weise in Verbindung steht, indem er diese mehrt oder aus ihnen Zahlungen erhält.[503] Solche Risiken gelten in der Außenwirtschaft als konventionell und sind allerseits geläufig.[504]

Wirtschaftssanktionen stören die Abwicklung bspw. von Exportgeschäften unabhängig von ihrer Ausgestaltung als Finanz- oder Embargomaßnahme.[505] Zwar wird versucht, diese Wirkungen durch den personengezielten Einsatz der Sanktionen (smart bzw. targeted sanction) abzumildern. Dass die Maßnahmen aber Dritte negativ affektieren, lässt sich dadurch nicht völlig vermeiden. Finanzsanktionen im Speziellen bedeuten damit einen erheblichen Eingriff in den grds. freien[506] Außenwirtschaftsverkehr und erlegen einer Vielzahl von Personen immense Prüfungs- und Sorgfaltspflichten[507] auf. Durch die direkte Bezugnahme auf den unmittelbar geltenden EU-Rechtsakt wird die jeweilige (smarte) Sanktion zum Inhalt des strafrechtlichen Tatbestands.

Da Finanzsanktionen wie das Einfrieren von Geldern oder Konten i. d. R. nicht gegen ganze Staaten als solche[508], sondern personenbezogen lediglich gegen einzelne Individuen, juristische Personen, Gruppierungen oder Organisationen verhängt werden[509], weisen sie, wie gesagt, gewisse Ähnlichkeiten zur empfängerbezogenen Endverbleibserklärung auf. Partiell wird dieses Vorgehen zwar von der Motivation geleitet, die humanitär kaum tragbaren Folgen von Totalsanktionen für die Zivilbevölkerung zu vermeiden.[510] Zugleich verbirgt sich dahinter aber die Vermutung, dass die Gefahren, denen durch Sanktionsmaßnahmen begegnet werden soll, nicht von den Staaten oder deren politischer Spitze selbst ausgehen,

---

503 Insg. krit. *Roeder/Buhr* BB 2011, 1333.

504 So sieht bspw. auch *Büter* Außenhandel, S. 395 eines der generellen politischen Risiken beim Außenhandel in der möglichen Verhängung eines Zahlungsverbots bzw. Moratoriums. Durch ein Zahlungsverbot werden sämtliche Zahlungen an das Ausland untersagt; beim Moratorium handelt es sich um einen staatlich verordneten Zahlungsaufschub.

505 Vgl. *Büter* Außenhandel, S. 395.

506 *Epping* Außenwirtschaftsfreiheit, 1998, S. 1 f.

507 Vgl. nur *Roeder/Buhr* BB 2011, 1333 ff. zum erforderlichen „Terror-Listenscreening".

508 *Bieneck* in: Müller-Gugenberger, Wirtschaftsstrafrecht, § 62 Rn. 83, wobei *Bieneck* als Bspe. für Maßnahmen gegen ganze Staaten die Sanktionen gegen den Irak und die Bundesrepublik Jugoslawien anführt.

509 *Achtelik* in: Herzog, GWG, § 6a KWG Rn. 9; *Meyer* ZEuS 2007, 2, 3.

510 *Diggelmann* Schweizerische Zeitschrift für internationales und europäisches Recht 2009, 301, 303; *Meyer* ZEuS 2007, 2, 3 f.; ferner zur Kritik *Bartelt/Zeitler* EuZW 2003, 712 ff.; siehe auch *Braunmühl/Kulessa* The Impact of UN Sanctions on Humanitarian Assistance Activities, 1995, S. 30.

sondern von nichtstaatlichen Gruppierungen, deren Netzwerke sich zumeist über mehrere Staaten erstrecken. Das Bestreben, nur die für die Gefahr oder Bedrohung Verantwortlichen (möglichst hart) zu treffen, unbeteiligte Dritte aber zu verschonen, brachte Maßnahmen hervor, die als „smart sanctions"[511] oder „targeted sanctions"[512] umschrieben werden. Sie richten sich unabhängig von Staatsangehörigkeit oder Aufenthaltsort gezielt nur gegen diejenigen Personen und Organisationen, die als Verursacher der Störung identifiziert worden sind.[513]

Mit der Schaffung derartiger Sanktionen verbunden, sehen Viele[514] einen außenwirtschaftsrechtlichen und auch außenpolitischen Paradigmenwechsel. Denn anders als bei einem herkömmlichen Embargo beschränkt sich der Kreis der direkten Adressaten nun nicht mehr auf Völkerrechtssubjekte, sondern erstreckt sich auf (juristische und) natürliche Personen. Als solche smarten Sanktionen kommen bevorzugt individualisierbare Maßnahmen wie Finanzsanktionen in Betracht. Eingefroren werden deshalb i. d. R. nicht die Gelder und Konten eines ganzen Staates, sondern lediglich die bestimmter Personen oder Gruppierungen, nicht selten aber auch der politischen Führung; deren Namen und Personalien werden in der Anlage zu der entsprechenden Verordnung aufgelistet („Sanktionslisten", „blacklists"[515] oder „Terrorlisten"[516]).

Über das Einfrieren von Konten hinaus ist die Palette denkbarer Finanzsanktionen breit.[517] Sie umfasst Investitions- und Finanzierungsverbote[518] ebenso sonstige Beschränkungen der Finanzdienstleistungen[519], wie bspw. das Verbot der

---

511 Zur Entwicklung des Begriffs *Kaleck* KJ 2011, 63 (64); *Niestedt* in: Krenzler/Herrmann/Niestedt, EU-Außenwirtschafts- und Zollrecht, § 50 Rn. 8; ferner *Ganguli Smarte Finanzsanktionen der EU*, 2013, S. 12; *Meyer* ZEuS 2007, 2, 4; *Schmalenbach* JZ 2006, 349, 350.

512 *Schlarmann/Spiegel* NJW 2007, 870; *Schmahl* EuR 2006, 566.

513 *Bieneck* in: Müller-Gugenberger, Wirtschaftsstrafrecht, § 62 Rn. 96; ferner *Frentz* in: Achtelik/Amtage/El-Samalouti u. a., Risikoorientierte Geldwäschebekämpfung, Rn. 822 f. Inzwischen wird sogar davon ausgegangen, dass sämtliche Sanktionen der UN *smart* bzw. *targeted sanctions* sind; eingehend dazu *Schöppner* Wirtschaftssanktionen und Bereitstellungsverbote, 2013, S. 50 (dort Fn. 109).

514 Vgl. nur *Achtelik* in: Herzog, GWG, § 6a KWG Rn. 10; *Kolassa* in: Schimansky/Bunte/Lwowski, Bankrechts-Handbuch, § 137 Rn. 73.

515 *Schmahl* EuR 2006, 566.

516 *Roeder/Buhr* BB 2011, 1333.

517 Siehe insoweit auch die Aufzählung bei *Roeder/Buhr* BB 2011, 1333.

518 Vgl. nur den mittlerweile außerkraftgetretenen Art. 3 Abs. 1 lit. c VO (EU) 442/2011 des Rates vom 18. 1. 2012 über restriktive Maßnahmen angesichts der Lage in Syrien.

519 Art. 23 Lit. a VO (Eu) 35/2012 des Rates vom 18. 1. 2012 über restriktive Maßnahmen angesichts der Lage in Syrien.

Gewährung von Krediten bzw. Darlehen[520] oder das Verbot Beteiligungen zu erwerben. Häufig richten sie sich als targeted sanctions gegen Personen, Organisationen und Einrichtungen z. B. bestimmter Branchen.[521] Ebenso möglich ist es jedoch, Finanzgeschäfte mit einem ganzen Staat, dortigen Kredit- oder Finanzinstituten oder weiteren natürlichen oder juristischen Personen, Organisationen oder Einrichtungen zu verbieten. Verbunden werden können damit sog. Bereitstellungsverbote, wenn einem bestimmten Personenkreis weder Gelder noch sonstige Wirtschaftsressourcen zur Verfügung gestellt werden dürfen. Die Maßnahme kombiniert in diesem Fall warenbezogenes Embargo und Finanzsanktion.

(3.) Strafbewehrung von Verstößen

Durch die Bezugnahme im Blankett des § 18 Abs. 1 Nr. 1 lit. b, Nr. 2 lit. b AWG auf die jeweiligen Verordnungen werden die smarten Sanktionen zum unmittelbaren Inhalt der deutschen Strafnorm; fokussieren die Maßnahmen dabei lediglich einzelne Individuen, so sind die in der Liste enthaltenen Angaben zu diesen Personen in den Straftatbestand hineinzulesen. Es entstehen mit der Implementierung solcher Verbotsnormen in strafrechtliche Blankette also personenbezogene Straftatbestände, die etwa eine bestimmte Geschäftstätigkeit der oder mit den gelisteten Personen unter Strafe stellen. Soweit eine Liste sensitiver Abnehmer, wie soeben erörtert, nicht in Betracht kommt, knüpft die Strafbarkeit sogar noch personalisierter an die behördliche Mitteilung im Hinblick auf einen bestimmten Abnehmer in Bezug auf ein bestimmtes Exportgeschäft an.

Ein System, in dem das Strafrecht nicht an die Straftat, sondern primär an die Persönlichkeit des Täters anknüpft, bezeichnet man als Täterstrafrecht.[522] Gegen ein solches Konstrukt wird zurecht eingewandt, im „Namen der sozialen Ordnung" könne „nur ein bestimmtes Verhalten geboten oder verboten sein, während sich das Persönlichkeitsbild jeder Reglementierung entzieht".[523] Die Individualität des Täters könne erst dort relevant werden, wo unter Beachtung des Schuldgrundsatzes Gesichtspunkte der Spezialprävention Berücksichtigung finden sollen, d. h. im Rahmen der Entscheidung über Art und Maß der zu verhängenden Strafe, Strafaussetzung zu Bewährung etc.[524]

---

520 Art. 17 Abs. 1 lit. a VO (EU) 267/2012 des Rates vom 23. 3. 2012 über restriktive Maßnahmen gegen Iran.

521 Wie zB gegen die syrische Ölindustrie, vgl. Art. 3a der mittlerweile außerkraftgetretenen VO (EU) 442/2011 des Rates vom 18. 1. 2012 über restriktive Maßnahmen angesichts der Lage in Syrien.

522 *Joecks* in: MüKo-StGB, Einl. Rn. 40 unter Verweis auf *Stratenwe Stratenwerth/Kuhlen StR AT,* § 2 Rn. 23.

523 *Stratenwerth/Kuhlen StR AT,* § 2 Rn. 24.

524 *Joecks* in: MüKo-StGB, Einl. Rn. 41.

Im vorliegenden Kontext geht es nun nicht darum, strafrechtliche Sanktionen an die Persönlichkeit des Täters zu binden, sondern es werden Dritte zum Gegenstand des Strafgesetzes gemacht. Ein Täterstrafrecht i. e.S. liegt also nicht vor; es stellt sich allerdings die Frage, ob gegen solche Straftatbestände nicht ähnliche Einwände eingreifen. So wird zum Teil in der Lit. erwogen, derartige Vorschriften seien verfassungskonform einschränkend auszulegen, weshalb eine Zuwiderhandlung nur dann mit Strafe bedroht sei, wenn der Empfänger der Gelder, finanziellen Vermögenswerte oder wirtschaftlichen Ressourcen „zu Recht" auf der Liste geführt werde.[525] Dies korrespondiert für Dual-Use-Güter mit der Frage nach dem Unrechtsgehalt der Tat in Fällen des Art. 4 Abs. 1 Dual-Use-VO. Dabei bleibt aber höchst zweifelhaft, wie diese Frage beantwortet werden soll und welche Kriterien die Listung überhaupt als „zu Recht" gelten lassen könnten. Plausibler erscheint vielmehr eine Parallele zu § 27 StGB: Letztlich werten Strafvorschriften, die sich auf solche smarten Sanktionen beziehen, eigentliche Beihilfehandlungen (bspw. die Bereitstellung von Kapital oder das Leisten finanzieller Unterstützung) zu selbstständigen Straftatbeständen auf. Auch bei der Beihilfe verlangt das Gesetz mit § 27 Abs. 1 StGB aber eine Haupt*tat* und nicht einen bestimmten Haupt*täter.*[526] Dies gilt im Grundsatz auch für andere Formen der verselbstständigten Teilnahme wie zB im Rahmen der Absatzhilfe nach § 259 Abs. 1 Var. 4 StGB, der eine gegen fremdes Vermögen gerichtete rechtswidrige Vortat fordert. Auf eine solche Haupt- oder Vortat bezieht sich § 18 Abs. 1 Nr. 1 lit. b, Nr. 2 lit. b AWG jedoch nicht.

Die Bezugnahme auf smarte Sanktionen beinhaltet also einen Bruch mit diesem strafrechtsdogmatischen Grundprinzip. Individualisierte Strafnormen, die tatbestandlich an die Mitwirkung einzelner „Störer" anknüpfen sind deswegen ebenso mit Vorsicht zu genießen wie „unmittelbare" täterstrafrechtliche Spielarten des Rechts. In ihnen realisiert sich zumindest teilweise die Tendenz, Kriminalsanktionen nicht mehr an ein gefährliches oder gar Rechtsgüter verletzendes Verhalten zu knüpfen, sondern die Strafe an die Gefährlichkeit einer bestimmten Person zu binden.[527]

---

525 *Zöller* Terrorismusstrafrecht, 2009, S. 635.

526 *Nestler* NZWiSt 2015, 81, 88.

527 Krit. zu Tendenzen eines täterbezogenen Strafrechts *Hassemer/Neumann* in: NK-StGB, vor § 1 Rn. 47 f.; ferner (statt vieler) *Greco* GA 2006, 96 ff.; *Saliger* JZ 2006, 756; *Schünemann* GA 2001, 210 ff. Eingehend dazu *Nestler* NZWiSt 2015, 81, 90.

(4.) Liste sensitiver Abnehmer?

Wie bereits angedeutet wird in der Kommentarliteratur die Praxis einer individuellen Unterrichtung einzelner Ausführer – insoweit völlig zurecht – als kritisch identifiziert und daher erwogen, eine innerhalb der EU-Mitgliedstaaten publizierte „Liste mit sensitiven Abnehmern" trage dem Erfordernis der Wettbewerbsgleichheit besser Rechnung.[528] Es hat sich auch gezeigt, dass Art. 4 Dual-Use-VO jedenfalls in seiner a.F. seiner Konzeption nach der beschriebenen Realität nicht mehr hinreichend entsprach; die Norm war insoweit veraltet. Eine Liste sensitiver Abnehmer würde den Tatbestand des § 18 Abs. 5 AWG indes personenbezogen auf die gelisteten Individuen (oder Unternehmen) konkretisieren und überführte so den gesamten Dual-Use-Bereich unter das Regime smarter Sanktionen – mit allen oben genannten dogmatischen Konsequenzen.

Zu den bereits vorgebrachten Bedenken tritt hinzu, dass – im Unterschied zu den Finanzsanktionen – schon die gelisteten Dual-Use-Güter selbst ein enormes Spektrum von Waren abdecken; zudem existiert die unüberschaubare Bandbreite nicht gelisteter Dual-Use-Waren. Eine „Liste sensitiver Abnehmer" müsste letztlich also im Blick haben, welcher Gegenstand in den Händen welches konkreten Abnehmers sensible Risiken begründet. Die Liste müsste, um nicht in einem pauschalen personen- oder unternehmensbezogenen Totalembargo zu enden, das auch legale wirtschaftliche Betätigung unterbindet, den darin gelisteten Abnehmern einzelne Waren oder Warenkategorien zuordnen[529] und diese Zuordnung permanent aktualisieren. Dies ist rein praktisch kaum zu leisten. Die Alternative besteht allerdings darin, ohne Bezugnahme auf eine telosbasierte Gefährlichkeitsbewertung schlicht die behördliche Praxis zur Grundlage zu

---

528 Siehe dazu oben Fn. 122: In diese Richtung *Karpenstein/Kottmann* in: Krenzler/Herrmann/Niestedt, EU-Außenwirtschafts- und Zollrecht, Art. 4 Dual-Use-VO Rn. 7 mit dem Hinweis, dass abzuwarten bleibe, ob der von Art. 19 Abs. 2 Dual-Use-VO verlangte Informationsaustausch über sensitive Endabnehmer zu einer einheitlicheren oder gar unionsweiten Unterrichtung führen wird. Zwar weisen *Karpenstein/Kottmann* auf die Möglichkeit einer gemeinsamen Unterrichtung durch die mitgliedstaatlichen Behörden im EU-Amtsblatt hin. Es sei jedoch „aus Gründen der Rechtssicherheit" in einem solchen Fall geboten, an „die Möglichkeit einer militärischen Endverwendung strengere Anforderungen zu stellen als bei einer individuellen Unterrichtung". Andererseits müsse „ausdrücklich darauf hingewiesen werden, dass es sich um eine Unterrichtung im Sinne von Art. 4 und nicht nur um ein bloßes Frühwarnschreiben handelt, und es müssen die betroffenen Abnehmer, möglichst auch der in Betracht kommende Waren- oder Herstellerkreis, genannt werden".

529 Entsprechendes deutet der vom dem Merkblatt „EU Dual-Use-VO Art. 5" des BAFA anvisierte dreistufige Screening-Prozess mit güterbezogenen, länderbezogenen und endverwenderbezogenen Anhaltspunkten an.

nehmen – der hoffentlich ihrerseits eine solche Bewertung zugrunde liegt. Diesen Weg beschreitet insbesondere Art. 5 Abs. 6 Dual-Use-VO.

(5.) Zwischenergebnis

Der Vergleich mit den Finanzsanktionen hat zwei Dinge gezeigt: Zum einen verleiht der Rekurs auf eine abstrakte unionsweite Liste problematischer Empfänger dem Verhalten noch keinen Unrechtsgehalt; die genehmigungslose Ausfuhr bliebe Verwaltungsungehorsam. Etwas anderes könnte nur gelten, falls durch die gelisteten Personen tatsächlich eine illegitime Verwendung der Güter geplant, die Listung also „zurecht" erfolgt ist. Dies gilt insbesondere solange (insoweit mit dem Wortlaut der Art. 4 und 5 Dual-Use-VO) auch ein „bestimmt sein können" ausreicht, um als problematischer Empfänger gelistet zu werden. Kriterien dafür, ob ein Empfänger „zu Recht" auf einer solchen Liste geführt wird, existieren, wie gesehen, nicht. Zum anderen ist nun offensichtlich, dass eine Störerliste zwar aus praktischer Sicht, keineswegs aber aus strafrechtsdogmatischer Sicht eine Verbesserung darstellt. Im Gegenteil bedeutete sie sogar eine Abkehr von fundamentalen Grundüberlegungen staatlichen Strafens. Es wird sich erst in der Praxis zeigen müssen, ob der von der Dual-Use-VO vorgesehene Mechanismus – insbesondere derjenige des Art. 5 (Abs. 6) Dual-Use-VO – über diese strafrechtsdogmatischen Bedenken hinweghelfen kann.[530]

c) Vergleich: Verantwortlichkeit für das Verhalten Dritter nach § 13 StGB

Wie am Beispiel der Finanzsanktionen aufgezeigt ist das (mittelbare) Anknüpfen an das Verhalten Dritter unter strafrechtsdogmatischen Gesichtspunkten als kritisch einzustufen. Allerdings hält auch das Kernstrafrecht – zusätzlich zu den bereits angesprochenen spezialgesetzlichen Ausprägungen und Spielarten – mit § 13 StGB einen Mechanismus bereit, der exakt zu diesem Ergebnis führen kann: dem Einstehenmüssen (hier als sog. Überwachungsgarant) für das Verhalten anderer. Im Dual-Use-Kontext sind dabei zwei Aspekte der Verantwortungszuschreibung nach § 13 StGB relevant: zum einen die Verantwortung für sächliche Gefahrenquellen, zum anderen die Übernahme der Verantwortung für das Handeln anderer Personen.

(1.) Einstandspflicht aufgrund der Art der Sache

Die Rechtspflicht, Gefahren abzuwehren, die sich aus einer Sache selbst, ihrem Zustand oder ihren Auswirkungen auf ihre Umwelt ergeben, wird – in Parallele zu

530 Eingehend dazu S. 157 ff.

und in den Grenzen der zivilrechtlichen Verkehrssicherungspflicht – als Kehrseite der Handlungsfreiheit desjenigen begriffen, der die Herrschaft über diese Sache ausübt.[531] Von ihm wird erwartet, dass er die Gefahrenquelle kontrolliert und ggf. die Realisierung der Gefahr verhindert.[532]

Allerdings macht die Rspr. dabei eine auch in der Lit. akzeptierte Einschränkung. Die Einstandspflicht besteht nur, wenn die Sache selbst „vorausschauend für ein sachkundiges Urteil die naheliegende Möglichkeit begründet, dass Rechtsgüter anderer Personen verletzt werden können".[533] Insoweit bleibt die Einstandspflicht zustands- bzw. rein sachbezogen und erfasst lediglich diejenigen Gefahren, die der Sache typischerweise anhaften. Klassisches Beispiel für solche Einstandspflichten sind die Verkehrssicherungspflichten desjenigen, der die tatsächliche Sachherrschaft über ein Gebäude hat, Passanten, Bewohner oder Nachbarn vor herabfallenden Ziegeln, schadhaften oder unbeleuchteten Treppen oder Brandgefahren zu schützen.[534]

Demgegenüber soll eine Einstandspflicht gerade nicht bestehen, wenn die Gefahr durch die missbräuchliche oder fehlerhafte Verwendung des Gegenstands durch eigenverantwortlich handelnde Dritte entstanden ist.[535] Diesbezüglich sei ein Vertrauen auf eine allumfassende Vorsorge des Inhabers der Sachherrschaft nicht berechtigt.[536]

Relevant für die vorliegende Untersuchung sind dabei zwei Punkte. Erstens knüpft die Einstandspflicht i. d. R. an die Sachherrschaft an. Endet diese Herrschaft ungewollt, so endet auch die Einstandspflicht.[537] Ein gewolltes Ende der Sachherrschaft ist demgegenüber z. B. im Fall des Verkaufs oder auch bei der Weitergabe nach dem Export anzunehmen.[538] Für den vorliegenden Kontext hilft diese Form der Haftungsbegrenzung dem Ausführer somit nicht, sondern eine strafrechtliche Verantwortlichkeit für etwaiges kriminelles Anschlussverhalten bestünde fort.

---

531 So ausdrücklich *Gaede* in: NK-StGB, § 13 Rn. 46.

532 *Gaede* in: NK-StGB, § 13 Rn. 46; *Weigend* in: LK-StGB, § 13 Rn. 48; *Bosch* in: Schönke/Schröder, StGB, § 13 Rn. 46; *Heuchemer* in: BeckOK-StGB, § 13 Rn. 77.

533 *BGHSt* 53, 42; *BGH* NStZ 2012, 319; BGH NJW 2016, 176, 177; *Kretschmer* medstra 2016, 167, 168.

534 Vgl. BGH NStZ-RR 1996, 1; *Bosch* in: Schönke/Schröder, StGB, § 13 Rn. 44, 47; umfassend *Heuchemer* in: BeckOK-StGB, § 13 Rn. 82 und *Stein* in: SK-StGB, § 13 Rn. 28.

535 *Weigend* in: LK-StGB, § 13 Rn. 57; *Bosch* in: Schönke/Schröder, StGB, § 13 Rn. 44, 47; *Fischer*-StGB § 13 Rn. 63; *Weber FS*-Oehler, S. 91 f.; a.A. LG Koblenz NStZ 1987, 281, 282.

536 Siehe *Bosch* in: Schönke/Schröder, StGB, § 13 Rn. 44; *Heuchemer* in: BeckOK-StGB, § 13 Rn. 106.

537 Vgl. *Bosch* in: Schönke/Schröder, StGB, § 13 Rn. 50.

538 *Gaede* in: NK-StGB, § 13 Rn. 50.

Jedoch bezieht sich zweitens die Einstandspflicht nach h.M. nur auf diejenigen Gefahren, die typischerweise mit der Sache verbunden sind, erfasst indes nicht solche Gefahren, die bei einem Missbrauch der Sache durch Dritte entstehen.[539] Misst man den Dual-Use-Gütern keine ausschließlich objektiven Erkennungsmerkmale bei, sondern macht die doppelte Verwendbarkeit lediglich an der Intention des Verwenders oder anderer Personen fest, so kommt eine Haftung für das Verhalten Dritter unter dem Gesichtspunkt der reinen Sachgefahr nicht in Betracht. Gesteht man den gelisteten Gütern aber ein (zumindest auch) objektives Gefährdungspotential zu, so lässt sich dieser Gedanke zur Legitimation einer gesetzlich normierten Verantwortlichkeit für Drittverhalten durchaus heranziehen. Dies gilt bspw. für gelistete Güter. Dann allerdings stellt sich die Frage, worauf die strafrechtliche Verantwortlichkeit bei genehmigungsloser Ausfuhr nicht gelisteter Güter fußt, Art. 4 Dual-Use-VO (bzw. Art. 5 Dual-Use-VO). Bei diesen Waren bliebe gleichwohl eine subjektive Verwendungsintention des Abnehmers konstitutiv für die Einordnung in den Dual-Use-Bereich. Diese Verwendungsintention begründet jedoch gereade keine ausschließliche Sachgefahr, sondern bleibt ein personenbezogenes Risiko. Die Erwägung der Sachgefahr trägt für diese Güter also nicht.

(2.) Übernahme von Verantwortung für das Handeln Dritter

Strafrechtlicher Haftung liegt der Gedanke der Eigenverantwortlichkeit zugrunde; grds. muss also niemand strafrechtlich relevantes Verhalten anderer Personen verhindern.[540] Verantwortung für das Verhalten Dritter ist die Ausnahme.[541] Im vorliegenden Kontext von Bedeutung ist dabei die Auffassung der Lit., dass nicht einmal das Überlassen gefährlicher Gegenstände eine Garantenverantwortlichkeit für das nachfolgende Verhalten anderer Personen begründen soll.[542] So wird bspw. für das Ausschenken alkoholischer Getränke allenfalls unter dem Gesichtspunkt der Ingerenz eine Garantenstellung angenommen[543] und lediglich

---

539 Vgl. *Gaede* in: NK-StGB, § 13 Rn. 50; siehe auch *Bosch* in: Schönke/Schröder, StGB, § 13 Rn. 44.

540 So ausdrücklich auch *Stein* in: SK-StGB, § 13 Rn. 39; *Kühl* AT § 18 Rn. 116; *Weigend* in: LK-StGB, § 13 Rn. 55; *Fischer* StGB, § 13 Rn. 24.

541 Umfassend dazu *Kühl* StR AT, § 18 Rn. 118 ff. und auch *Stein* in: SK-StGB, § 13 Rn. 39 ff.

542 *Freund* in: MüKo-StGB, § 13 Rn. 142 f.; *Stein* in: SK-StGB, § 13 Rn. 44.

543 BGHSt 19, 152, 154 ff.; BGHSt 26, 35, 38; *Weigend* in: LK-StGB, § 13 Rn. 45; *Bosch* in: Schönke/Schröder, StGB, § 13 Rn. 40 f.; *Gaede* in: NK-StGB, § 13 Rn. 44, 51; *Kühl* StR AT, § 18 Rn. 105; *Roxin* StR AT/II, § 32 Rn. 173 f.

soweit eine „Autoritätsstellung" z. B. eines Erziehungsberechtigten gegenüber einem Minderjährigen besteht, von einer Garantenstellung ausgegangen.[544]

In wirtschaftsstrafrechtlichen Kontexten wird die Geschäftsherrenhaftung dabei auf betriebsbezogene Verfehlungen begrenzt.[545] Eine strafrechtliche Haftung des Geschäftsherrn besteht lediglich für die Verwirklichung einer gerade für den jeweiligen Betrieb typischen bzw. spezifischen Gefahr.[546] Für betriebsuntypische Verhaltensweisen sowie für Exzesse der Mitarbeiter treffen den Vorgesetzten oder Betriebsinhaber keine strafbewehrten Verhinderungspflichten.[547] *Bosch* verweist hierbei ausdrücklich darauf, mit Geschäftsherrenhaftung könne nur eine Pflicht zur Eindämmung von Gefahrenquellen „im eigenen Organisationsbereich"[548] gemeint sein; anderenfalls habe der Begriff aufgrund der Nähe zur Tatherrschaft Kraft Organisationsherrschaft keine eigenständige Bedeutung.[549]

Nach diesen Grundsätzen käme für die unfriedliche Verwendung von Dual-Use-Gütern jedenfalls dann keine strafrechtliche Haftung des Exporteurs oder Verkäufers in Betracht, wenn man den Gegenständen keinen hauptsächlich objektiven („funktionalen") Bezug zu dieser Art der Verwendung zumisst, vergleichbar der Betriebsbezogenheit der Verfehlungen im Rahmen der Geschäftsherrenhaftung. Dies läuft für Dual-Use-Waren aber auf dieselben Grundsätze hinaus, nach denen für Gefahrenquellen Einstandspflichten bestehen (s.o.).

---

544 *Weigend* in: LK-StGB, § 13 Rn. 27; *Bosch* in: Schönke/Schröder, StGB, § 13 Rn. 52; *Stein* in: SK-StGB, § 13 Rn. 32 ff.; *Roxin StR* AT/II, § 32 Rn. 127 ff.; *Kühl* StR AT, § 18 Rn. 116 (auch bei volljährigen Kindern). Nach OLG Stuttgart NJW 1981, 2369 soll der Halter eines Kfz verpflichtet sein, die Unfallflucht des Fahrers zu verhindern, sofern er am Unfallort anwesend ist.

545 *Bosch* Organisationsverschulden in Unternehmen, S. 217; *Lackner/Kühl/Heger* StGB, § 13 Rn. 4.

546 *Bosch* Organisationsverschulden in Unternehmen, S. 217.

547 *Bosch* in: Schönke/Schröder, StGB, § 13 Rn. 53; vgl. hierzu aber auch *Schall* FS-Kühl, S. 419 ff. und *Bülte* NZWiSt 2012, 176.

548 So *Bosch* Organisationsverschulden in Unternehmen, S. 217; *Bosch* in: Schönke/Schröder, StGB, § 13 Rn. 53.

549 Siehe zum Ganzen instruktiv *Bosch* in: Schönke/Schröder, StGB, § 13 Rn. 53.

Teil 3: **Export von Dual-Use-Gütern**

A Grundlagen

I. Begriffsklärung

1. Ausfuhr i.S.d. AWG

Im nächsten Schritt ist genauer auf die (strafrechtlichen) Regelungen des spezialgesetzlichen Dual-Use-Regimes einzugehen. Dies erfolgt zuvorderst anhand der Vorschriften zum Export von Dual-Use-Gegenständen, die nun im Lichte der zuvor erarbeiteten Grundsätze analysiert werden.

Ausfuhr i.S.v. § 2 Abs. 3 AWG bedeutet die Lieferung von Waren aus dem Inland in ein Drittland (Nr. 1) sowie die Übertragung von Software und Technologie aus dem Inland in ein Drittland einschließlich ihrer Bereitstellung auf elektronischem Weg für natürliche und juristische Personen in Drittländern (Nr. 2). Lieferung[550] von Waren, also beweglichen Sachen, die Gegenstand des Handelsverkehrs sein können (§ 2 Abs. 22 Satz 1 AWG), setzt das körperliche Über-die-Grenze-Bringen von Deutschland in das EU-Ausland i.S.e. schlichten Realakts ohne rechtsgeschäftliche Komponente voraus.[551]

Die Straf- und Ordnungswidrigkeitstatbestände des AWG knüpfen dann – neben weiteren Handlungsbeschreibungen – an das Tatverhalten „ausführen" an. Allerdings verbietet sich insoweit eine allein am Begriff der Ausfuhr gem. § 2 Abs. 3 Nr. 1 AWG orientierte Auslegung. Dies hätte nämlich u. a. zur Folge, dass die Ausfuhrdelikte lediglich von Tätern begangen werden können, die den illegalen

550 Vor der AWG-Novelle im Jahr 2013 knüpfte die Legaldefinition für Ausfuhr in § 4 Abs. 2 Nr. 4 AWG a.F. an den Begriff des Verbringens. Verbringen konnte dabei indes nicht mit demselben Wortinhalt verstanden werden, wie ihn § 4 Abs. 2 Nr. 5 AWG a.F. für den Begriff „Verbringung" für das Außenwirtschaftsrecht festschrieb, sondern war divergent dazu und damals bereits dem allgemeinen Wortsinn entsprechend als bloßer Transport der Ware ohne territoriale Spezifizierung zu begreifen. Anderenfalls hätte die Legaldefinition des § 4 Abs. 2 Nr. 4 AWG a.F. in Widerspruch zu derjenigen des § 4 Abs. 2 Nr. 5 AWG a.F. gestanden.

551 Zum Ganzen ausführlich *Lehner*, Die strafrechtliche Verantwortlichkeit des Ausfuhrverantwortlichen, S. 113 ff.; siehe auch BGH NJW 1992, 3114; NJW 2007, 1893, 1895; NStZ 2016, 733, 735; BayObLG NStZ 1998, 468, 469; *Mrozek* in: Wolffgang/Simonsen/Rogmann, Außenwirtschaftsrecht, § 2 AWG Rn. 13, 32a; *Nestler* in: ERST, Wirtschaftsstrafrecht, § 17 AWG Rn. 56; *Sachs* in: Hocke/Sachs/Pelz, Außenwirtschaftsrecht, § 2 AWG Rn. 17, 85; *Wagner* in: MüKo-StGB, Bd. 7, Vor §§ 17 ff. AWG Rn. 55; *Diemer* in: Erbs/Kohlhaas, Strafrechtliche Nebengesetze, § 34 AWG a.F. Rn. 10; *Just* in: Hohmann/John, Ausfuhrrecht, § 4 AWG a.F. Rn. 38; *Bieneck* in: ders., Außenwirtschaftsrecht, § 28 Rn. 6; *Lübbig* Verfolgung illegaler Exporte, S. 108.

https://doi.org/10.1515/9783110793246-006

physisch-realen Grenztransfer als solchen selbst herbeiführen.[552] Strafbar wäre damit in erster Linie Transportpersonal.

Daher wird das Tatverhalten des Ausführens zusätzlich anhand der Legaldefinition des Ausführers gem. § 2 Abs. 2 AWG bestimmt.[553] Danach ist Ausführer jede natürliche oder juristische Person oder Personengesellschaft, die zum Zeitpunkt der Ausfuhr Vertragspartner des Empfängers in einem Drittland ist und über die Lieferung von Waren aus dem Inland in ein Drittland bestimmt (Nr. 1) oder im Fall von Software oder Technologie über deren Übertragung aus dem Inland in ein Drittland einschließlich ihrer Bereitstellung auf elektronischem Weg in einem Drittland bestimmt (Nr. 2).

Neben dem tatsächlichen Liefervorgang (Ausfuhr) kann folglich auch derjenige den Tatbestand der Ausfuhrdelikte erfüllen, der über den Ausfuhrvorgang bestimmt (Ausführer).[554] Bestimmen i.d.S. setzt die zivilrechtliche Verfügungsbefugnis oder zumindest tatsächliche Herrschaftsmacht über den Ausfuhrvorgang voraus.[555] Im Gegensatz zu der Ausführerdefinition in § 4c Nr. 1 AWV a.F., dem Art. 2 Abs. 2 AWG nachgebildet ist, genügt es allerdings nicht mehr, dass die Ware schlechterdings aus dem Wirtschaftsgebiet der EU in ein Drittland gelangt. Vielmehr ist in § 2 Abs. 3 Nr. 1 AWG – wie auch in § 2 Abs. 2 Nr. 1 AWG – lediglich das Bestimmen über Ware aus dem Inland, also dem deutschen Wirtschaftsgebiet, vorgesehen.[556]

---

552 Zu diesem und weiteren Zurechnungsproblemen im Rahmen der Ausfuhrverantwortlichkeit in Unternehmen eingehend *Lehner* Die strafrechtliche Verantwortlichkeit des Ausfuhrverantwortlichen, S. 117 ff.

553 Siehe etwa BGH NJW 2007, S. 1893 ff.; NStZ 2016, 733 ff. m.Anm. *Nestler* NStZ 2016, 738 f.; ausführlich sowie insbesondere zu den Besonderheiten dieses Auslegungsdualismus' *Lehner* Die strafrechtliche Verantwortlichkeit des Ausfuhrverantwortlichen, S. 165 ff.

554 Zu dem daraus allerdings nicht resultierenden Sonderdeliktscharakter sämtlicher Ausfuhrdelikte statt vieler *Lehner* Die strafrechtliche Verantwortlichkeit des Ausfuhrverantwortlichen, S. 144 ff.; siehe auch *Nestler/Lehner* JURA 2017, 403 (insb. S. 410 ff.).

555 BGH NJW 2007, S. 1893 (1895 Rn. 17); vgl. auch *Mrozek* in: Wolffgang/Simonsen/Rogmann, Außenwirtschaftsrecht, § 2 AWG Rn. 9; *Pfeil/Mertgen* Compliance im Außenwirtschaftsrecht, S. 23; siehe auch *Tervooren/Mrozek* in: Wolffgang/Simonsen/Rogmann, Außenwirtschaftsrecht, Art. 2 Dual-Use-VO Rn. 43.

556 § 34 Abs. 1 S. 2 AWG a.F. erfasste infolge des Zwölften Gesetzes zur Änderung des Außenwirtschaftsgesetzes und der Außenwirtschaftsverordnung, 12. AWGÄndG v. 28.03.2006, BGBl. 2006/I, S. 574, auch Ausfuhren eines in Deutschland ansässigen „Ausführers" aus anderen Mitgliedstaaten der Europäischen Union in den Anwendungsbereich der Norm. Die Regelung bildete damit ein Beispiel für eine personale Anknüpfung bei der Regulierung des Außenhandels im Gegensatz zur (strafrechtlich vorwiegend relevanten) rein territorialen Anknüpfung von Verbringungsverboten; *Remien* RabelsZ 1990, 447 f. unter Verweis auf § 21 KrWaffG als weiteres

Daneben sind Ausfuhren aus anderen Mitgliedstaaten der EU in Drittstaaten wegen des Inlandsbezugs in § 2 Abs. 3 Nr. 1 AWG grds. vom Anwendungsbereich der Ausfuhrdelikte ausgeschlossen. Bereits in § 34 Abs. 1 AWG a.F. wurde die ungenehmigte Verbringung (d. h. die Ausfuhr in andere EU-Mitgliedsländer) von Rüstungs- und bestimmten Dual-Use-Gütern zunächst nicht ausdrücklich geregelt. Eine erhebliche (und zutreffende) Strömung in der Lit. war dementsprechend der Ansicht, dass diese von der Strafbarkeit des § 34 Abs. 1 AWG a.F. nicht erfasst wurde.[557] Dieser Umstand erwies sich nicht nur als unpraktikabel wegen der gleichwohl bestehenden Zuständigkeit des BAFA, sofern der Ausführer über eine Niederlassung im deutschen Wirtschaftsgebiet verfügt, sondern generierte darüber hinaus empfindliche Strafbarkeitslücken.[558] Erst seit einer Änderung des § 34 Abs. 1 S. 2 AWG a.F. im Jahr 2006[559] fielen – unter Abweichung von der Definition des Ausfuhrbegriffs in § 4 Abs. 2 Nr. 4 AWG a.F. – auch Ausfuhren eines in Deutschland ansässigen „Ausführers" aus anderen Mitgliedstaaten der EU in den Anwendungsbereich der Norm.

Seit der AWG-Novelle von 2013 stellen nunmehr §§ 17 Abs. 7, 18 Abs. 10 AWG klar, dass die Ausfuhrdelikte nach § 18 Abs. 1–9 AWG unabhängig vom Recht des

---

Beispiel für eine solche Verknüpfung. Eine weitere Möglichkeit der Anknüpfung ergibt sich etwa aus der Gebietsansässigkeit; *Remien*, RabelsZ 1900, S. 448 f.

557 *John* in: Hohmann/John, Ausfuhrrecht, § 34 AWG Rn. 147; vgl. auch *Bieneck* in: Bieneck, Handbuch AWR, § 28 Rn. 7; *Bieneck* Wistra 2000, 441; *Bieneck* Wistra 2000a, 213; *Haase* in: Bast/Friedrich/Henseler/Köthe, Außenwirtschaftsrecht, § 34 Anm. 2; a.A. *Mätzke* NStZ 1999, 541, allerdings unter Berufung auf BGH NJW 1992, 3114. Diese Entscheidung betraf die AWV jedoch in einer früheren Fassung, die eine explizite Definition des Verbringens noch nicht enthielt. Die Vertreter der letztgenannten Ansicht ordneten die Verbringung als einen Unterfall der Ausfuhr ein. In einer späteren Fassung wurde dies zur „Klarstellung und um die Gleichbehandlung der Strafverfolgung von ungenehmigten Ausfuhren und Verbringungen in den Fällen des § 7 Abs. 1 und 2 AWV sicherzustellen" (BT-Drs. 16/33, S. 12) geändert.

558 In § 34 Abs. 1 AWG a. F. wurde die ungenehmigte Verbringung (d. h. die Ausfuhr in andere EU-Mitgliedsländer) von Rüstungs- und bestimmten Dual-Use-Gütern nicht ausdrücklich geregelt. Eine erhebliche (und zutreffende) Meinung in der Literatur war dementsprechend der Ansicht, dass diese von der Strafbarkeit des § 34 Abs. 1 AWG a. F. nicht erfasst wurde, *John* in: Hohmann/John, Ausfuhrrecht, § 34 AWG Rn 147; vgl. auch *Bieneck* in: Bieneck, Handbuch AWR, § 28 Rn 7; *Bieneck* Wistra 2000, 441; *Bieneck* Wistra 2000a, 213; *Haase* in: Bast/Friedrich/Henseler/Köthe, Außenwirtschaftsrecht, § 34 Anm. 2; a. A. *Mätzke* NStZ 1999, 541, allerdings unter Berufung auf BGH, NJW 1992, S. 3114. Diese Entscheidung betraf die AWV jedoch in einer früheren Fassung, die eine explizite Definition des Verbringens noch nicht enthielt. Die Vertreter der letztgenannten Ansicht ordneten die Verbringung als einen Unterfall der Ausfuhr ein. In der Neufassung wurde dies zur „Klarstellung und um die Gleichbehandlung der Strafverfolgung von ungenehmigten Ausfuhren und Verbringungen in den Fällen des § 7 Abs. 1 und 2 AWV sicherzustellen" (BT-Drs. 16/33, S. 12) geändert.

559 BT-Drs. 16/33, S. 12.

Tatorts, auch für Taten gelten, die im Ausland begangen werden, wenn der Täter Deutscher ist. Damit bedeutet Ausfuhr in dem vom Außenwirtschaftsgesetz verwendeten Sinn zwar grds. gem. § 2 Abs. 3 AWG die Lieferung von Waren aus dem deutschen Wirtschaftsgebiet nach fremden Wirtschaftsgebieten; soweit es jedoch die Strafnormen in §§ 17 Abs. 1–6, 18 Abs. 1–9 AWG betrifft, weicht der Ausfuhrbegriff von der genannten Legaldefinition ab und schließt darüber hinaus Verhaltensweisen von Deutschen ein, die bestimmte Waren von anderen Mitgliedstaaten der EU aus nach Drittstaaten versenden.

Das Gesetz verzichtet dabei abgesehen von dem personalen Moment (Ansässigkeit im Wirtschaftsgebiet) auf jeden weiteren gegenständlichen Anknüpfungspunkt, weshalb auch nicht erforderlich ist, dass sich der fragliche Gegenstand zu irgendeinem Zeitpunkt in in Deutschland befunden haben muss.[560]

2. Ausfuhr i.S.d. Dual-Use-VO

Eine weitere, äußerst praxisrelevante Legaldefinition enthält Art. 2 Nr. 2 Dual-Use-VO, demgemäß man unter Ausfuhr u.a. ein Ausfuhrverfahren i.S.d. Art. 161 ZK (a.F.) versteht.[561] Nach Art. 2 Nr. 2 Lit. d Dual-Use-VO soll darüber hinaus aber insbesondere auch die Übertragung von Software oder Technologie mittels elektronischer Medien nach einem Bestimmungsziel außerhalb des Zollgebiets der Union eine Ausfuhr darstellen. Dies schließt nach Hs. 2 der Vorschrift sogar das Bereitstellen solcher Software oder Technologie in elektronischer Form für natürliche oder juristische Personen oder für Personenvereinigungen außerhalb des Zollgebiets der Union sowie die mündliche Weitergabe von Technologie ein, sofern die Technologie über ein Sprachübertragungsmedium beschrieben wird. Ausführer soll dabei nach Art. 2 Nr. 3 Dual-Use-VO derjenige sein, der zum Zeitpunkt der Entgegennahme der Anmeldung Vertragspartner des Empfängers im Drittland ist oder über die Versendung der Güter aus dem Zollgebiet der Gemeinschaft bestimmt.[562] Die Legaldefinitionen der Dual-Use-VO und des AWG (§ 2 Abs. 3 Nr. 1 AWG) verhalten sich insoweit kongruent zueinander und auch hinsichtlich der Regelung zu Software oder Technologien, die § 2 Abs. 3 Nr. 2 AWG bzw. Art. 2 Nrn. 2 und 3 Dual-Use-VO ansprechen, stimmen die Vorschriften überein.[563] Beachtenswert erscheint dabei, dass hinsichtlich des Ausführerbe-

---

560 *Bieneck* NStZ 2006, 611; *Diemer* in: Erbs/Kohlhaas, Strafrechtliche Nebengesetze, § 34 Rn. 12.
561 *Bieneck* Wistra 2000, 445.
562 *Diemer* in: Erbs/Kohlhaas, Strafrechtliche Nebengesetze, § 34 Rn. 10; *Bieneck* Wistra 2000, 445 zur a.F. der Dual-Use-VO; *Bieneck* NStZ 2006, 611.
563 *Bieneck* Wistra 2000, 445 zur a.F. der Dual-Use-VO.

griffs AWG und die Dual-Use-VO gleichermaßen an das Merkmal des Bestimmens anknüpfen; § 2 AWG wurde hier dem Begriffsverständnis der Dual-Use-VO nachgebildet.[564]

Diese Feststellung mag für sich genommen banal erscheinen und angesichts des in weiten Teilen identischen Regelungsgegenstands (grenzüberschreitender Warenverkehr) wenig überraschen, bedeutet aus strafrechtlicher Sicht jedoch einen essentiellen Fortschritt: Denn abgesehen von ihrer außenwirtschaftsrechtlichen Bedeutung[565] war es im Bereich des Außenwirtschaftsstrafrechts wegen bestehender Strafbarkeitslücken bei der Verbringung von (Dual-Use-)Gütern von Deutschland in andere Mitgliedstaaten der EU notwendig, § 34 Abs. 1 AWG a.F. entsprechend zu modifizieren. Der Gesetzgeber hat dabei nicht nur der Tathandlung des Ausführens ein Verbringen an die Seite gestellt, sondern die im Fokus der an der a.F. geübten Kritik stehenden Dual-Use-Waren in eine separate Nr. 2 des § 34 Abs. 1 S. 1 AWG a.F. ausgegliedert. Bereits dies indizierte nahezu zwingend einen Gleichlauf im Hinblick auf das sanktionierte Verhalten zwischen der diesbezüglich grundlegenden Dual-Use-VO und der Regelung des deutschen Außenwirtschaftsstrafrechts.

Konsequent wird die Strafbarkeit wegen der Ausfuhr unter Verstoß gegen die Dual-Use-VO seit der AWG-Novelle zentral durch § 18 Abs. 5 AWG erfasst.[566] Die Vorschrift stellt Verstöße gegen die Genehmigungspflichten der Dual-Use-VO unter Strafe. Strafbar macht sich bspw., wer gegen die Dual-Use-VO verstößt, indem er ohne Genehmigung des BAFA gelistete Dual-Use-Güter ausführt (§ 18 Abs. 5 S. 1 Nr. 1 AWG, Art. 3 Abs. 1 Dual-Use-VO i.V.m. Anhang I der Dual-Use-VO). Bei der Auslegung des Tatverhaltens „ausführt“ wird zwar gefordert, aufgrund des Vorrangs des Unionsrechts bzw. unionsrechtskonformer Auslegung primär auf die Begriffsbestimmungen in Art. 2 Nr. 2, Nr. 3 Dual-Use-VO abzustellen.[567] Dies kann indessen wegen der Strafrechtsautonomie des deutschen Gesetzgebers sowie des Bestimmtheitsgebots gem. Art. 103 Abs. 2 GG nur insoweit gelten, als diese Begriffsbestimmungen nicht über das deutsche Begriffsverständnis hinausreichen.[568] Aufgrund des im deutschen und im Unionsrecht identischen Begriffs-

564 *Lehner* Die strafrechtliche Verantwortlichkeit des Ausfuhrverantwortlichen, S. 108 (auch umfassend zu diesem Problembereich).

565 Bspw. die Erfassung von „Personenvereinigungen“.

566 Beachte für national gelistete und nicht gelistete Dual-Use-Güter zusätzlich § 18 Abs. 2 Nr. 1 AWG, §§ 8, 9 AWV.

567 BGH NStZ 2016, 733, 735; *Morweiser* in: Wolffgang/Simonsen/Rogmann, Außenwirtschaftsrecht, § 18 AWG Rn. 83.

568 *Nestler* in: ERST, Wirtschaftsstrafrecht, § 18 Rn. 55.

dualismus aus Ausfuhr und Ausführer ergeben sich insoweit jedoch keine Friktionen.

3. Konnex zwischen doppeltem Verwendungszweck und Ausfuhrbegriff?

Im Ausgangspunkt erscheint nach dem zuvor Gesagten die Frage nach dem Konnex zwischen doppeltem Verwendungszweck und Ausfuhrbegriff schief: bei der Ausfuhr handelt es sich um eine tatsächliche, weitgehend deskriptive und gesetzlich definierte Komponente (Grenztransfer), während dem Dual-Use-Aspekt eine stark normative Prägung anhaftet und eine Definition weitgehend fehlt. Wie gesehen setzt sich der Dual-Use-Begriff wiederum aus einer objektiven Komponente (Beschaffenheit und sozialer Bezug) und einer subjektiven Komponente (Verwendungszweck) zusammen.

Strafrechtsdogmatisch aufzulösen ist die Verknüpfung beider Aspekte über die Schnittstelle des Blankettcharakters der einschlägigen Tatbestände, § 18 Abs. 5 AWG i.V.m. der Dual-Use-VO. Die Strafbarkeit verlangt beides, den Ausfuhrvorgang einerseits sowie die Listung aufgrund objektiver Gefährlichkeit nach Art. 3 Dual-Use-VO bzw. das Unterrichtetsein oder die Kenntnis hinsichtlich der kritischen Endverwendung nach Art. 4 und 5 Dual-Use-VO andererseits. Bei der Verknüpfung der objektiven Komponente (objektive Gefährlichkeit oder Eignung für militärische bzw. illegale Verwendung) mit der Ausfuhr ergibt sich aus dem Konnex allein noch keine deliktsspezifische Folge. Verweisen Tatbestände wie § 18 Abs. 2 Nr. 1, Abs. 5 Nr. 1 AWG auf Genehmigungstatbestände für die Ausfuhr von Gütern, die in bestimmten Güterlisten aufgeführt werden (Ausfuhrliste gem. Art. 8 AWV, Anhang I gem. Art. 3 Dual-Use-VO), so folgen mit Blick auf die Deliktsnatur keine Besonderheiten gegenüber anderen Ausfuhrdelikten.

Dem überwiegenden Teil der Ausfuhrdelikte in AWG, AWV und KrWaffG ist gemein, dass sie den illegalen Grenzübertritt von Gütern unter Strafe stellen, die auf einer entsprechenden Liste genannt werden. So existieren im nationalen Exportkontrollrecht für Ausfuhren nach dem AWG die Ausfuhrliste, für Ausfuhren nach dem KrWaffG die Kriegswaffenliste sowie im EU-Exportkontrollrecht für Ausfuhren nach der Dual-Use-VO deren Anhang I. Diese Listen führen Güter – gleichgültig ob diese nun offensichtlich militärischen bzw. illegalen Zwecken dienen oder nicht – aufgrund ihrer objektiven Beschaffenheit auf, weil für sie zumindest generell von einer objektiven Eignung zur militärischen Verwendung ausgegangen wird.

Anders als bei dieser ausschließlich objektiven Komponente hat aber der Konnex aus Ausfuhr und subjektiver Komponente Einfluss auf die Deliktsnatur der Ausfuhrdelikte. So führt nur die Verknüpfung der Eigenschaft „Ausführer" mit dessen „Kenntnis" (Art. 4 Abs. 2 Dual-Use-VO bzw. Art. 5 Abs. 2 Dual-Use-VO) hinsichtlich einer kritischen Endverwendung in den Augen des BGH zur Entstehung eines Sonderdelikts.[569] In dieser Konstellation knüpfe also der Genehmigungsvorbehalt des Art. 4 Abs. 2 Dual-Use-VO nicht an den tatsächlichen Vorgang der Ausfuhr, sondern unmittelbar an die formelle Ausführereigenschaft an.

In diesem Fall kann folglich nur derjenige den Catch-All-Verstoß begehen, der zusätzlich zu seiner funktional-sozialen Tatherrschaft („bestimmen") ein individuelles Sonderwissen hinsichtlich der Endverwendung hat, aus der dann eine Mitteilungs- bzw. Genehmigungspflicht resultiert. Der doppelte Verwendungszweck hat insoweit sowohl strafbegründende als auch strafbegrenzende Wirkung, denn Ausführer ohne die positive Kenntnis davon können allenfalls Teilnehmer sein.[570]

Anders verhält es sich dagegen im Fall des „Unterrichtetseins" nach Art. 4 Abs. 1 Lit. a bis c Dual-Use-VO. Hierzu vertritt der BGH[571], wie gesehen, dass Catch-All-Delikte gem. § 18 Abs. 5 S. 1 Nr. 1 AWG i.V.m. Art. 4 Abs. 1 Lit. a bis c Dual-Use-VO keine Sonderdelikte sind, da nach heutigem Recht jeder an der Ausfuhr Beteiligte als Täter in Betracht kommt.[572] Dementsprechend führt der doppelte Verwendungszweck der ausgeführten Ware eher zu einer Art zusätzlichen Bedingung der Strafbarkeit – jedenfalls faktisch, wenn man bedenkt, dass Adressat der Mitteilung nach Ansicht der Rspr.[573] nur der Ausführer im verfahrensrechtlichen Sinn ist, Täter aber auch ein beliebiger Dritter sein kann.[574] Hier hat der

569 Siehe oben S. 94 ff.

570 *Cornelius* in: Graf/Jäger/Wittig, Wirtschaftsstrafrecht, § 18 Rn. 96 weist in diesem Zusammenhang noch auf die Sonderregelung zur mittelbaren Täterschaft in § 18 Abs. 5 S. 3 AWG hin.

571 BGH NStZ 2016, 733, 735.

572 Siehe eingehend dazu oben, S. 93 f.

573 BGH NStZ 2016, 738.

574 Krit. zu der vom BGH angenommenen extensiven Wirkung der behördlichen Unterrichtung bereits die Anmerkung von *Nestler* NStZ 2016, 738. Üblicherweise setzen Tatbestände, die Verstöße gegen behördliche Mitteilungen oder Anweisungen beinhalten diesbzgl. Vorsatz voraus; vgl. bspw. zu § 324a StGB („unter Verletzung verwaltungsrechtlicher Pflichten") *Ransiek* in: NK-StGB, § 324a Rn. 24. *Lewisch/Stangl* in: Hocke/Sachs/Pelz, Außenwirtschaftsrecht, Art. 4 Rn. 16 sprechen von der „individuellen" Unterrichtung (im Gegensatz zur allgemeinen behördlichen Information), was jedenfalls gegen die Allgemeingültigkeit spricht, das individuelle Vorsatzerfordernis aber nicht ausschließt. In (exportierenden) Unternehmen bleibt dann aber die Frage zu diskutieren, wessen Kenntnis von der behördlichen Unterrichtung letztlich ausreicht. Diskutiert wird die Frage einer möglichen strafrechtlichen „Wissenszurechnung" vor allem aus Opferperspektive für den Getäuschten beim Betrug, dazu *Eisele* ZStW 116 (2004), 15 ff.; Saliger in: Matt/Renzikowski, StGB, § 263 Rn. 102 ff.; ferner zum Ganzen *Wittmann* Wissenszurechnung im Strafrecht, passim. Für den Täter kommt sie nicht bzw. nur im Rahmen von Fahrlässigkeitstatbeständen als „Kennenmüssen" in Betracht.

Konnex aus Ausführer und doppeltem Verwendungszweck folglich lediglich strafbegründende Wirkung.

II. Disparate Schutzzwecke?

1. Klassischer Kanon der Schutzzwecke des Außenwirtschaftsstrafrechts

Erwägungsgrund (5) der Dual-Use-VO nennt als Ziel der Ausfuhrkontrolle, ein „wirksames gemeinsames Ausfuhrkontrollsystem für Güter mit doppeltem Verwendungszweck" zu schaffen, um sicherzustellen, dass die „internationalen Verpflichtungen und Verantwortlichkeiten der Mitgliedstaaten und der Union, insbesondere hinsichtlich der Nichtverbreitung [von Massenvernichtungswaffen] sowie des Friedens, der Sicherheit und der Stabilität in der jeweiligen Region und der Achtung der Menschenrechte und des humanitären Völkerrechts, eingehalten werden". Im Zentrum stehen somit auch nach der Neufassung zunächst die klassischen Rechtsgüter[575] der äußeren Sicherheit, des Völkerfriedens sowie der auswärtigen Beziehungen. Dem entspricht im Wesentlichen § 4 AWG, der zwar zum 17.7.2020[576] neu gefasst wurde, diesbzgl. jedoch keine Änderungen erfahren hat.

Für die Ausfuhrdelikte in §§ 17, 18 AWG im Allgemeinen bestand schon bisher – trotz der Schwierigkeiten einer abschließenden Rechtsgutsbestimmung[577] – weitgehend Einigkeit, dass diese die in § 4 Abs. 1 AWG enthaltenen sog. Kernrechtsgüter schützen.[578] Genannt werden dort die wesentlichen Sicherheitsinteressen Deutschlands (Nr. 1), das friedliche Zusammenleben der Völker (Nr. 2), die

---

575 Die vorliegende Untersuchung verwendet den Begriff des Rechtsguts allein i.S.v. „gesetzgeberischer Zielsetzung" bzw. von „geschütztes Interesse". Der Terminus soll hier somit nicht im methodologischen Sinn mit dem Rechtsgutsbegriff gleichgesetzt werden, sondern findet Verwendung vielmehr in einem technischen Sinn, um die Schutzrichtung der beleuchteten Tatbestände zu bezeichnen.

576 Gesetz v. 10.7.2020, BGBl. 2020/I, S. 1637.

577 *Nestler* in: ERST, Wirtschaftsstrafrecht, § 17 AWG Rn. 8; *Nestler* NZWiSt 2015, 81, 88.

578 BT-Drs. 17/11127, S. 26; BGH NJW 1996, 1355; BGH NJW 1999, 3325; *Alexander* in: Müller-Gugenberger, Wirtschaftsstrafrecht, § 62 Rn. 6; *Cornelius* in: Graf/Jäger/Wittig, Wirtschaftsstrafrecht, § 17 Rn. 5, § 18 Rn. 4; *Morweiser* in: Wolffgang/Simonsen/Rogmann/Pietsch, Außenwirtschaftsrecht, Vor §§ 17, 18 AWG Rn. 18 f.; *Nestler* in: ERST, Wirtschaftsstrafrecht, § 17 AWG Rn. 8; *Nestler* NZWiSt 2015, 81, 88; *Pelz* in: Hocke/Sachs/Pelz, Außenwirtschaftsrecht, vor §§ 17 ff. Rn. 2; in Bezug auf die alte Rechtslage *Bieneck* in: Bieneck, Außenwirtschaftsrecht, § 23 Rn. 1 ff.; *Burkert* Besondere Problematik der Täterschaft und Teilnahme im Bereich der ungenehmigten Ausfuhr gemäß § 34 AWG, S. 55 ff.; *Trouet* FS-Krause, S. 407, 414.

auswärtigen Beziehungen Deutschlands (Nr. 3), die öffentliche Ordnung oder Sicherheit Deutschlands (Nr. 4), die öffentliche Ordnung oder Sicherheit in Bezug auf Projekte oder Programme von Unionsinteresse i.S.v. Art. 8 VO (EU) 2019/452[579] (Nr. 4a) sowie die Deckung des lebenswichtigen Bedarfs im Inland oder in Teilen des Inlands (Nr. 5)[580], wobei Nrn. 4 und 5 erst durch die Reform des Außenwirtschaftsrechts im Jahr 2013 in das Gesetz integriert wurden[581]; Nr. 4a wurde sogar noch später mit Wirkung zum 10.7.2020 eingefügt[582]. Erfasst werden dadurch wirtschaftliche, politische, öffentliche, aber auch militärische und strategische Verteidigungsinteressen Deutschlands, die damit zugleich dem Staatsinteresse an dem Bestand und der Erhaltung der Wirtschaftsordnung und der Position im Bündnissystem dienen und mithin Teil des Schutzes der freiheitlich verfassten Bundesrepublik Deutschland nach außen bilden.[583] Alle der dort genannten Belange stellen Universalrechtsgüter dar.[584]

Dies gilt im Grundsatz auch für die Dual-Use-Straftatbestände in § 18 Abs. 5 AWG. Sind bestimmte Dual-Use-Güter bereits in Anhang I zur Dual-Use-VO gelistet und gelten damit per se als sicherheitsrelevant oder wurde der Ausführer nach Art. 4 Dual-Use-VO durch das BAFA hinsichtlich einer kritischen Endverwendung entsprechend unterrichtet bzw. hat er Kenntnis hinsichtlich einer solchen Endverwendung, ist eine Ausfuhrgenehmigung erforderlich; wer ohne diese Genehmigung ausführt, macht sich strafbar. Aufgrund dieser verweisenden Regelungstechnik ist zudem anerkannt, dass Ausfuhrdelikte, die an den Verstoß gegen eine Genehmigungspflicht anknüpfen, zusätzlich den staatlichen Genehmi-

---

579 VO (EU) 2019/452 v. 19.3.2019 zur Schaffung eines Rahmens für die Überprüfung ausländischer Direktinvestitionen in der Union, ABl. L 79 I v. 21.3.2019, S. 1.

580 Im Einzelnen *Cornelius* in: Graf/Jäger/Wittig, Wirtschaftsstrafrecht, § 17 Rn. 37 ff.; *Barowski* AW-Prax 2016, 64; siehe auch *Lehner* Die strafrechtliche Verantwortlichkeit des Ausfuhrverantwortlichen, S. 174.

581 Gesetz v. 6.6.2013, BGBl. 2013/I, S. 1482.

582 Gesetz v. 10.7.2020, BGBl. 2020/I, S. 1637.

583 So BGH NJW 1999, 3325; zur Frage des dadurch bedingten staatsschützenden Charakters der Ausfuhrdelikte BGH NJW 1999, 1355; *Gericke* in: Ehlers/Wolffgang, Recht der Exportkontrolle, S. 183 ff.; *Nestler* ZStW 125 (2013), 259 ff.; *Diemer* in: Erbs/Kohlhaas, Strafrechtliche Nebengesetze, Vorb. Zu §§ 17–19 AWG Rn. 2. Zu § 34 AWG a.F. *Diemer* in: Erbs/Kohlhaas, Strafrechtliche Nebengesetze, § 34 AWG a.F. Rn. 4.

584 *Bieneck* in: Bieneck, Außenwirtschaftsrecht, § 23 Rn. 1; *Tiedemann* Wirtschaftsstrafrecht AT, Rn. 220; *Nestler* ZStW 125 (2013), 259; ausführlich ferner *Hefendehl* Kollektive Rechtsgüter, S. 111, 157 ff.; *Wohlers* Deliktstypen des Präventionsstrafrechts, S. 221 ff.

gungsvorbehalt als vorgelagerten Schutzzweck und Ausdruck staatlicher Exportkontrolle erfassen.[585]

Der BGH tendiert(e) für § 34 AWG a.F. stets dazu, die außenwirtschaftsstrafrechtlichen Normen als solche des Staatsschutzstrafrechts einzuordnen.[586] Dies wurde damit begründet, dass der Proliferation eine immer gewichtigere Bedeutung speziell für die äußere Sicherheit der Bundesrepublik Deutschland zukommt, der mit den klassischen Staatsschutzvorschriften der §§ 93 ff. StGB kaum noch ausreichend Rechnung getragen werden könne.[587] Zum Teil wurde in der Lit. auch darauf verwiesen, dass gem. § 120 Abs. 2 Nr. 4 GVG sogar die evokative Zuständigkeit des Generalbundesanwalts unter bestimmten Umständen begründet werden kann, nämlich dann, wenn die Tat geeignet ist, die äußere Sicherheit oder die auswärtigen Beziehungen der Bundesrepublik Deutschland erheblich zu gefährden, oder sie bestimmt und geeignet ist, das friedliche Zusammenleben der Völker zu stören.[588]

Da es aber kaum möglich ist, in einer global interdependenten Welt eine klare Unterscheidung zwischen außen- und sicherheitspolitischen Erwägungen zu treffen, können die Sicherheit eines Staates auch eine erhebliche Störung seiner auswärtigen Beziehungen oder des friedlichen Zusammenlebens der Völker beeinträchtigen[589]; insoweit fällt auch die innere Sicherheit in den Schutzbereich der Norm. An diesem Ergebnis ändert insbesondere die Rspr. des EuGH nichts, der in zwei Dual-Use-Judikaten bzw. zur rein zivilen Verwendung taugliche Waren betreffenden Entscheidungen im Zusammenhang mit der Belieferung anerkannter Nonproliferations-Staaten keine potentielle Bedrohung der äußeren Sicherheit

---

585 BGH NJW 1996, 1355; BGH NJOZ 2010, 1274 ff.; *Cornelius* in: Graf/Jäger/Wittig, Wirtschaftsstrafrecht, § 18 Rn. 4; *Diemer* in: Erbs/Kohlhaas, Strafrechtliche Nebengesetze, Vorb. Zu §§ 17–19 AWG Rn. 2, § 34 AWG a.F. Rn. 4; *John* in: Hohmann/John, § 34 AWG Rn. 117 ff.; *Morweiser* in: Wolffgang/Simonsen/Rogmann, Außenwirtschaftsrecht, Vor §§ 17, 18 AWG Rn. 19; *Pelz* in: Hocke/Sachs/Pelz, Außenwirtschaftsrecht, Vor §§ 17 ff. Rn. 2; *Bieneck* in: Bieneck, Außenwirtschaftsrecht, § 23 Rn. 2; *Bieneck/Schaefer* Wistra 2011, 89, 90.

586 BGH v. 23.11.1995 – 1 StR 296/95, BGHSt 41, 358 = NJW 1996, 1355; dem folgend *Diemer* in: Erbs/Kohlhaas, Strafrechtliche Nebengesetze, § 34 AWG a.F. Rn. 4, „soweit § 34 den Verkehr und den Handel mit Rüstungs- und anderen sicherheitsrelevanten Gütern im Interesse der äußeren Sicherheit der BRD und ihrer auswärtigen Beziehungen einer umfassenden, strafbewehrten staatlichen Kontrolle unterstellt".

587 *Diemer* in: Erbs/Kohlhaas, Strafrechtliche Nebengesetze, § 34 AWG a.F. Rn. 4; *Schmidt/Wolff*, NStZ 2006, 161 (165); vgl. auch BGH v. 14.7.2005 – StB 9/05, NStZ-RR 2005, 305 f. zur Abgrenzung.

588 *Diemer* in: Erbs/Kohlhaas, Strafrechtliche Nebengesetze, § 34 AWG a.F. Rn. 4; ähnlich *Schmidt/Wolff*, NStZ 2006, 161 (165); vgl. zur evokativen Zuständigkeit des Generalbundesanwalts Rn. 75.

589 *Hohmann* in: Hohmann/John, Ausfuhrrecht, Art. 11 AusfuhrVO Rn. 4.

eines Staates zu erkennen vermochte.[590] Dies gilt zumal vor dem Hintergrund, dass beide Urteile bereits vor dem Inkrafttreten der Dual-Use-VO ergingen, aus der sich für diese Fälle mittlerweile ausdrückliche Beschränkungen ergeben. *Hohmann* führt dazu schließlich u.a. an, es bestehe ein Unterschied zwischen der Beschränkung nach dem KrWaffG (repressives Verbot) und der Dual-Use-VO (präventives Verbot mit Erlaubnisvorbehalt) und spricht dabei sogar von einer Übereinstimmung von Moral und Recht.[591]

Beschränkungen sowohl des innerunionalen Handels als auch des Handels mit Drittstaaten können daher auch unter Berufung auf die „Gefahr einer Störung des Netzes der auswärtigen Beziehungen" gerechtfertigt werden.[592] Mit Blick auf die nicht zuletzt in Art. 346 AEUV zum Ausdruck kommenden Vorbehalte billigt der EuGH den Mitgliedstaaten dabei einen weiten Beurteilungs- und Ermessensspielraum zu.[593]

Darüber hinaus finden sich als Schutzgüter das Staatsinteresse an Bestand und der Erhaltung der Wirtschaftsordnung und der Position der Bundesrepublik Deutschland im Bündnissystem[594], ebenso die äußere Sicherheit Deutschlands[595] oder der Völkerfriede[596]. Schließlich wird pauschal und im Übrigen auf den Schutz des Allgemeinwohls verwiesen, den §§ 17, 18 AWG dadurch sicherstellen sollen, dass sie dem außenwirtschaftsrechtlichen Genehmigungsvorbehalt Geltung verschaffen, mit dem der grds. freie (Außen-)Wirtschaftsverkehr aus übergeordneten Interessen des Gemeinwohls beschränkt wird.[597] Daneben existieren vereinzelt Anhaltspunkte für die Ansicht, in Anlehnung an die politischen Grundsätze der Bundesregierung für den Export von Kriegswaffen und sonstigen Rüstungsgütern[598] seien ggf. auch die Sicherung „der Gewaltprävention, der Menschenrechte und einer nachhaltigen Entwicklung in der Welt"[599] als Schutz-

590 EuGH RS C-83/94, Slg. 1994 I, S. 3231; EuGH RS C 70/94, Slg. 1995 I, S. 3189; *Hohmann* in: Hohmann/John, Ausfuhrrecht, Art. 11 AusfuhrVO Rn. 5.

591 *Hohmann* in: Hohmann/John, Ausfuhrrecht, Art. 11 AusfuhrVO Rn. 5 dort Fn. 14.

592 EuGH C-70/94, Slg. 1995, S. I-3189 (Rn. 12 ff.).

593 Vgl. EuG, Rs. T-26/01, Slg. 2003, II-3951, Rn. 58; EuGH, Rs. C-38/06, Rn. 49.

594 BVerfG v. 17.3.1999 – 2 BvR 1565/97, NJW 1999, 3325; *Diemer* in: Erbs/Kohlhaas, Strafrechtliche Nebengesetze, § 34 AWG a.F. Rn. 4.

595 *Wagner* in: MüKo-StGB, § 34 AWG a.F. Rn. 91. Eingehend zum Begriff *Nestler* ZStW 2013, 259 ff.

596 Vgl. *Wagner* in: MüKo-StGB, § 34 AWG a.F. Rn. 91.

597 *Diemer* in: Erbs/Kohlhaas, Strafrechtliche Nebengesetze, § 34 AWG a.F. Rn. 4.

598 Abrufbar auf den Seiten des BMWi unter https://www.bmwi.de/BMWi/Redaktion/PDF/A/aussenwirtschaftsrecht-grundsaetze,property=pdf,bereich=bmwi2012,sprache=de,rwb=true.pdf.

599 So der Wortlaut der politischen Grundsätze, Einleitung, 3. Spiegelstrich.

zwecke anzusehen.[600] Richtigerweise gehen diese Aspekte jedoch bereits im Schutz der vorgenannten Belange auf.

Knüpfte in der früheren Fassung des AWG dessen § 34 Abs. 2, Abs. 6 Nrn. 1 und 4 die Strafbarkeit noch ausdrücklich an eine Eignung der Handlung, die genannten Belange erheblich zu gefährden, so ist diese Voraussetzung aus verschiedenen Gründen nicht in die Neufassung des Gesetzes übernommen worden.[601] Der Wegfall des Gefährdungserfordernisses verringert jedoch den in der Vorschrift bis dahin noch vorhandenen Rechtsgutsbezug weiter und verschiebt den Deliktscharakter von einem (immerhin noch) abstrakt-konkreten Gefährdungsdelikt hin zu einem reinen abstrakten Gefährdungsdelikt. Dadurch verlagert sich das zeitliche Eingreifen der Strafnorm weiter ins Vorfeld einer tatsächlichen Schädigung.[602]

2. Dual-Use-Bereich im Speziellen

Die Erwägungen der Dual-Use-VO n.F. verweisen nun darüber hinaus und an prominenter Stelle in Erwägungsgrund (2) auf einen anderen Aspekt. Der Erwägungsgrund nennt die Erfüllung der „internationale[n] Verpflichtungen und Zusagen, Verpflichtungen im Rahmen einschlägiger Sanktionen, Erwägungen der nationalen Außen- und Sicherheitspolitik, einschließlich derjenigen, die im Gemeinsamen Standpunkt 2008/944/GASP des Rates, unter anderem in Bezug auf die Menschenrechte, enthalten sind". Bei Gütern für digitale Überwachung sollen die zuständigen Behörden der Mitgliedstaaten insbesondere das Risiko berücksichtigen, dass diese im Zusammenhang mit „interner Repression oder der Begehung schwerwiegender Verstöße gegen die Menschenrechte und das humanitäre Völkerrecht verwendet werden". Damit rückt der Menschenrechtsschutz offiziell an eine zentrale Stelle in der Dual-Use-Verordnung.

Bereits im Zuge der früheren Reformbestrebungen zur Dual-Use-VO wurde neben den Kernrechtsgütern und dem Genehmigungsvorbehalt zwischenzeitlich noch eine dritte Schutzrichtung des § 18 Abs. 5 AWG diskutiert.[603] In dem angedachten Art. 2 Abs. 1 Lit. b Dual-Use-VO-E[604] hätten „Güter mit doppeltem Verwendungszweck" unter anderem definiert werden sollen als „Technologie für

---

600 So bereits *Bieneck*, Wistra 2000, 441, 447; siehe dazu sogleich.

601 BT-Drs. 17/11127, S. 25. Siehe dazu *Nestler* ZStW 2013, 296 f. insbesondere Fn. 211.

602 Vgl. *Nestler* NZWiSt 2015, 81 ff.

603 Dazu bereits *Lehner* Die strafrechtliche Verantwortlichkeit des Ausfuhrverantwortlichen, S. 175.

604 COM(2016) 616 final – 2016/0295 (COD).

digitale Überwachung, die für die Begehung schwerwiegender Verletzungen der Menschenrechte oder des humanitären Völkerrechts verwendet werden oder eine Bedrohung für die internationale Sicherheit oder die wesentlichen Sicherheitsinteressen der EU und ihrer Mitgliedstaaten darstellen kann". Zugleich war in Art. 4 Abs. 1 Lit. d Dual-Use-VO-E eine Genehmigungspflicht für den Ausführer vorgesehen, der von der zuständigen Ausfuhrbehörde darüber unterrichtet worden ist, dass Güter ganz oder teilweise bestimmt sind oder bestimmt sein können für die Verwendung durch Personen, die im Endbestimmungsland an der Anordnung oder Begehung schwerwiegender Verletzungen der Menschenrechte oder des humanitären Völkerrechts beteiligt oder hierfür verantwortlich waren.[605]

Laut der Entwurfsbegründung sollten diese Änderungen in erster Linie der Verhinderung des zu Menschenrechtsverletzungen führenden Missbrauchs digitaler Angriffs- und Überwachungssysteme (sog. Cyber-Überwachungstechnologie[606]) dienen.[607] Allerdings wurden diese Änderungsvorschläge bereits durch den späteren Entwurf vom 5.6.2019[608] aufgegeben, der das Menschenrechtskriterium – ohne nähere Begründung[609] – überhaupt nicht mehr zum Gegenstand der genannten Vorschriften machte.

Dies bedeutet indessen keineswegs, dass der Schutz der Menschenrechte einen Fremdkörper im Schutzgefüge der §§ 18 Abs. 5, 19 AWG darstellt.[610] Begreift man Menschenrechte als alle politischen, wirtschaftlichen, sozialen und kulturellen Schutz- und Anspruchsrechte bzw. dementsprechende Freiheiten, die staatenübergreifend Grundvoraussetzung für ein menschliches Leben in Würde sind[611], so wurden diese nach h.M. schon bisher, allerdings nur reflexartig, durch den Schutz der Kernrechtsgüter gem. § 4 Abs. 1 AWG (a.F.) – allen voran den

605 *Lehner* Die strafrechtliche Verantwortlichkeit des Ausfuhrverantwortlichen, S. 259 (dort Fn. 1862); ferner Nestler NZWiSt 2022, 139.

606 Dazu *Haellmigk* AW-PRax 2017, 51 ff.

607 COM(2016) 616 final – 2016/0295 (COD); dazu *Willmann-Lemcke* AW-Prax 2018, 77 ff.; siehe zudem bereits *Nestler* in: ERST, Wirtschaftsstrafrecht, § 17 AWG Rn. 10. Vgl. zu dem früheren noch *Lehner* Die strafrechtliche Verantwortlichkeit des Ausfuhrverantwortlichen, S. 259 (dort Fn. 1862).

608 2016/0295(COD); abrufbar unter: https://eur-lex.europa.eu/legal-content/EN/TXT/PDF/?uri=CONSIL:ST_9923_2019_INIT&qid=1613390507194&from=EN.

609 Zwar nannten die Erwägungsgründe des 2016/0295 (COD) in Ziff. 3 und Ziff. 5 nach wie vor den Schutz der Menschenrechte und die Bekämpfung von Cyber-Überwachung, jedoch sollten Menschenrechtserwägungen nur noch im Rahmen des Art. 8 Abs. 1 Dual-Use-VO-E in die allgemeine Ermessensentscheidung bei Ausfuhrgenehmigungen einfließen.

610 Zum Ganzen eingehend *Lehner* Die strafrechtliche Verantwortlichkeit des Ausfuhrverantwortlichen, S. 278 ff.

611 So etwa *Hamm* Menschenrechte, S. 26 f. in Anlehnung an den Inhalt der Allgemeinen Erklärung der Menschenrechte.

auswärtigen Beziehungen gem. § 4 Abs. 1 Nr. 3 AWG – geschützt.[612] So habe sich die Bundesrepublik Deutschland nämlich in zahlreichen internationalen Abkommen zum Schutz der Menschenrechte verpflichtet.[613] Über die Vermeidung der Störung der auswärtigen Beziehung durch die Verletzung dieser Abkommen wird automatisch auch dem Menschenrechtsschutz Rechnung getragen.[614]

Diese Argumentation verdeutlicht allerdings die Grundproblematik bei der Telosbestimmung.[615] Im Rahmen von § 18 Abs. 5 AWG i.V.m. der Dual-Use-VO geht es nicht in erster Linie unmittelbar um die Schutzgüter des Außenwirtschafts(straf)rechts. Vielmehr steht im Vordergrund die Erfüllung internationaler Verpflichtungen, die ihrerseits ein wahres Potpourri von Schutzgegenständen im Blick haben.[616] Zwar nimmt dabei die Nichtverbreitung von Kriegswaffen immer noch eine zentrale Rolle ein. Daneben erweitert sich der Kreis der Schutzzwecke aber auf sämtliche in diesen internationalen Verpflichtungen angesprochenen Gefahren – jedenfalls soweit es sich um die von § 18 Abs. 5 AWG i.V.m. Art. 3 und 4 Dual-Use-VO genannten Güter handelt.

---

612 BT-Drs. 17/11127, S. 21; *Krämer* in: Hocke/Sachs/Pelz, Außenwirtschaftsrecht, § 4 Rn. 20; *Nestler* in: ERST, Wirtschaftsstrafrecht, § 17 Rn. 10; *Sauer* in: Hohmann/John, Ausfuhrrecht, § 7 AWG a.F. Rn. 21 f.; *Simonsen* in: Wolffgang/Simonsen/Rogmann/Pietsch, Außenwirtschaftsrecht, § 4 AWG Rn. 74; *Stein/Thoms* in: Rüsken, Zollrecht, § 4 AWG Rn. 7; wohl auch *Bieneck* in: Bieneck, Außenwirtschaftsrecht, § 23 Rn. 53; *Bieneck* Wistra 2000, 441 (448); *Lehner* Die strafrechtliche Verantwortlichkeit des Ausfuhrverantwortlichen, S. 381.

613 BT-Drs. 17/11127, S. 21; siehe etwa Allgemeine Erklärung der Menschenrechte der Generalversammlung der UN vom 10.12.1948, A/RES/217 A (III). So und eingehend dazu *Lehner* Die strafrechtliche Verantwortlichkeit des Ausfuhrverantwortlichen, S. 381 f.

614 *Lehner* Die strafrechtliche Verantwortlichkeit des Ausfuhrverantwortlichen, S. 255 f.

615 Siehe dazu oben.

616 Vgl. Nr. 3 der Erwägungen der Dual-Use-VO a.F.: „Ein wirksames gemeinsames Ausfuhrkontrollsystem für Güter mit doppeltem Verwendungszweck ist erforderlich, um sicherzustellen, dass die internationalen Verpflichtungen und Verantwortlichkeiten der Mitgliedstaaten, insbesondere hinsichtlich der Nichtverbreitung, und die der Europäischen Union (EU) eingehalten werden." Dazu gehören u. a. Art. I Abs. 1 Lit. a des Übereinkommen vom 13.1.1993 über das Verbot und des Einsatzes chemischer Waffen und über die Vernichtung solcher Waffen (Chemiewaffenübereinkommen), Art. III des Übereinkommens vom 10.4.1972 über das Verbot der Entwicklung, Herstellung und Lagerung bakteriologischer (biologischer) Waffen und von Toxinwaffen sowie über die Vernichtung solcher Waffen (Biologiewaffenübereinkommen) oder Art. I des NVV Vertrags vom 5.3.1970 über die Nichtverbreitung von Kernwaffen (Atomwaffensperrvertrag oder Nuklearer Nichtverbreitungsvertrag).

3. Zusammenhang von Cyber-Surveillance-Technologie und Menschenrechtsverletzungen

Bemerkenswert ist dabei der insbesondere durch die Erwägungsgründe der Dual-Use-VO gezeichnete Zusammenhang zwischen den zu unterbindenden Menschenrechtsverletzungen und dem unkontrollierten Export von Cyber-Surveillance-Technologie. Bereits im Zuge des früheren Gesetzgebungsvorschlags vom 28.9.2016 gaben das Europäische Parlament, der Rat und die Kommission in einer gemeinsamen Erklärung[617] an, dass sie sich der „Probleme in Bezug auf die Ausfuhr bestimmter Informations- und Kommunikationstechnologien (IKT) bewusst [sind], die im Zusammenhang mit Verstößen gegen die Menschenrechte und zur Beeinträchtigung der Sicherheit der EU verwendet werden können". Daher solle „eine Weiterentwicklung des bestehenden Catch-All-Mechanismus für Güter mit doppeltem Verwendungszweck" stattfinden, um nicht gelistete Güter zu erfassen.

Der Fokus liegt dabei auf Technologien, die zur Massenüberwachung, Kontrolle, Ortung, Verfolgung und Zensierung sowie für das Aufspüren von Software-Schwachstellen verwendet werden können. Die Erwägung zielt recht klar darauf ab, Übergriffe in die Privatsphäre, in die freie Entfaltung der Persönlichkeit und in den Kernbereich der privaten Lebensgestaltung einschließlich der Meinungsbildung und -äußerung zu verhindern. Ob diese Übergriffe allein von staatlicher Seite drohen oder auch von nichtstaatlichen Organisationen ausgehen, spielt dabei keine Rolle. Dies ist Ausdruck eines bereits über weite Strecken vollzogenen Paradigmenwechsels im Außenwirtschaftsrecht.[618]

Dass Cyber-Surveillance-Technologie zu Menschenrechtsverletzungen gebzw. missbraucht werden kann, liegt auf der Hand. Nicht ganz klar ist aber, weshalb die Erwägungsgründe der neuen Dual-Use-VO anderen insbesondere militärisch nutzbaren Gütern diese Einsatzmöglichkeit nicht ebenfalls attestieren. „Menschenrechte" lassen sich schließlich nicht nur mit Überwachungstechnologie verletzen, sondern auch (erst recht) mit Technologien, die physische Übergriffe ermöglichen. Die Neufassung lässt sich damit als eine Reaktion u. a. auf den Amnesty International Report zu „failing EU laws for digital surveillance export" einordnen, in dessen Fokus insbesondere die chinesische Überwachungspolitik

---

617 Abrufbar https://eur-lex.europa.eu/eli/reg/2014/599/oj (dort a.E.).

618 Vgl. *Nestler* NZWiSt 2015, 86. Ebenso zu im Kontext der Geldwäsche eingefroreren Geldern *Achtelik* in: Herzog, GWG, § 6a KWG Rn. 10; *Kolassa* in: Schimansky/Bunte/Lwowski, Bankrechts-Handbuch, § 137 Rn. 85.

steht.[619] Lieferungen von Technologie aus Frankreich, Schweden und Dänemark stehen nach diesem Report in Verruf, chinesische Überwachungsmaßnahmen befördert zu haben. Ein Jahr nach der Publikation des Berichts trat die neue Dual-Use-VO in Kraft. Art. 5 der Verordnung hat damit im Kern einen für das Außenwirtschaftsrecht immer noch typischen regionalen Bezugspunkt[620] – und eben nicht (nur) einen rechtsgutsfixierten.

Da Überwachungstechnologie aber nicht nur im militärischen Umfeld Potential für Menschenrechtsverletzungen der genannten Art bietet, erweitert die n.F. der Dual-Use-VO den Anwendungsbereich der Verordnung mit ihrem Art. 5 wohl auf außermilitärische Einsatzbereiche. Mit der Formulierung „ganz oder teilweise für eine Verwendung im Zusammenhang mit interner Repression und/oder der Begehung schwerwiegender Verstöße gegen die Menschenrechte und das humanitäre Völkerrecht" adressiert die Norm in ihrem Abs. 1 die nicht militärische Verwendung der Güter durch staatliche wie nichtstaatliche Entitäten gleichermaßen. Der aus der Entstehungsgeschichte der Norm erkennbare (regionale) Bezugspunkt macht allerdings deutlich, dass es keineswegs um sämtliche Verstöße gegen Rechte jedweder Art geht, sondern nur um solche, die in spezifischen Destinationsstaaten Menschenrechtsverletzungen oder deren Vorbereitung durch Überwachung betreffen. Dies muss bei der Auslegung der Vorschrift durch die nationalen Behörden Berücksichtigung finden.[621]

---

619 Abrufbar unter https://www.amnesty.org/en/documents/eur01/2556/2020/en/. Auf S. 13 f. des Berichts heißt es: „At its core, surveillance – and by extension the use of digital surveillance technologies – interferes with the right to privacy. [...] Digital surveillance technologies are technologies, including hardware, software and services which are designed to enable covert and non-covert surveillance by and of digital systems with a view to monitor, extract, collect and/or analyse data, including biometric surveillance technologies This group of technologies is diverse and includes for example spyware, communication interception systems, facial recognition systems and IP surveillance cameras. Amongst other uses, digital surveillance technologies make it possible to monitor, track, classify and identify individuals in public spaces".

620 Dies kommt auch in der endverwenderbezogenen Komponente des vom BAFA angedachten Screening-Prozess zum Ausdruck.

621 *Nestler* NZWiSt 2022, 147.

III. Spezifische strafrechtliche Problemfelder der Dual-Use-Exportkontrolle

1. Bagatellgrenzenlose Kriminalisierung von Wirtschaftsvorgängen?

Dem Strafrecht liegt meist die Intention zu Grunde, die oftmals nicht ausreichenden zivilrechtlichen Ersatzansprüche und öffentlich-rechtlichen Restriktionen zur Gewährleistung eines umfassenden Schutzes der betroffenen Interessen zu ergänzen, indem es bestimmte sozialschädliche Verhaltensweisen mit Strafe bedroht.[622] Im Bereich der Ausfuhr von Dual-Use-Gütern erscheint aber genau das problematisch. Woraus die betrachteten Ausfuhrtatbestände nämlich ihren spezifischen, die strafrechtliche Sanktionierung rechtfertigenden Unwertgehalt ableiten, lässt sich nicht ohne weiteres erkennen. Ein Blick auf die Schutzrichtungen dieser Normen zeigt, dass prinzipielle Zweifel an der grds. Schutzwürdigkeit der in Bezug genommenen Belange jedenfalls nicht aufkommen dürften, vielfach aber der Konnex zwischen den angeführten Interessen und dem kriminalisierten Verhalten in Frage gestellt werden kann.

Zusätzliche Brisanz gewinnt die Problematik dadurch, dass sich nahezu sämtliche der sanktionierten Verhaltensweisen in das reguläre Wirtschaftsleben und die Teilnahme an diesem einordnen lassen und sich äußerlich als üblicher wirtschaftlicher Im- und Exportvorgang bzw. als Vermittlungstätigkeit darstellen. Fällt nicht der Blick auf die (mutmaßlichen) Pläne des Abnehmers, wird der Vorgang beim Betrachter keinen Gedanken an eine Straftat entstehen lassen.[623]

Dass es sich bei vielen dieser Ausfuhrdelikte um Vorgänge handelt, die sich nach außen als übliches wirtschaftliches Geschehen darstellen und für einen unvoreingenommenen Beobachter nicht wie eine Straftat wirken, lässt die Frage nach der Warnfunktion der einschlägigen Tatbestände aufkommen. Es entspreche zwar den Tendenzen des modernen Risikostrafrechts, auch unauffällige Verhaltensweisen einer weit reichenden Kriminalisierung zuzuführen.[624] In Bezug auf Warentransfers erscheint jedoch eine differenzierte Betrachtung insofern angezeigt, als nicht in jedem Fall der marktbezogene Vorgang unter verfassungsrechtlichen wie auch kriminalpolitischen Gesichtspunkten in das Kleid eines abstrakten Gefährdungsdelikts gegossen zu werden braucht. Als Beispiel lässt sich § 34 Abs. 2 AWG a.F. anführen, bei dem die Rspr. – wie es i.Ü. auch der Wortlaut der Vorschrift nahe legte – in Bezug auf die in Abs. 2 genannten Inter-

---

622 *Joecks* in: MüKo-StGB, Einl. Rn. 26; siehe auch *Hassemer/Neumann* in: NK-StGB, Einl. Rn. 244.

623 *Bieneck* Wistra 2010, 11; *Bieneck* Wistra 2000, 444.

624 *Schulz* ZIS 2006, 499.

essen eine Gefährdungseignung verlangte.[625] Das Eignungsmerkmal setzte dabei voraus, dass die Tathandlung im konkreten Einzelfall nach generalisierendem Maßstab typischerweise zur Gefährdung der genannten Belange taugt.[626] Diese Konzeption des Tatbestands trug dem Umstand Rechnung, dass die von Abs. 2 in Bezug genommenen Verhaltensweisen nach § 33 Abs. 1 und Abs. 4 AWG a.F. allein bei Hinzutreten weiterer, von komplexen Voraussetzungen abhängender Umstände – etwa einer fehlenden Genehmigung bei gleichzeitiger Existenz einer vollziehbaren Anordnung hinsichtlich von Gütern mit bestimmten Verwendungszwecken im Fall von § 33 Abs. 1 AWG a.F. i.V.m. §§ 70 Abs. 1 Nr. 5a, 38 Abs. 3 AWV a.F. sowie der Dual-Use-VO – überhaupt (nur) Ordnungswidrigkeiten darstellen. I.Ü. waren sie jedoch als regulärer Markthergang zu klassifizieren. Demgegenüber erfasste z. B. § 34 Abs. 1 AWG a.F. marktferneres Agieren, wobei für diesen Tatbestand die Schutzrichtung im Bereich der Schutzgüter des § 4 Abs. 1 AWG[627] verankert werden muss, um durch eine solche Verweisung die Strafnorm zu legitimieren.[628] Den in der n.F. des AWG (nicht nur) für den Dual-Use-Kontext fehlenden Bezugspunkt zu den Schutzgütern ersetzt heute einzig die behördliche Mitteilung[629], der insofern nicht nur eine strafbarkeitsbegründende Wirkung zukommt, sondern zugleich eine strafbarkeitsbegrenzende.[630] Angesichts dieser tragenden Funktion und der herausgehobenen Bedeutung im Hinblick auf anderenfalls bestehende Rechtsunsicherheiten verwundert es doch, dass weder das AWG noch Art. 4 Dual-Use-VO konkrete formale Vorgaben insbesondere hinsichtlich der Publizität oder möglicher Bagatellgrenzen machen. Zumindest deutet aber Art. 5 Dual-Use-VO mit dem Verweis auf „schwerwiegende" Verstöße

625 BGH NJW 1999, 2129.

626 BGH NJW 2009, 1682 f.; BGH NJW 1999, 2129; OLG Koblenz NStZ 2009, 645; *Bieneck* Wistra 2000, 443; zur Kombination von abstrakter Gefahr und Schädigungseignung *Weber* in: Arzt/Weber/Heinrich/Hilgendorf, Strafrecht BT, S. 938; vgl. auch *Hoyer* Eignungsdelikte, S. 16 ff. zu diesen sog. Eignungsdelikten.

627 Bspw. Nr. 1: die wesentlichen Sicherheitsinteressen der Bundesrepublik Deutschland zu gewährleisten, Nr. 2: eine Störung des friedlichen Zusammenlebens der Völker zu verhüten, Nr. 3: eine erhebliche Störung der auswärtigen Beziehungen der Bundesrepublik Deutschland zu verhüten, Nr. 4: die öffentliche Ordnung oder Sicherheit der Bundesrepublik Deutschland oder eines anderen Mitgliedstaates der Europäischen Union zu gewährleisten, Nr. 4a: die öffentliche Ordnung oder Sicherheit in Bezug auf Projekte oder Programme von Unionsinteresse i.S.v. Art. 8 VO (EU) 2019/452 zu gewährleisten oder Nr. 5: einer Gefährdung der Deckung des lebenswichtigen Bedarfs im Inland oder in Teilen des Inlands entgegenzuwirken und dadurch im Einklang mit Art. 36 AEUV die Gesundheit und das Leben von Menschen zu schützen.

628 *Bieneck* Wistra 2000, 444; *Nelles/Halla-Heißen* Exportkontrollen aus Sicht der Strafrechtswissenschaft, 107 ff.

629 Vgl. *Nestler* ZStW 2013, 298.

630 Siehe oben.

gegen die Menschenrechte die Notwendigkeit einer gewissen Breitenwirkung und Intensität an.

2. Besondere Bedeutung des Grenzübertritts im Dual-Use-Kontext

a) Wechselbeziehungen zwischen Schutzgütern und Kontrollverlust

Gerade die sog. Sozialschädlichkeit erscheint damit bei Dual-Use-Ausfuhrdelikten – insoweit typisch für das Nebenstrafrecht – problematisch. Denn das Gesetz knüpft zwar bei diesen Tatbeständen die Strafbarkeit an die Überquerung der Staatsgrenze durch ein bestimmtes Tatobjekt; die Strafwürdigkeit dieses Verhaltens resultiert im Fall von Art. 4 und 5 Dual-Use-VO jedoch gerade nicht unbedingt aus der Gefährlichkeit des exportierten Gegenstands. Es folgt auch nicht als Handlungsunrecht bereits aus der sanktionierten Tathandlung als solcher. Vielmehr handelt es sich rein abstrakt betrachtet lediglich um Waren, die unabhängig von einer bestimmten Verwendung, unsachgemäßen oder feindseligen Handhabung nach dem Grenzübertritt schützenswerte Belange noch nicht in einem größeren Ausmaß beeinträchtigen als zuvor.

Eine Erklärung liefert hier jedenfalls nicht der Umstand, dass der Grenzübertritt als Anknüpfungspunkt für die Fragen der Zuständigkeit deutscher (Strafverfolgungs-)Behörden sowie der Anwendbarkeit des deutschen Strafrechts Relevanz erlangt; ginge es aber darum, so wäre es ein probates Mittel, Besitz, Herstellung oder Vertrieb der betreffenden Waren im Inland unter einen strafbewehrten Genehmigungsvorbehalt zu stellen.[631] Es bleibt damit nur der Schluss zu ziehen, dass der Unwertgehalt dieser Delikte offensichtlich zu einem wesentlichen Teil aus der Bedeutung der Staatsgrenze und ihrer Beachtung durch die Rechtsgemeinschaft herzuleiten sein und die Raumteilung zwischen Inland und Ausland den maßgeblichen Anknüpfungspunkt für Unwerturteil und Strafbarkeit bilden muss.

Da die Bedeutung der Staatsgrenze heute aber vornehmlich in ihrer Funktion als eine Sicherung staatlicher Machtposition sowie Souveränität liegt[632], kann der Anlass strafrechtlicher Sanktionierung nur in der Beeinträchtigung jener Position des Staates gesehen werden. Die strafrechtliche Sanktionierung basiert somit vor allem auf dem Machtverlust in Gestalt einer Einbuße von Kontrollmöglichkeiten durch den Staat – sei es bezogen auf die am inländischen bzw. EU-Binnenmarkt

631 Zumal die Möglichkeit einer Versuchsstrafbarkeit besteht; vgl. auch BGH StV 1998, 663 f.
632 Umfassend zur Bedeutung der Staatsgrenze *Khan* Staatsgrenzen, S. 4 f. sowie *Vitzthum* in: Isensee/Kirchhof, Handbuch Staatsrecht, § 16 Rn. 5.

gehandelten Waren, sei es hinsichtlich von Gütern, die diesen Markt unkontrolliert verlassen. Straftatbestände, die an den Export von Dual-Use-Gütern anknüpfen, stellen somit, wie alle Ausfuhrdelikte, eine Erscheinungsform der Ausübung von Hoheitsgewalt über ein bestimmtes abgrenzbares Territorium dar, die letztlich jedoch eingesetzt wird, um mögliches weiteres (in der Zukunft liegendes und dann tatsächlich schädigendes) Verhalten zu unterbinden.

Nur soweit die eigentlichen Schutzziele mit diesen territorialen Aspekten in Verbindung zu bringen sind, erscheint ihr Schutz durch Ausfuhrtatbestände überhaupt möglich und sinnvoll. Dies lässt sich vor allem für den Schutz der inneren und (vor allem) äußeren Sicherheit bzw. der Sicherheitsinteressen Deutschlands bejahen. Hier geht es nicht um von Grenze und Bestand des Staatsgebiets unabhängige Schutzzwecke, sondern im Kern gerade um deren Sicherung als solche. I.Ü., mithin bei sämtlichen Tatbeständen, die auf den Schutz anderer Rechtsgüter abzielen, bedarf es im Einzelfall einer kritischen Würdigung, ob der Grenzübertritt tauglicher Anknüpfungspunkt für die Bestrafung sein kann. Sie verlangt – schon um die Souveränität anderer Staaten zu respektieren – entweder Akzeptanz für die zeitliche Vorverlagerung der Strafbarkeit oder Toleranz für die Einordnung des staatlichen Genehmigungsvorbehalts selbst als strafrechtlich schützenswertes Interesse.[633]

b) Beispiele aus anderen Regelungsbereichen

Lässt sich keiner jener Aspekte für die Legitimation eines Ausfuhrdeliktes fruchtbar machen, so muss der Gesetzgeber auf eine Normierung verzichten. Diese Überlegung greift bspw. bei § 184 Abs. 1 Nr. 4 StGB ein, der zwar Einfuhrunternehmungen in Bezug auf pornographisches Material erfasst, einen Ausfuhrtatbestand jedoch nicht enthält. § 184 Abs. 1 Nr. 9 StGB schützt daher mit einer differenzierenden Formulierung außenpolitische Interessen der Bundesrepublik Deutschland, die durch den Export pornographischer Schriften entgegen den Strafvorschriften des Ziellandes beeinträchtigt werden könnten.[634] Eine solche abgestufte Regelung machte die Legalisierung „einfacher“ Pornografie im Jahr 1973[635] erforderlich, die dem Fehlen belastbarer Erkenntnisse über die schädli-

---

633 Siehe zur Strafbewehrung von Verstößen gegen Art. 5 Dual-Use-VO unten S. 156 ff.

634 *Lackner/Kühl/Heger* StGB, § 184 Rn. 1; *Laubenthal* Handbuch Sexualstraftaten, S. 259; *Eisele* in: Schönke/Schröder, StGB, § 184 Rn. 3.

635 Verbunden mit dem Austritt aus der Genfer Konvention zur Bekämpfung unzüchtiger Veröffentlichungen v. 12.09.1923, RGBl. 1925/II, S. 288.

chen Auswirkungen des Pornografiekonsums bei Erwachsenen Rechnung trug.[636] Insofern mangelt es für eine entsprechende Sicherungspflicht an einer zu sichernden Gefahrenquelle, für eine staatliche Schutzverpflichtung an einem korrespondierenden Schutzinteresse des belieferten Staates, falls dieser nicht ein entsprechendes Verhalten seinerseits kriminalisiert.[637] Der deutsche Gesetzgeber umgeht diese Einschränkung allerdings zum Teil, indem er mit § 184 Abs. 1 Nr. 4 StGB bereits die Unternehmung, pornographische Erzeugnisse im Wege des Versandhandels einzuführen, unter Strafe stellt. Die Ausgestaltung als Unternehmensdelikt hat zur Folge, dass – obwohl § 6 Nr. 6 StGB nur §§ 184a, 184b Abs. 1 bis 3 StGB nennt – diesbezügliche Auslandstaten strafbar sind, wodurch das Weltrechtsprinzip auch auf ausländische Versandhäuser erstreckt wird.[638]

Im Fall des § 29 Abs. 1 S. 1 Nr. 1 Var. 6 BtMG, der in seiner Variante der illegalen Ausfuhr von Betäubungsmitteln die Volksgesundheit schützen soll[639], verhält es sich hingegen anders. Hier liegt die Rechtfertigung der strafrechtlichen Sanktionierung darin, die staatliche Schutzpflicht mittels internationaler vertraglicher Vereinbarungen über die deutschen Staatsgrenzen hinaus auszuweiten, wodurch die Volksgesundheit den Status eines international geschützten Interesses erhält.[640] Für die Ausfuhr von Betäubungsmitteln existieren mit dem Einheitsübereinkommen über Suchtstoffe[641], der Konvention über psychotrope Substan-

---

636 Im Internet abrufbar unter http://www.bundespruefstelle.de/bpjm/redaktion/PDF-Anlagen/bpjm-aktuell-begriff-der-pornografie-aus-03-03,property=pdf,bereich=bpjm,sprache=de,rwb=true.pdf. Siehe dazu auch *Eisele* in: Schönke/Schröder, StGB, § 184 Rn. 8; *Hörnle* in: MüKo-StGB, § 184 Rn. 20 ff.

637 Teilweise wird die anders strukturierte ausländische Sexualordnung als unmittelbares Schutzgut eingestuft, was aber problematisch ist, wenn diese auf einem unserem Verständnis fremden Verhältnis von Recht und (etwa fundamentalistisch-religiösen) Moralvorstellungen basiert.

638 *Fischer* StGB, § 184 Rn. 15; *Wolters* in: SK-StGB, § 184 Rn. 42; *Hörnle* in: MüKo-StGB, § 184 Rn. 68; *Behm* AfP 2002, 22, 25. § 6 Nr. 6 StGB wird gleichwohl von h.Lit. als völkerrechtswidrig eingestuft; vgl. *Ambos* in: MüKo-StGB, § 6 Rn. 14; *Basak* in: Matt/Renzikowski, StGB, § 6 Rn. 11; *Böse/Meyer* ZIS 2011, 343; *Satzger* in: SSW, StGB, § 6 Rn. 10; *Werle/Jeßberger* in: LK-StGB, § 6 Rn. 88.

639 BT-Drs. 8/3551, S. 37; BGHSt 34, S. 182; *Malek* Betäubungsmittelstrafrecht, S. 64; *Thoss* Abschied vom Bannbruch, S. 1; *Weber* BtMG, § 1 Rn. 3, § 29 Rn. 161 statt vieler.

640 Vgl. *Patzak* in: Patzak/Volkmer/Fabricius, BtMG, § 29 Rn. 971. Insgesamt ist auch für § 6 Nr. 5 StGB äußerst umstr., ob und wodurch die weite Ausdehnung der deutschen Strafgewalt hier legitimiert ist. So normieren die der Vorschrift zugrunde liegenden Betäubungsmittelübereinkommen selbst nach h.M. nicht den Weltrechtsgrundsatz, sondern ein aut-dedere-aut-iudicare sowie grds. das Territorialitätsprinzip; eingehend und krit. dazu *Ambos* in: MüKo-StGB, § 6 Rn. 12 f.; *Kunig* JuS 1978, 595 f.; *Werle/Jeßberger* in: LK-StGB, § 6 Rn. 77 ff.

641 Einheitsübereinkommen über Suchtstoffe vom 30.3.1961 i.d.F. des Änderungsprotokolls vom 25.03.1972, BGBl. 1973/II S. 1354.

zen[642] sowie dem Suchtstoffübereinkommen der Vereinten Nationen[643] Regelungswerke, die einen umfassenden und verbindlichen Konsens zur Verfolgung bestimmter Formen von Betäubungsmittelkriminalität beinhalten sollen. Von der „Volksgesundheit" als dem durch das Betäubungsmittelstrafrecht geschützten Rechtsgut zu sprechen, ist jedoch terminologisch insofern ungenau, als es sich in Folge der Anerkennung als internationales Schutzgut im Grunde genommen um die Gesundheit der gesamten Weltbevölkerung – und eben nicht nur des Staatsvolks – handelt. Dies formuliert bspw. auch die Präambel der Konvention über psychotrope Substanzen, wenn sie von „health and welfare of mankind" spricht.[644] Der diesbezüglichen Verfolgungspflicht und der damit einhergehenden Heraufstufung der Volksgesundheit zu einem übernationalen Interesse trägt das deutsche Strafrecht zunächst durch § 6 Nr. 5 StGB Rechnung, der die Geltung des deutschen Strafrechts für die Verfolgung des unbefugten Vertriebs von Betäubungsmitteln – wozu auch deren Ein- und insbesondere Ausfuhr zählen[645] – anordnet und dabei in seiner amtlichen Überschrift von „international geschützte[n] Rechtsgüter[n]" spricht.

Dieser letztgenannte Mechanismus kann, sofern man ihn akzeptiert, zum Teil für den Dual-Use-Bereich fruchtbar gemacht werden, soweit mit der Dual-Use-VO z. B. Resolutionen der Vereinten Nationen adressiert werden.[646] Für ein darüber hinausgehendes Ziel mit strafbewehrten Ausfuhrverboten bspw. für die Achtung von einzelnen Menschenrechten auch in den Destinationsstaaten zu sorgen, fehlt es demgegenüber an einem unmittelbaren materiellen Zusammenhang zwischen Ausfuhr und Schutzgut.

---

642 Übereinkommen über psychotrope Stoffe vom 21.02.1971, BGBl.1976/II, S. 1478.

643 UN-Übereinkommen gegen den unerlaubten Verkehr mit Suchtstoffen und psychotropen Stoffen vom 20.12.1988, BGBl.1993/II, S. 1137.

644 UN Single Convention on Narcotic Drugs, 1961, S. 1, abrufbar unter https://www.unodc.org/documents/commissions/CND/Int_Drug_Control_Conventions/Commentaries-OfficialRecords/1961Convention/1961_COMMENTARY_en.pdf.

645 *Ambos* in: MüKo-StGB, § 6 Rn. 11; *Heintschel-Heinegg* in: BeckOK-StGB, § 6 Rn. 7.

646 Vgl. Erwägungsgrund Nr. 4. Auch werden mit dem „humanitären Völkerrecht" in Erwägungsgründen Nrn. 2 und 5 ggf. Rechtsquellen wie die Genfer Konventionen adressiert. Der Begriff des humanitären Völkerrechts bleibt i. d. R. allerdings auf Rechtsquellen beschränkt, die bei bewaffneten Konflikten für einen Ausgleich gegenläufiger Interessen sorgen sollen und Bestimmungen enthalten zum Schutz von Personen, die nicht oder nicht mehr an den Feindseligkeiten teilnehmen, als auch Beschränkungen der Kriegsmethoden und -mittel. Zum Begriff des humanitären Völkerrechts eingehend *Jäger/Oeter* Menschenrechte und humanitäres Völkerrecht – eine Verhältnisbestimmung, S. 4 f.; *Herdegen* Völkerrecht, S. 457 ff.; *Gasser* Humanitäres Völkerrecht, S. 17 ff.

3. Sozialadäquanz und erlaubtes Risiko

Nachdem für die Delikte des StGB bereits erörtert wurde, dass die Sozialadäquanzlehre keine tragende Rolle bei der Eingrenzung der Dual-Use-Gegenstände spielen kann (s.o.), bleibt an dieser Stelle dasselbe für die Dual-Use-Güter der Dual-Use-VO zu überprüfen. Allerdings hilft auch hier das Kriterium der Sozialadäquanz nicht weiter:

a) Formalisierung des „Sozialadäquaten" durch behördliche Genehmigung

Zunächst ist fraglich, welchen Stellenwert Sozialadäquanzgedanken im Rahmen präventiver Verbote mit Erlaubnisvorbehalt[647] überhaupt haben können. Der Erlaubnis kommt hier als sog. Kontrollerlaubnis eine rein präventive Funktion zu.[648] Sie stellt die allgemeine Handlungsfreiheit (hier: Außenwirtschaftsfreiheit) wieder her.[649] Dementsprechend ist das fragliche Verhalten (hier: Ausfuhr von Dual-Use-Gütern) zulässig, wenn es nicht verboten wird – wobei das Verbot nur erfolgen darf, wenn eine entsprechende, nicht mehr generell erlaubte Endverwendung im Raum steht. Wollte man hierbei den Gedanken der Sozialadäquanz hier bemühen, so könnte man sagen, dass der Export der betreffenden Güter im Fall einer entsprechenden Endverwendung eben nicht mehr ohne weiteres[650] sozialadäquat ist.

Problematisch erscheint allerdings, dass die Regelungen der Art. 4 und 5 Dual-Use-VO jedenfalls an Abs. 1 die Genehmigungspflicht nicht an die mögliche Endverwendung binden, sondern allein an eine entsprechende behördliche Mitteilung. Wird die Genehmigung nicht erteilt und verstößt der Täter gegen das Ausfuhrverbot, so ist das Verhalten nach h.M. unabhängig von der Genehmigungsfähigkeit strafbar.[651] Es kommt also nicht darauf an, ob tatsächlich eine kritische Endverwendung geplant ist oder die Güter in Wahrheit einer völlig unbedenklichen Endverwendung entgegensehen. Im letztgenannten Fall handelt es sich um die Sanktionierung von bloßem Verwaltungsungehorsam. Ein Sozial-

---

647 Siehe S. 19 f.

648 *Diemer* in Erbs/Kohlhaas, § 8 AWG Rn. 2; so auch bereits *v. Bogdandy* VerwArch 1992, 53, 68. Allgemein zu dieser Funktion: *Maurer/Waldhoff* Allgemeines Verwaltungsrecht, § 9 Rn. 52.

649 *Maurer/Waldhoff* Allgemeines Verwaltungsrecht, § 9 Rn. 53.

650 Siehe zur Endverbleibserklärung oben S. 107 ff.

651 So ganz h.M.: BGHSt 37, 21, 29; *Dölling* JZ 1985, 462 f.; *Krell* Umweltstrafrecht, Rn. 59; *Rosenau* in: SSW, StGB, vor §§ 32 ff. Rn. 25; *Schlehofer* in: MüKo-StGB, vor §§ 32 ff. Rn. 243; *Sternberg-Lieben* in: Schönke/Schröder, StGB, vor §§ 32 ff. Rn. 62c; *Rönnau* in: LK-StGB, Vor § 32 Rn. 290. Ausführlich dazu *Rengier* ZStW 101 (1989), 874, 903 f.

adäquanzgedanke, der über den Verstoß gegen das außenwirtschaftsrechtliche Verbot hinausgeht, hat hier keinen Raum.[652]

b) Rechtsgutsbezug und Lehre von der objektiven Zurechnung

Da es sich bei § 18 Abs. 5 AWG um Vorfeldtatbestände handelt, die eine Verletzung oder konkrete Gefährdung des geschützten Rechtsguts nicht verlangen, braucht sich insbesondere eine Missbrauchsgefahr hinsichtlich der Dual-Use-Güter nicht zu realisieren.[653] Insoweit bestehen Parallelen zu den einschlägigen Tatbeständen des StGB[654]; auch in deren Rahmen muss sich hinsichtlich der Dual-Use-Komponente die Gefahr nicht verwirklichen. Zwischen dem fraglichen Dual-Use-Tool und dem durch die Norm geschützten Rechtsgut besteht damit ein oftmals rein subjektiv vermittelter Bezug.[655] Bei Lichte betrachtet geht es letztlich also um die Frage, ob eine etwaige spätere Rechtsgutsbeeinträchtigung überhaupt noch in einer strafrechtlich belastbaren Art und Weise mit dem Verhalten des Exporteurs

---

652 Freilich bliebe im nächsten Schritt sogleich zu fragen, in welchen Fällen seitens des BAFA von einer kritischen Endverwendung ausgegangen werden und eine Unterrichtung des Exporteurs erfolgen muss, und in welchen Konstellationen dies nicht der Fall ist. Art. 4 und 5 Dual-Use-VO selbst deuten hier keinen Spielraum an: sofern die in den vorschriften genannten (normativen) Tatbestandsmerkmale erfüllt sind, gehen die Vorschriften von einer Unterrichtung aus. Da nach der n.F. der Dual-Use-VO unionsweite Listen sensitiver Abnehmer denkbar sind, vgl. Art. 4 Abs. 4, kann sich dieses Problem entschärft haben. Die Lit. fordert in diesem Zusammenhang zu Recht, aus Gründen der Rechtssicherheit an die Möglichkeit einer militärischen Endverwendung strengere Anforderungen zu stellen als bei einer individuellen Unterrichtung; siehe *Karpenstein/Kottmann* in: Krenzler/Herrmann/Niestedt, EU-Außenwirtschafts- und Zollrecht, Art. 4 Dual-Use-VO Rn. 7 unter Verweis auf *Karpenstein* Exportkontrollrecht, S. 99; ähnlich *Pietsch* in: Wolffgang/Simonsen/Tietje, Art. 4 Dual-Use-VO Rn. 35. Die strengeren Anforderungen sollten dabei mit Blick auf den Grundsatz der Verhältnismäßigkeit sowohl für die Listung als sensitiver Abnehmer, als auch für die Interpretation der formellen und materiellen Voraussetzungen der Unterrichtung durch das BAFA gelten.

653 Dass es den Tatbeständen des AWG um strafrechtlichen Vorfeldschutz geht, ergibt sich eigentlich bereits aus dem Schutzgut der auswärtigen Beziehungen, vgl. dazu *Nestler* ZStW 125 (2013), 298. §§ 17, 18 AWG verzichten sogar, anders als noch § 34 AWG a.F., auf eine Unterscheidung nach Eingriffszeitpunkten, was bzgl. der auswärtigen Beziehungen zu einer weiteren Verlagerung der Strafbarkeit in das Vorfeld einer Rechtsgutsverletzung führte.

654 Siehe S. 40 ff.

655 So auch bei §§ 244 Abs. 1 Nr. 1 Lit. b, 250 Abs. 1 Nr. 1 Lit. b StGB, bei denen es ebenfalls gesehen wird, ob es ausreicht, wenn die Täuschung im Vordergrund steht, während objektiv eine Gefährdung des Opfers (jedenfalls durch den fraglichen Gegenstand) nicht gegeben ist. Siehe oben S. 44 ff. Siehe speziell zum objektiven Wesentlichkeitsmerkmal des § 89a Abs. 2 Nr. 3 StGB oben S. 55 ff.

in Bezug auf das betreffende Dual-Use-Tool in Verbindung gebracht, mithin ihm „zugerechnet" werden kann.[656]

Diese Zurechnungsfrage wird vorliegend insbesondere unter dem Aspekt eines möglicherweise erlaubten Risikos[657] interessant. Als erlaubtes Risiko eingeordnetes Verhalten begründet zwar Risiken; es handelt sich aber um solche Risiken, die die Gesellschaft zu akzeptieren bereit ist.[658] Der Grund für diese Akzeptanz liegt i. d. R. darin, dass die Vorteile der betreffenden riskanten Handlungen ihre Nachteile überwiegen.[659] Im Umfeld der Lehre von der objektiven Zurechnung soll dieser Aspekt eine normative Korrektur leisten, um die Weite der rein empirischen Äquivalenz zu begrenzen.[660] Das „Objektive" an der Zurechnungslehre ist dabei indes nicht i.S.v. deskriptiv zu verstehen, sondern als Gegensatz zu subjektiv-individuellen Kriterien (Vorsatz, subjektiv-individuelle Vorhersehbarkeit etc.), kann also auch subjektive Teilkomponenten beinhalten.[661] Daraus folgt, dass sich jedweder Maßstab nicht an den individuellen Kenntnissen und Fähigkeiten des konkreten Täters bemessen wird, sondern allenfalls anhand einer verobjektivierten Maßstabsperson aus dessen Verkehrskreis.[662] Dass zur Einordnung der Dual-Use-Gegenstände auch subjektive Faktoren heranzuziehen sind, ist vor diesem Verständnishintergrund also richtig und konsequent – dass

656 Dies ist hier selbstverständlich nicht im objektiv tatbestandlichen Sinn gemeint. Die Unterscheidung zwischen Verletzungs- und Gefährdungsdelikten orientiert sich an der Beziehung der Handlung zum Inhaber des geschützten Interesses (*Hefendehl* Kollektive Rechtsgüter, S. 152; zur Systematik der Gefährdungsdelikte eingehend *Zieschang* Gefährdungsdelikte, S. 15 ff.). Just nach dieser Verbindung wird im vorliegenden Abschnitt gefragt. Es geht nicht um die Beziehung zwischen Handlung und Handlungsobjekt, die der Differenzierung zwischen Erfolgs- und schlichten Tätigkeitsdelikten entspricht.

657 Das umstr. Verhältnis der Rechtsfigur des erlaubten Risikos zur Sozialadäquanzlehre soll im Rahmen dieser Untersuchung nicht diskutiert werden. Nachweise dazu bei *Knauer* ZStW 126 (2014), 844, 856 f.; *Rönnau* in: LK-StGB, Vor § 32 Rn. 53 ff.; *Valerius* JA 2014, 561. Ferner bei *Ruppert* ZIS 2020, 14, 21 (dort Fn. 77).

658 *Roxin/Greco* StR AT/I, § 11 Rn. 55 mit dem Hinweis, dass auch eine nur unmerkliche und daher irrelevante Gefahrerhöhung unter diese Kategorie fallen kann. Siehe auch *Eisele* in: Schönke/Schröder, StGB, vor §§ 13 ff. Rn. 93.

659 *Nestler* Jura 2019, 1049, 1051; *Wessels/Beulke/Satzger* StR AT, Rn. 265.

660 *Kudlich* StR AT (PdW), B I. 2. (Bsp. 36); *Kühl* StR AT, § 4 Rn. 36 f.; *Freund* in: MüKo-StGB, vor §§ 13 ff. Rn. 351; *Eisele* in: Schönke/Schröder, StGB, vor §§ 13 ff. Rn. 90; *Wessels/Beulke/Satzger* StR AT, Rn. 248. Insoweit besteht eine in der Lit. nahezu unbestr. Ähnlichkeit zur Sozialadäquanzlehre, vgl. *Sternberg-Lieben/Schuster* in: Schönke/Schröder, StGB, § 15 Rn. 146; *Fischer* StGB, Vor § 32, Rn. 12 f.; *Wessels/Beulke/Satzger* StR AT, Rn. 265 statt Vieler.

661 *Roxin/Greco* StR AT/I, § 10 Rn. 33 ff.; *Nestler* Jura 2019, 1049 f.

662 Siehe insoweit oben, z. B. S. 51.

diese Faktoren „verobjektiviert“[663] werden ebenfalls. Für die Tatbestandsverwirklichung sind diese Fragen aufgrund seiner Akzessorietät zum Außenwirtschaftsrecht (i. e. der behördlichen Unterrichtung und der Genehmigung) allerdings irrelevant.

c) Rechtfertigung durch Sozialadäquanz?

Fraglich ist demzufolge, ob eine aufgrund nicht erteilter oder verweigerter Genehmigung tatbestandsmäßige unerlaubte Ausfuhr durch Sozialadäquanzgesichtspunkte oder unter dem Aspekt eines erlaubten Risikos gerechtfertigt sein kann. Ob ein solcher Rechtfertigungsgrund überhaupt existiert, ist umstr. und nicht abschließend geklärt[664], wird von der ganz h.Lit. sowie der Rspr. aber jedenfalls im Kontext genehmigungs- bzw. verwaltungsakzessorischer Tatbestände abgelehnt.[665]

---

663 Vgl. etwa *Karpenstein/Kottmann* in: Krenzler/Herrmann/Niestedt, EU-Außenwirtschafts- und Zollrecht, Art. 4 Dual-Use-VO Rn. 5 („als zumindest möglich unterstellter Verwendungswille des Endempfängers“, verbunden mit der Forderung objektiver Eignung des Tools einerseits, sowie konkreten Anhaltspunkten für den Verwendungswillen andererseits).

664 Offen gelassen z. B. von BGH MDR 1975, 723. Für das Strafrecht jedenfalls verneint wird die umgekehrte Frage, ob im Fall eines genehmigten Verhaltens Nebenwirkungen und „Restrisiken“ des zu einer strafrechtlichen Verantwortlichkeit führen können. Diese werden im Strafrecht jedenfalls dann als nicht tatbestandsmäßig bzw. gerechtfertigt angesehen, wenn die fragliche Genehmigung auch unter Abwägung dieser Risiken erteilt wurde; siehe *Rönnau* in: LK-StGB, vor §§ 32 ff. Rn. 289; *Roxin/Greco* StR AT/I, § 17 Rn. 68; *Sternberg-Lieben* in: Schönke/Schröder, vor §§ 32 ff. Rn. 63d; *Tiedemann* Wirtschaftsstrafrecht AT, Rn. 319.

665 Siehe oben Fn. 651.

B AWG als zentrales Sonderrecht

I. Reichweite der Regelung in AWG und Dual-Use-VO

1. Kombination aus Listen und Catch-All-Klauseln

Vorschriften wie § 8 Abs. 1 AWV, Art. 3 Abs. 1 Dual-Use-VO bringen zum Ausdruck, dass ein Genehmigungserfordernis für die Ausfuhr grds. nur besteht, wenn die betreffenden Güter auf einer entsprechenden Liste stehen. Anders gewendet, bedürfen prinzipiell nur Güter der Ausfuhrgenehmigung, die vom Gesetzgeber als sensibel bzw. rüstungsrelevant eingestuft wurden. Dabei sind im Dual-Use-Kontext vor allem zwei Listen von Bedeutung[666]:

Die sog. Ausfuhrliste katalogisiert einerseits als Anlage 1 der AWV Güter, d. h. Waren, Software und Technologie (§ 2 Abs. 13 Satz 1 AWG), auf die sich die Ausfuhrgenehmigungspflicht nach § 8 Abs. 1 Nr. 1 AWV bezieht.[667] Gelistet sind dort einerseits Güter, die einen eindeutigen Rüstungsbezug aufweisen (Teil I Abschnitt A), sowie andererseits national erfasste sog. Dual-Use-Güter, also Güter mit doppeltem Verwendungszweck (Teil I Abschnitt B). Während etwa Handfeuerwaffen, Munition und Bomben (Teil I Abschnitt A Position 0001–0004) aufgrund ihrer besonderen Konstruktion offensichtlich militärisch genutzt werden können, werden insbesondere auch Güter wie z. B. bestimmte Lastkraftwagen, Hubschrauber oder radargestützte Navigationssysteme (Teil I Abschnitt B Position 6 A908, 9 A992, 9 A993) gelistet. Letztgenannte lassen sich nicht nur zivil, sondern auch militärisch einsetzten, was sie zu sensiblen Gütern mit Rüstungsrelevanz macht.[668] Die Ausfuhrliste führt damit nicht nur offenkundige Rüstungsgüter auf, sondern auch Dual-Use-Güter. Grund für die Einstufung als (potentiell) rüstungsrelevant soll jeweils die objektive Beschaffenheit der Güter sein.

Andererseits werden in Anhang I der Dual-Use-VO die von den Mitgliedstaaten der EU vereinbarten Dual-Use-Güter aufgelistet. Die Ausfuhr dieser Güter ist gem. Art. 3 Abs. 1 Dual-Use-VO genehmigungspflichtig. Dementsprechend enthält Anhang I der Dual-Use-VO einen detaillierten Katalog mit Waren und Software, die bereits aufgrund ihrer objektiven Eignung für militärischen Einsatz

666 Nachfolgende Darstellung so auch bei *Lehner* Die Strafrechtliche Verantwortlichkeit des Ausfuhrverantwortlichen, S. 38.

667 Vgl. dazu *Wahren* in: Hohmann/John, Ausfuhrrecht, Teil 4 Einführung Ausfuhrliste, Rn. 3; zur Entwicklung der Ausfuhrliste außerdem *Simonsen* Außenwirtschaftsrecht, S. 33 f.

668 Eingehend dazu *Lehner* Die Strafrechtliche Verantwortlichkeit des Ausfuhrverantwortlichen, S. 38.

https://doi.org/10.1515/9783110793246-007

von Rüstungsrelevanz sind.[669] Erfasst werden bspw. zahlreiche Chemikalien und Werkstoffe, Software, Drohnen, Laser sowie Roboter. Eine wichtige Rolle spielen zudem Waren, die gem. Art. 2 Nr. 1 Dual-Use-VO für jedwede Form der Unterstützung bei der Herstellung von Kernwaffen oder sonstigen Kernsprengkörpern verwendet werden können. Dazu zählen z. B. Metallbehälter für Kernreaktoren (Position 0 A001b), Gaszentrifugen für spaltbares Material (Position 0B001a) oder natürliches Uran (Position 0C001).[670]

Die Ausfuhr und Verbringung von Gütern, die in keiner dieser Listen aufgeführt werden, ist, wie bereits aufgezeigt, nicht per se genehmigungsfrei. Vielmehr kann auch für nicht gelistete Güter eine Genehmigungspflicht entstehen, etwa weil der Ausführer vom BAFA über einen sensiblen Endverwendungszweck des ausländischen Empfängers i.S.v. § 9 Abs. 1 AWV, Art. 4 Abs. 1 Lit. a bis c Dual-Use-VO unterrichtet wurde oder weil ihm ein solch sensibler Endverwendungszweck i.S.v. § 9 Abs. 2 AWV, Art. 4 Abs. 2 Dual-Use-VO bereits selbst bekannt ist.[671] Die kritische Verwendung bezeichnet insoweit den Zusammenhang mit chemischen, biologischen oder Kernwaffen oder sonstiger militärischer Endverwendung.[672] Grund für die Genehmigungspflicht ist dabei weniger die objektive Eignung der Güter zu diesen Zwecken als vielmehr der subjektive Anhaltspunkt hinsichtlich der genannten kritischen Endverwendungen.

Die Genehmigungstatbestände in § 9 AWV und Art. 4 Dual-Use-VO werden daher als Catch-All-Klauseln bezeichnet.[673] Sie fungieren als „alles erfassende" Auffangtatbestände, die eine möglichst umfassende Exportkontrolle gerade hinsichtlich solcher herkömmlicher Güter ermöglichen sollen, die keine evidente objektive Rüstungsrelevanz aufweisen.[674] Diese Feststellung ist vor allem vor dem Hintergrund problematisch, dass, wie aufgezeigt, eine spezifische objektive Beschaffenheit der vorgangsgegenständlichen Dual-Use-Produkte insbesondere im Rahmen von Art. 4 Dual-Use-VO nicht beschrieben werden kann. Indem die Catch-

---

669 Dazu *Karpenstein/Kottmann* in: Krenzler/Herrmann/Niestedt, EU-Außenwirtschaftsrecht/Zollrecht, Art. 2 Dual-Use-VO Rn. 5 m.w.N.

670 So ausdrücklich bei *Lehner* Die Strafrechtliche Verantwortlichkeit des Ausfuhrverantwortlichen, S. 38.

671 *Lehner* Die Strafrechtliche Verantwortlichkeit des Ausfuhrverantwortlichen, S. 39 unter Verweis darauf, dass Verbringungen gem. § 2 Abs. 21 AWG zudem analog die Catch-All-Klausel des § 11 Abs. 3 AWV gilt.

672 Zur Ausblendung von Menschenrechtsverletzungen als krit. Endverwendung siehe S. 132 f.

673 *BAFA* HADDEX, Bd. 1, Rn. 211; *Fehn* in: Hohmann/John, Ausfuhrrecht, Art. 4 Dual-Use-VO a.F. Rn. 42; *Hoffmann* in: Wabnitz/Janovsky, WiStR, Kap. 24 Rn. 18; *Egger* „Dual-use"-Waren, S. 174; *Kistner* Straftaten im Außenwirtschaftsgesetz, S. 15; *Bieneck* Wistra 2008, 208, 209; *Haellmigk* AW-Prax 2017, 79.

674 Ausführlich *Bieneck* Wistra 2008, 208 ff.

All-Klauseln eine Genehmigungspflicht losgelöst von der (nicht beschreibbaren) objektiven Beschaffenheit der Güter etablieren, wird der Anwendungsbereich des AWG bzw. der Dual-Use-VO theoretisch unbegrenzt erweitert. Jede Ware weist hiernach – das Hinzutreten eines kritischen (subjektiven) Endverwendungszwecks vorausgesetzt – Rüstungsrelevanz auf. Diese Problematik wiederholt sich im Kontext des noch weiter gefassten Art. 5 Dual-Use-VO in gesteigertem Maß. Wie gesehen präzisiert der angedachte dreistufige Screeningprozess zwar scheinbar die Einordnungskriterien; er verlagert jedoch zugleich das Einsetzen der mittelbar sanktionsbewehrten[675] Ausführerpflichten zeitlich weiter ins Vorfeld des Exportvorgangs.

Die schiere Reichweite der Catch-All-Klauseln in AWG, AWV und Dual-Use-VO wirft zwei Fragen auf. Zunächst bleibt zu diskutieren, ob und wie eine Präzisierung und Eingrenzung der Reichweite dieser Klauseln gelingen kann.[676] Im Anschluss muss geklärt werden, inwieweit es zu Überschneidungen mit anderen Ausfuhrtatbeständen des Nebenstrafrechts kommt, die ebenfalls die Dual-Use-Problematik fokussieren bzw. tangieren und ob den Catch-All-Klauseln dabei die Rolle eines Auffangtatbestands zukommt.

2. Nationale Bekanntmachungen zur Präzisierung von Catch-All-Klauseln?

Ein zentraler Punkt der gegen die a.F. der Dual-Use-VO erhobenen Kritik betraf die mit den behördlichen Einzelmitteilungen über die (mutmaßlich) beabsichtigte Verwendung verbundene Wettbewerbsverzerrung, Zersplitterung und Rechtsunsicherheit. Die Lit. neigte daher der Auffassung zu, eine innerhalb der EU-Mitgliedstaaten publizierte „Liste mit sensitiven Abnehmern" trage dem Erfordernis der Wettbewerbsgleichheit besser Rechnung.[677] Eine solche Liste würde den

675 Jedenfalls sobald die Sanktionsvorgabe aus Art. 25 Dual-Use-VO im deutschen Recht umgesetzt ist.

676 Siehe zur Abgrenzung der Anwendungsbereiche der Art. 4 und 5 Dual-Use-VO bereits oben S. 33 ff.

677 In diese Richtung *Karpenstein/Kottmann* in: Krenzler/Herrmann/Niestedt, EU-Außenwirtschafts- und Zollrecht, Art. 4 Dual-Use-VO Rn. 7 mit dem Hinweis, dass abzuwarten bleibe, ob der von Art. 19 Abs. 2 Dual-Use-VO verlangte Informationsaustausch über sensitive Endabnehmer zu einer einheitlicheren oder gar unionsweiten Unterrichtung führen wird. Zwar weisen *Karpenstein/Kottmann* auf die Möglichkeit einer gemeinsamen Unterrichtung durch die mitgliedstaatlichen Behörden im EU-Amtsblatt hin. Es sei jedoch „aus Gründen der Rechtssicherheit" in einem solchen Fall geboten, an „die Möglichkeit einer militärischen Endverwendung strengere Anforderungen zu stellen als bei einer individuellen Unterrichtung". Andererseits müsse „ausdrücklich darauf hingewiesen werden, dass es sich um eine Unterrichtung im Sinne von Art. 4 und nicht nur

Tatbestand des § 18 Abs. 5 AWG allerdings personenbezogen auf die gelisteten Individuen, Unternehmen oder Destinationen konkretisieren.[678]

Dreh- und Angelpunkt der Kritik war stets, dass Art. 4 Dual-Use-VO die Genehmigungspflichtigkeit von einer vorhergehenden Unterrichtung der zuständigen Behörden abhängig macht. Der Mechanismus der in Catch-all-Gestalt installierten Generalklausel basiert demnach nicht auf einer Wertung, sondern funktioniert lediglich in Kombination mit einer entsprechenden Mitteilung durch die Behörde. Dies gilt selbst im Fall des Art. 4 Abs. 2 Dual-Use-VO, da auch hier die Genehmigungspflicht erst mit der Entscheidung der Behörde zur Entstehung gelangt.[679]

Dem wurde und wird vorgeworfen, in der Exportkontrollpraxis diene Art. 4 Dual-Use-VO vor allem dazu, den nationalen Behörden ein zusätzliches Eingriffsinstrument an die Hand zu geben, das sie von den formalen Voraussetzungen einer Antragsstellung des Ausführers befreit. Das hierdurch ausgelöste informelle Verfahren – häufig bleibe es bei telefonischen Hinweisen der Behörden ohne nachfolgende Anträge oder Genehmigungsverweigerungen – habe sich als zweckmäßig erwiesen, um ständige Erweiterungen der Güterliste zu vermeiden und einer zunehmenden Atomisierung von Rüstungsaufträgen in nicht mehr kontrollierbare Unterkategorien wirksam zu begegnen.[680]

Nun sieht Art. 4 Abs. 4 Dual-Use-VO vor, dass ein Mitgliedstaat, der gem. Abs. 1, 2 oder 3 eine Genehmigungspflicht vorschreibt, dies unverzüglich seinen Zollbehörden sowie den anderen relevanten nationalen Behörden mitteilt und den anderen Mitgliedstaaten sowie der Kommission die einschlägigen Informationen zu der jeweiligen Genehmigungspflicht übermittelt, insbesondere „zu den betroffenen Gütern und Endverwendern, es sei denn, er erachtet es angesichts der Art des Vorgangs oder der Sensibilität der betreffenden Informationen als nicht angezeigt, dies zu tun". Zwar waren einzelstaatliche Mitteilungen dieser Art schon zuvor mit Art. 4 Abs. 5 Dual-Use-VO a.F. möglich. Die von Abs. 4 der Vorschrift vorgesehene Präzisierung dieser Informationen im Hinblick auf betroffene Güter und Endabnehmer fehlte aber. Damit scheint einer unionsweit öffentlichen „Liste" sensitiver Abnehmer im Umfeld des Art. 4 Dual-Use-VO der Weg geebnet –

um ein bloßes Frühwarnschreiben handelt, und es müssen die betroffenen Abnehmer, möglichst auch der in Betracht kommende Waren- oder Herstellerkreis, genannt werden". Krit. zur Listentechnik im Zusammenhang mit dem Einfrieren von Konten *Nestler* NZWiSt 2015, 87 ff. Siehe dazu bereits oben S. 115 ff.

678 Siehe oben.

679 Wobei ein Ausfuhrverbot bereits ab Kenntnis besteht.

680 So *Karpenstein/Kottmann* in: Krenzler/Herrmann/Niestedt, EU-Außenwirtschafts- und Zollrecht, Art. 4 Dual-Use-VO Rn. 3.

was aus wirtschaftlicher Sicht uneingeschränkt zu begrüßen ist. Exporteure bedienen sich zur Umsetzung der Genehmigungspflichten spezieller IT-Systeme, mittels derer etwa Zielländer, Güterlisten oder weitere technische Parameter erfasst werden. Dies scheint nun auch bei einzelstaatlichen Regelungen oder sogar einzelnen Mitteilungen präziser möglich. Dadurch können das Listenprinzip und die Vernetzung dieser Listen nicht zuletzt maßgeblich zur Rechtssicherheit für Unternehmen sowie Genehmigungs- und Zollbehörden beitragen.[681]

Darüber hinaus besteht nach der klaren Formulierung des Art. 4 Abs. 4 Dual-Use-VO keinerlei Gewähr, dass nicht auch nicht publizierte Genehmigungserfordernisse existieren und zu Unterrichtungen über eine kritische Endverwendung führen können. Zudem ist die Publikation nach Art. 4 Abs. 4 Dual-Use-VO zwar im Grundsatz zwingend, kann aber ausnahmsweise unterbleiben, sofern es der betreffende Mitgliedstaat „angesichts der Art des Vorgangs oder der Sensibilität der betreffenden Informationen als nicht angezeigt [erachtet], dies zu tun". Auch zu dieser Klausel fehlen EU-weit einheitliche und transparente Beurteilungskriterien.

Umgekehrt bleibt fraglich, welche (sanktionsrechtlichen) Konsequenzen die (Un-)Kenntnis von der publizierten Behördenpraxis hat. Art. 4 Abs. 2 Dual-Use-VO normiert, dass die positive Kenntnis eines Ausführers über die kritische Endverwendung eine Mitteilungspflicht gegenüber dem BAFA zur Entstehung bringt. Eine Ausfuhr ohne Entscheidung des BAFA über die Genehmigungspflicht führt zu einer Strafbarkeit nach § 18 Abs. 5 Nr. 2 AWG.

Was aus der Regelung des Art. 4 Abs. 2 Dual-Use-VO i.V.m. der in Art. 4 Abs. 4 Dual-Use-VO vorgesehenen Übermittlungs- und Austauschpflicht für dritte Ausführer folgt, ist unter strafrechtlichen Gesichtspunkten nicht ganz klar. Muss anderen Exporteuren ab diesem Moment die kritische Endverwendung i.S.d. Art. 4 Abs. 2 Dual-UseVO bekannt sein, sodass eine Mitteilung an die Behörde zu erfolgen hätte?[682] Führt die Unkenntnis zu einem Verbotsirrtum? Immerhin werden Erkundigungspflichten im Hinblick auf die Rechtslage für Fachpersonen von der

681 Siehe aber oben zu den sanktionsrechtlichen Konsequenzen.

682 Da Art. 4 Abs. 2 Dual-Use-VO positive Kenntnis verlangt, während ein „Kennenmüssen" nicht ausreicht, kommt in diesem Fall lediglich eine Ordnungswidrigkeit nach § 19 Abs. 1 Nr. 1 AWG in Betracht. Da im Rahmen des Art. 4 Abs. 2 Dual-Use-VO die positive Kenntnis über die geplante kritische Verwendung die Unterrichtungspflicht und die Entscheidung über die Genehmigungspflicht aber überhaupt erst auslöst, scheidet auch eine Sanktionierung nach § 19 Abs. 1 Nr. 1 AWG aus. Die Fahrlässigkeit kann sich lediglich auf die Ausfuhr ohne Zuwarten auf die Entscheidung über die Genehmigungspflichtigkeit beziehen, nicht aber auf die Unkenntnis von der Absicht einer kritischen Verwendung.

Rspr. allgemein angenommen.[683] Erkennbar scheint lediglich, dass die „Übermittlung" i.S.d. Art. 4 Abs. 4 Dual-Use-VO ein Unterrichtungserfordernis seitens der mitgliedstaatlichen Behörden auslöst, die jeweilige Unterrichtung der Exporteure als Voraussetzung der Entstehung einer Genehmigungspflicht nach Art. 4 Abs. 1 Dual-Use-VO aber keinesfalls entfallen lässt. Angesichts der bisherigen höchstrichterlichen Rspr., die für die Vermeidbarkeitsfrage im Zusammenhang mit § 17 StGB strengste Maßstäbe anlegt, und in Ansehung des Umstands, dass (anders als im Rahmen des Art. 5 Abs. 6 Dual-Use-VO) offenbar keine zwingende Publikation im Amtsblatt der EU stattfindet, wünschte man sich aber doch, auch das Verhältnis zu Art. 4 Abs. 2 Dual-Use-VO sei klargestellt.[684]

Was bleibt ist schließlich nur der Rückzug auf die behördliche Unterrichtung des Ausführers über die Genehmigungspflicht als „verlässlicher" Anknüpfungspunkt für die Sanktionierbarkeit des Verhaltens. Insofern hat sich der Charakter der Regelung zumindest unter strafrechtsdogmatischen Gesichtspunkten durch die Neufassung der Dual-Use-VO nicht wesentlich verbessert: Es handelt sich nach wie vor um eine mit rechtlichen und tatsächlichen Unsicherheiten verbundene Sanktionierung von sog. Verwaltungsungehorsam.

---

683 Die fraglichen „Sondernormen" seien typischerweise darauf ausgerichtet, spezifische Risiken bestimmter Verkehrskreise zu reduzieren, sodass die Sicherheit der Allgemeinheit ihre Kenntnis und Akzeptanz voraussetzt. Bei Vorschriften, die sich vorwiegend an die am Außenwirtschaftsverkehr teilnehmenden Personen und somit an Fachpersonal richten, sei es den Adressaten zuzumuten, sich über den jeweiligen Stand der Ausfuhrliste zu unterrichten; so (mit Blick auf Art. 103 Abs. 2 GG) BVerfG NJW 1993, 1909; BVerfG NJW 1992, 2624; *Diemer* in Erbs/Kohlhaas, § 34 AWG a.F. Rn. 8; *Wagner* in: MüKo-StGB, § 34 AWG a.F. Rn. 3, anders aber Rn. 7 für § 34 Abs. 1 S. 1 Nr. 2 AWG a.F. sowie Rn. 20 für § 34 Abs. 1 S. 2 AWG a.F.; ähnlich *Karpenstein in: Grabitz/Hilf/Nettesheim,* Art. 19 Dual-Use-VO Rn. 7; *Holthausen* NStZ-RR 1998, 225; vgl. auch *Achenbach* NStZ 1993, 427 ff.; so auch hinsichtlich des Gemeinschafts- bzw. Unionsrechts EuGH v. 12.7.1989 – 161/88 = BeckRS 2004, 71874, Rn. 20; a.A. *Bieneck in: Bieneck* § 26 Rn. 38 f. Krit. dazu *Nestler* in: ERST, § 17 AWG Rn. 21. Auch nach st.Rspr. des EuGH müssen sich die betroffenen Akteure laufend über den jeweiligen Stand des Unionsrechts anhand des Amtsblattes informieren; vgl. EuGH Rs. 98/78, Racke, Slg. 1979, 69 Rn. 20; EuGH Rs. 161/88, Binder, Slg. 1989, 2415 Rn. 22.

684 *Giesemann* EuZW 2021, 369 f. sieht hier „mehr Transparenz in der EU-Exportkontrolle" durch die „Offenlegung von Informationen durch Unternehmen und nationale Behörden für den Jahresbericht der EU-Kommission" nach Art. 26 Dual-Use-VO. Sind Informationen offengelegt, so besteht nach ganz überwiegenden Rspr. aber auch eine Erkundigungspflicht.

II. Sonstiges Nebenstrafrecht

Neben den Dual-Use-Ausfuhrregelungen in AWG, AWV und Dual-Use-VO existieren im Nebenstrafrecht weitere Ausfuhrbeschränkungen und Güterlisten. Diese fokussieren zum Teil, aber keineswegs flächendeckend die Dual-Use-Problematik. Bei jenen Tatbeständen, die die Ausfuhr von Dual-Use-Gütern erfassen, variiert zudem deren Kollisionsverhältnis zur Dual-Use-VO.

1. KrWaffG

Die Ausfuhr von Kriegswaffen, also zur Kriegsführung bestimmte Waffen (§ 1 Abs. 1 KrWaffG), wird zentral durch den Genehmigungstatbestand in § 3 Abs. 3 KrWaffG geregelt. Gleichzeitig beschränkt § 1 Abs. 1 KrWaffG die Genehmigungspflicht auf diejenigen Gegenstände, Stoffe und Organismen, die in der Anlage zum KrWaffG aufgeführt werden – der Kriegswaffenliste. In der Kriegswaffenliste werden Atomwaffen, biologische Waffen, chemische Waffen (Teil A) sowie sonstige Kriegswaffen (Teil B) aufgeführt.

Die Bezeichnung „sonstige" Kriegswaffen darf indes nicht darüber hinwegtäuschen, dass die Kriegswaffenliste eine abschließende Aufzählung enthält.[685] Anders als im Fall der Catch-All-Klauseln bleibt der Anknüpfungspunkt der Genehmigungspflicht allein die mit ihrer objektiven Beschaffenheit einhergehende Rüstungsrelevanz. So erlangen Flugzeuge und Hubschrauber gem. Teil B II. der Kriegswaffenliste allein dadurch Rüstungsrelevanz, dass sie mindestens eines der dort jeweils genannten Merkmale (z. B. ein integriertes Waffensystem) besitzen. Mit den Catch-All-Klauseln in AWG, AWV und der Dual-Use-VO vergleichbare Regelungen enthält das KrWaffG gerade nicht.

Insoweit erfüllen AWG, AWV und Dual-Use-VO eine gewisse Auffang- bzw. Ergänzungsfunktion. Die Genehmigungstatbestände des KrWaffG dienen – als Ausdruck des Art. 26 GG – zuvorderst dem friedlichen Zusammenleben der Völker.[686] Das friedliche Zusammenleben der Völker zählt aber gleichzeitig zu den Kernrechtsgütern gem. § 4 Abs. 1 Nr. 2 AWG. Die denkbar weit gefassten Genehmigungstatbestände in AWG, AWV und Dual-Use-VO flankieren mithin den Regelungszweck des KrWaffG, wo dieses aufgrund seines abschließenden Charakters an seine Grenzen stößt. Es bleibt zu vermuten, dass dahinter die Überlegung

685 Dazu *Simonsen* Außenwirtschaftsrecht, S. 34.

686 *Heinrich* in: Momsen/Grützner, Wirtschaftsstrafrecht, Kap. 10 D. Rn. 5; *Nestler* ZStW 125 (2013), 259, 264.

einer dem Unrechtsgehalt angemessenen Abstufung steht, wobei einer der zentralen Anknüpfungspunkte für diesen Unrechtsgehalt das abstrakte, objektive Gefährdungspotential der erfassten Gegenstände ist. Damit korrespondiert die Einordnung der Dual-Use-Regelungen als präventive Verbote mit Erlaubnisvorbehalt einerseits und der Regelungen des KrWaffG als repressive Verbote mit Möglichkeit einer Ausnahmebewilligung andererseits.[687]

2. Anti-Folter-VO

Die Anti-Folter-VO nimmt demgegenüber explizit Dual-Use-Güter in den Blick, ordnet jedoch zugleich für den Fall der Überschneidung mit anderen Genehmigungspflichten weniger eine Auffangwirkung, als vielmehr deren Vorrang an. Im Fall der Anti-Folter-VO ist dabei zunächst zwischen dem repressiven Ausfuhrverbot gem. Art. 3 Abs. 1 Anti-Folter-VO und dem präventiven Verbot mit Erlaubnisvorbehalt gem. Art. 11 Abs. 1 S. 1 Anti-Folter-VO zu differenzieren.[688]

Die Ausfuhr von in Anhang II aufgeführten Gütern ist gem. Art. 3 Abs. 1 Anti-Folter-VO grundlegend verboten.[689] Anhang II enthält nach § 3 Abs. 2 Anti-Folter-VO Güter, die außer zur Vollstreckung der Todesstrafe oder zum Zwecke der Folter und anderer grausamer, unmenschlicher oder erniedrigender Behandlung oder Strafe keine praktische Verwendung haben. Darunter fallen – in abschließender Aufzählung – etwa Galgen, Fallbeile oder Daumenschrauben.[690] Eine Catch-All-Klausel existiert nicht. Das Verbot besteht, weil der Einsatz der aufgeführten Güter fundamentalen Menschenrechtsprinzipien widerspricht.

Demgegenüber ermöglicht Art. 11 Abs. 1 S. 1 Anti-Folter-VO die Ausfuhr von in Anhang III der Anti-Folter-VO aufgeführten Gütern, wenn insoweit eine Genehmigung erteilt wurde. Anhang III enthält dabei ausschließlich die Güter, die zum Zweck der Folter und anderer grausamer, unmenschlicher oder erniedrigender Behandlung oder Strafe verwendet werden könnten. Darunter fallen gem. Art. 11 Abs. 2 Anti-Folter-VO entweder Güter, die in erster Linie zu Strafverfolgungs- und Vollzugszwecken verwendet werden (Lit. a) oder Güter, die aufgrund ihrer Konzeption und ihrer technischen Merkmale ein erhebliches Risiko aufweisen, dass

---

687 *Nestler* in: ERST, § 19 KrWaffG Rn. 4.

688 Zur Unterscheidung auch *Pelz* in: Hocke/Sachs/Pelz, AWR, § 18 AWG Rn. 57.

689 Eine Ausnahme bildet allenfalls die Ausfuhr wegen historischer Bedeutung, z. B. in Museen; vgl. dazu das Merkblatt des BAFA zur Anti-Folter-VO, S. 7, abrufbar unter: https://www.bafa.de/DE/Aussenwirtschaft/Ausfuhrkontrolle/Antragsarten/Anti_Folter_Verordnung/anti_folter_node.html.

690 Siehe dazu bereits oben, S. 14 f.

sie zum Zweck der Folter oder anderer grausamer, unmenschlicher oder erniedrigender Behandlung oder Strafe verwendet werden (Lit.b). Gemeint sind damit etwa Halsfesseln, Elektroimpulswaffen oder Reizstoffe.

Damit erfasst die Anti-Folter-VO auch die Ausfuhr von Dual-Use-Gütern. Zum Verhältnis der Dual-Use-Güter des AWG bzw. der Dual-Use-VO zu denen der Anti-Folter-VO stellt Art. 11 Abs. 3 Lit. b Anti-Folter-VO klar, dass ihr Anhang III keine Güter mit doppeltem Verwendungszweck erfasst, die den Kontrollen gem. der Dual-Use-VO unterliegen.

Die Anti-Folter-VO zieht damit eine Grenze zu den Catch-All-Klauseln der Dual-Use-VO – und erkennt zugleich deren vorrangige Anwendung an.[691] Dies ist angesichts des offenen Charakters der Catch-All-Klauseln äußerst bemerkenswert, da durchaus Überschneidungen der Genehmigungspflichten denkbar sind. So erfassen bspw. sowohl Anhang III zur Anti-Folter-VO als auch Anhang I zur Dual-Use-VO bestimmte chemische Reizstoffe, die sich potenziell sowohl zur Folter als auch zur militärischen Bekämpfung von Unruhen einsetzen lassen.[692] Für beide Ausfuhrtatbestände sehen Art. 12 Anti-Folter-VO bzw. Art. 15 Dual-Use-VO jeweils einen Katalog mit Genehmigungskriterien vor. Diese Genehmigungskriterien sind bei der Abwägung der jeweiligen Schutzbedürfnisse mit der Ausfuhrfreiheit durch die Ausfuhrbehörde – in beiden Fällen das BAFA – zu berücksichtigen. Während die Anti-Folter-VO die Berücksichtigung von Informationen jeglicher Art über Folter oder andere grausame, unmenschliche oder erniedrigende Behandlung fokussiert, geht es der Dual-Use-VO primär um die Einhaltung internationaler Ausfuhrkontrollabkommen, nationale Außen- und Sicherheitsinteressen oder eine potentielle nukleare bzw. militärische Endverwendung.

Dies hat zur Folge, dass im Fall einer Überschneidung der beiden Genehmigungspflichten lediglich Schutzzweckerwägungen der Dual-Use Rechnung getragen werden muss. In strafrechtlicher Hinsicht gelangt daher nicht § 18 Abs. 4 AWG, der als Blankett auf die Anti-Folter-VO verweist, sondern § 18 Abs. 5 AWG, der auf die Genehmigungspflichten der Dual-Use-VO Bezug nimmt, zur Anwendung. Sowohl der nationale als auch der europäische Gesetzgeber im Bereich der Ausfuhr von Dual-Use-Gütern mit Folter-Relevanz erkennt den Genehmigungs-

691 Gleiches gilt gem. Art. 11 Abs. 3 lit. a, c Anti-Folter-VO für Feuerwaffen, die aufgrund der Umsetzung der Verordnung (EU) Nr. 258/2012 bzw. des Gemeinsamen Standpunkts 2008/944/GASP in der Ausfuhrliste als Anlage zur AWV aufgeführt werden, siehe das Merkblatt des BAFA zur Anti-Folter-VO, S. 8, abrufbar unter: https://www.bafa.de/DE/Aussenwirtschaft/Ausfuhrkontrolle/Antragsarten/Anti_Folter_Verordnung/anti_folter_node.html.

692 Darüber hinaus lassen sich durch die Catch-All-Klauseln der Dual-Use-VO theoretisch ohnehin Güter jeglicher Art erfassen, siehe bereits oben.

tatbeständen der Dual-Use-VO trotz der weiten Catch-All-Klauseln und trotz der scheinbar spezifischeren Ausrichtung der Anti-Folter-VO somit keine Auffang-, sondern vielmehr eine Vorrangfunktion zu.

3. CWÜAG

Beim CWÜAG handelt es sich um das Ausführungsgesetz zum Chemiewaffenübereinkommen[693]. Die Bundesregierung hat mit der CWÜV von der Verordnungsermächtigung gem. § 2 Abs. 1 S. 2 Nr. 1 Lit. a, Nr. 3 CWÜAG Gebrauch gemacht und Ausfuhrbeschränkungen erlassen.

Unterschieden wird – wie schon im Fall des KrWaffG und der Anti-Folter-VO – zwischen Verboten und Genehmigungspflichten. Während §§ 1 Nr. 1 Lit. a, Nr. 2 CWÜV die Ausfuhr der in Anhang 1 zur CWÜV Liste 1 und 2 aufgeführten Chemikalien in einen Nichtvertragsstaat per se verbieten, stellt § 2 Abs. 1 Nr. 2 Lit. c CWÜV die Ausfuhr von Chemikalien der Liste 1 in einen Vertragsstaat sowie von Chemikalien der Liste 3 in einen Nichtvertragsstaat unter Genehmigungsvorbehalt.

Die Listen 1–3 des Anhang 1 zur CWÜV führen jeweils toxische Chemikalien sowie Ausgangsstoffe für chemische Waffen auf. Dass sich die gelisteten Chemikalien nicht nur als oder zum Bau von Waffen, sondern auch zivil verwenden lassen, wird durch § 2 Abs. 2 S. 2 CWÜV deutlich. Danach ist eine Genehmigung nach § 2 Abs. 1 Nr. 1 CWÜV sowie nach Abs. 1 Nr. 2 Lit. a und Lit. b nicht erforderlich, wenn die Produktion, die Verarbeitung oder der Verbrauch in einer Einrichtung nur medizinischen, pharmazeutischen oder Forschungszwecken dient und die Gesamtmenge weniger als 100 Gramm je Einrichtung im Jahr beträgt. Hierdurch klammert die CWÜV einen großen Teil der Dual-Use-Güter offenbar ausdrücklich von der Genehmigungspflicht aus.

Da von dem Verweis auf § 2 Abs. 1 CWÜV jedoch weder dessen Nr. 2 Lit. c noch Nr. 3 erfasst wird, ist im Umkehrschluss die Ausfuhr der gelisteten Chemikalien – unabhängig von deren Endverwendung und Menge – genehmigungspflichtig. Damit ist abermals die Frage nach dem Verhältnis zu den Genehmigungspflichten nach AWG, AWV und Dual-Use-VO aufgeworfen. Eine Kollisionsvorschrift vergleichbar mit Art. 11 Abs. 3 Anti-Folter-VO existiert nicht. Insbesondere die Ausfuhrliste als Anlage zur AWV listet Chemikalien, die bereits an sich chemische

---

693 Übereinkommen über das Verbot der Entwicklung, Herstellung, Lagerung und des Einsatzes chemischer Waffen und über die Vernichtung solcher Waffen vom 13. Januar 1993, BGBl. 1994 II, S. 806.

Kampfstoffe darstellen (etwa Teil I A Pos. 0007 Lit. b der Ausfuhrliste). Alle übrigen Chemikalien, die nicht aufgrund ihrer objektiven Eignung gelistet werden, fallen gegebenenfalls unter die Catch-All-Klauseln der AWV bzw. der Dual-Use-VO.

Den Genehmigungspflichten in AWG, AWV und Dual-Use-VO kommt daher in diesem Fall tatsächlich eine Auffang- bzw. Ergänzungsfunktion zu. Denn das CWÜAG schützt über seine Bußgeld- und Strafvorschriften gem. §§ 15, 16 CWÜAG in erster Linie die auswärtigen Beziehungen der Bundesrepublik Deutschland[694], die zugleich ein Kernrechtsgut gem. § 4 Abs. 1 Nr. 3 AWG darstellt.

III. Verhältnis zu §§ 370 und 372 AO

Zur AO scheinen die Regelungen des Dual-Use-Regimes auf den ersten Blick nur in zollrechtlichem Kontext einen Bezug zu haben. Anzusprechen sind jedoch §§ 370 und 372 AO.

Zunächst stellt sich die Frage, welche Rolle § 370 AO in diesem Gefüge spielt. § 370 Abs. 5 AO sieht vor, dass eine Steuerhinterziehung auch hinsichtlich solcher Waren begangen werden kann, deren Einfuhr, Ausfuhr oder Durchfuhr verboten ist. Die Vorschrift hat in erster Linie eine klarstellende Funktion, da es bereits dem allgemeinen Rechtsgedanken des § 40 AO entspricht, dass es für die Besteuerung unerheblich ist, ob ein Verhalten gegen ein gesetzliches Gebot oder Verbot oder gegen die guten Sitten verstößt.[695]

Damit ist § 370 AO grds. auch anwendbar, wenn Dual-Use-Güter i.S.d. AWG bzw. der Dual-Use-VO ausgeführt werden. Wenn die Einkünfte aus den illegal durchgeführten Ausfuhren nicht versteuert werden – was trotz ihrer Zugehörigkeit zum Spektrum üblicher Wirtschaftsvorgänge keineswegs der Fall sein muss – tritt neben die Strafbarkeit wegen unerlaubter Ausfuhr von Dual-Use-Gütern gem. § 18 Abs. 5 AWG typischerweise eine (leichtfertige) Steuerhinterziehung gem. §§ 370, 378 AO.[696]

Aus der (vorübergehenden) Sanktionslosigkeit von Verstößen gegen Art. 5 Dual-Use-VO ergibt sich zudem ein möglicher Anwendungsfall des § 372 AO. Evtl. handelt es sich bei Art. 5 Dual-Use-VO um ein Ausfuhrverbot i.S.d. § 372 AO, mit der Folge, dass die genehmigungslose Ausfuhr (zumindest für die Übergangszeit) als Bannbruch strafbar ist.

---

694 Eingehend *Hoffmann* in: Wabnitz/Janovsky, WiStR, Kap. 24 Rn. 198.

695 *Schott* in: Hüls/Riechling, Steuerstrafrecht, § 370 Rn. 249.

696 Ausführlich *Pfeil/Mertgen* Compliance, S. 195 ff.; zur Überschneidung mit dem Zollstrafrecht *Sachs/Krebs* CCZ 2012, 60, 63.

Gemeinhin findet hier eine Unterscheidung zwischen Verbringungsverboten und bloßen Verbringungsbeschränkungen statt, wobei § 372 AO nur erstgenannte erfassen soll.[697] Nach überwiegender Auffassung bleibt es für die Anwendung des § 372 AO dabei unbeachtlich, welchem Schutzzweck das Verbot dient und ob es sich (insbesondere terminologisch) um ein absolutes oder ein relatives handelt.[698] Denn bei zahlreichen Vorschriften hängt die Entscheidung darüber, ob die Ein-, Aus- oder Durchfuhr grds. verboten und nur ausnahmsweise zugelassen ist oder umgekehrt, nur von Zufälligkeiten im Gesetzgebungsverfahren oder gar der (äußerst umstrittenen[699]) dogmatischen Einordnung eines Genehmigungserfordernisses ab.[700] Legislative Vorgänge prägen zudem die unterschiedlichen (zeit-) historischen Zusammenhänge sowie wechselnd zuständige Ressorts in der Ministerialbürokratie.[701] Dass in der Dual-Use-VO somit nicht ausdrücklich von ei-

---

697 *Nestler* NZWiSt 2022, 146. Insbesondere sind für die Unterscheidung der präventiven Verbote mit Erlaubnisvorbehalt von den repressiven Verboten mit Befreiungsvorbehalt im Zusammenhang mit dem Genehmigungserfordernis keine Rückschlüsse aus der Unterscheidung möglich; siehe dazu eingehend unten S. 265 ff.

698 *Scheurmann-Kettner* in: Koch/Scholtz, AO, § 372 Rn. 4/1; *Ebner* in: MüKo-StGB Bd. 6/1, § 372 AO Rn. 11, 45; so auch noch *Harder* in: Wabnitz/Janovsky, Handbuch des Wirtschafts- und Steuerstrafrechts, 4. Aufl. 2014, S. 1397; so differenzierend aber bspw. *Bäckermann/van Helden* Steuerstraftaten und Steuerordnungswidrigkeiten, S. 101. Siehe auch *Hilgers-Klautzsch* in: Kohlmann, Steuerstrafrecht, § 372 AO Rn. 15.

699 Nach der überwiegend vertretenen differenzierenden Auffassung kann die behördliche Genehmigung sowohl ein Tatbestandausschließungs-, als auch ein Rechtfertigungsgrund sein; siehe zur h.M. BGH NJW 1994, 61, 62; BGH NStZ 1993, 594, 595; *Rönnau* in: LK-StGB, vor §§ 32 ff. Rn. 274; *Paeffgen/Zabel* in: NK-StGB, Vor §§ 32 ff. Rn. 201; *Eser/Weißer* in: Schönke/Schröder Vor § 32 Rn. 61 jeweils m.w.N. Für Vertreter der „Lehre von den negativen Tatbestandsmerkmalen“, die für einen zweistufigen Deliktsaufbau plädieren, dessen erste Wertungsstufe (Unrechtstatbestand) aus den Tatbestandsmerkmalen der in Rede stehenden Delikte sowie dem Fehlen von Rechtfertigungsgründen als negative Tatbestandsmerkmale besteht, ist die Zuordnung einer behördlichen Genehmigung lediglich zweitrangige Frage – jedenfalls schließe diese den Unrechtstatbestand aus, etwa *Schlehofer* in: MüKo-StGB, Vor 32 ff. Rn. 236. Nach a.A. wirkt die Genehmigung nur tatbestandsausschließend, vgl. etwa *Heghmanns* Grundzüge einer Dogmatik der Straftatbestände zum Schutz von Verwaltungsrecht und Verwaltungshandeln, S. 172 f. Teilweise wird die behördliche Genehmigung auch als objektive Strafbarkeitsbedingung eingeordnet, vgl. *Horn* UPR 1983, 362, 365 f. Zur Einordnung der Genehmigung speziell im Rahmen der §§ 17 f. AWG *Nestler* in: ERST, § 17 AWG Rn. 27, § 18 Rn. 19.

700 Das RG (RGSt 11, 68; RGSt 28, 52; RGSt 35, 429) vertrat früher die Auffassung, eine bloße Beschränkung sei nur auf der Grundlage einer prinzipiell freien Ein-, Aus- oder Durchfuhr bzw. Verbringung denkbar; anderenfalls handele es sich um ein Verbot; zust. noch *Hilgers-Klautzsch* in: Kohlmann, Steuerstrafrecht, § 372 AO Rn. 15; a.A. *Jäger* in: *Joecks/Jäger/Randt*, § 372 AO Rn. 42; *Thoss* Abschied vom Bannbruch, S. 8.

701 *Jäger* in: *Joecks/Jäger/Randt*, § 372 AO Rn. 42; *Thoss* Abschied vom Bannbruch, S. 8; *Ebner* in: MüKo-StGB Bd. 6/1, § 372 AO Rn. 12.

nem Ausfuhrverbot die Rede ist, hindert die Erfassung durch § 372 AO nicht prinzipiell.[702]

Alternative Anknüpfungspunkte sind aber rar: Zwar existiert ein materiellrechtlicher Ansatz, demgemäß es entscheidend darauf ankommt, ob ein (relatives) Verbot seinen Zweck unter dem Gesichtspunkt der Gefahrenabwehr auch dann noch wahrt, wenn eine bestimmte Bedingung oder Auflage nicht erfüllt wird.[703] Dieser Ansatz konnte sich mangels greifbarer Kriterien jedoch nicht durchsetzen. Die Terminologie bildet daher nach überwiegender Auffassung zumindest den Ausgangspunkt für die weitere Einordnung.[704] Darüber hinaus bestehe keine Alternative zu einer „rein kasuistischen Betrachtungsweise".[705] Anerkannt ist jedoch, dass Verstöße gegen bloß formelle Anforderungen an die Ausfuhr zur Sicherstellung der Kontrolle und Nachvollziehbarkeit des Warenverkehrs im Rahmen des § 372 AO nicht ausreichen. Vielmehr geht es darum, ob die Waren bei Nichtvorlage der Genehmigung tatsächlich von der Ausfuhr ausgeschlossen werden sollen.[706]

Der Wortlaut der Art. 5 Dual-Use-VO ist wenig aufschlussreich, da er nicht einem Ausfuhr-„Verbot" spricht, sondern lediglich um eine Genehmigung verlangt. §§ 4 ff. AWG werden in der Lit. trotzdem pauschal als Ausfuhrverbote i.S.d. § 372 AO eingeordnet.[707] Dieser Auffassung liegt zwar ein Blick auch auf die von § 17 AWG erfassten Vorgänge zugrunde, die repressive Verbote zum Gegenstand haben, während es sich bei den von § 18 Abs. 5 AWG erfassten Verweisungszielen immerhin um präventive Verbote mit Erlaubnisvorbehalt handelt.[708] § 372 AO erfasst nach h.M. allerdings auch solche präventiven Verbote.[709] Durch ein solches präventives Verbot soll Cyber-Surveillance-Technology bei einer entsprechend intendierten Verwendung per se von einer genehmigungslosen Ausfuhr ausgeschlossen werden. Dies fügt sich zugleich in die kategorische Einordnung der §§ 4 ff. AWG als Verbote (und nicht als bloße Beschränkungen) ein.

Problematisch ist ferner der Kreis der erfassten Gegenstände. Selbst wenn man der Auffassung folgt, Art. 5 Dual-Use-VO sei ein vom Bannbruchstatbestand

---

702 *Nestler* NZWiSt 2022, 146.

703 *Nestler* NZWiSt 2022, 146. Zu den Zwecken der Verbringungsverbote *Jäger* in: *Joecks/Jäger/Randt*, § 372 AO Rn. 4, der zwischen materiellrechtlichen und verfahrensrechtlichen Zwecken differenziert.

704 *Ebner* in: MüKo-StGB Bd. 6/1, § 372 AO Rn. 12.

705 *Ebner* in: MüKo-StGB Bd. 6/1, § 372 AO Rn. 13.

706 *Nestler* NZWiSt 2022, 146. Ähnlich auch *Ebner* in: MüKo-StGB Bd. 6/1, § 372 AO Rn. 13.

707 *Hadamitzky/Senge* in: Erbs/Kohlhaas, § 372 AO Rn. 11.

708 *Nestler* in: ERST, § 17 AWG Rn. 28, § 18 Rn. 19.

709 *Hadamitzky/Senge* in: Erbs/Kohlhaas, § 372 AO Rn. 10.

erfasstes Ausfuhrverbot, müsste es sich bei der tatgegenständlichen Überwachungstechnologie um einen „Gegenstand" i.S.d. § 372 AO handeln. Die ganz h.M. fasst in den Anwendungsbereich der Norm allerdings nur körperliche Gegenstände.[710] Soweit es um unverkörperte Software geht, die nach Art. 2 Nr. 2 lit. d Dual-Use-VO übertragen wird, greift die Vorschrift somit eigentlich nicht.[711]

Damit könnte für Verstöße gegen Art. 5 Dual-Use-VO für die Übergangszeit zumindest für körperliche Gegenstände eine Bestrafung nach § 372 AO drohen. Es birgt eine gewisse Ironie, dass der „unbeliebte"[712] Bannbruch, dessen einziger Anwendungsfall lange Zeit Verstöße gegen § 3 BranntwMonG waren[713] und dem bereits attestiert wurde, nur noch ein obsoletes „historisches Überbleibsel"[714] aus Zeiten einer geringeren Regelungsdichte zu sein, das besser abgeschafft werden sollte[715], nun ggf. dafür herhalten muss, Umsetzungs- und Reaktionsdefizite des nationalen Gesetzgebers abzufangen. Dem ursprünglichen Sinn und Zweck dieser umstrittenen Norm[716] entspricht das jedenfalls nicht.[717]

710 *Ebner* in: MüKo-StGB Bd. 6/1, § 372 AO Rn. 20; *Jäger* in: *Joecks/Jäger/Randt*, § 372 AO Rn. 15; *Hilgers-Klautzsch* in: Kohlmann, § 372 AO Rn. 12; *Nikolaus* in: Schwarz/Pahlke, § 372 AO Rn. 4; *Tormöhlen* in: Hübschmann/Hepp/Spitaler, § 372 AO Rn. 43.

711 Die Erfassung von Softwareübertragungen erscheint aus mehreren Gründen problematisch, kann vorliegend jedoch aus Raumgründen nicht vollständig dargestellt werden.

712 So noch *Wegener* in: MüKo-StGB Bd. 6/1, 2. Aufl., § 372 AO Rn. 1

713 Vgl. diese Feststellung von *Ebner* in: MüKo-StGB Bd. 6/1, § 372 AO Rn. 4.

714 *Hübner* in: Hübschmann/Hepp/Spitaler, Vor § 372 AO Rn. 41.

715 *Thoss* Abschied vom Bannbruch, S. 112; a.A. *Thiele* in: Wamers/Fehn, Abschn. G Rn. 5.

716 Der Hauptzweck liegt nach h.M. darin, Grundtatbestand für § 373 AO zu sein; vgl. *Ebner* in: MüKo-StGB Bd. 6/1, § 372 AO Rn. 3. Daneben lassen sich mittels des Bannbruchs Verstöße gegen Ein-, Aus- oder Durchfuhrverbote verfahrensrechtlich als Steuerstraftat behandeln; vgl. *Jäger* in: Klein, § 372 AO Rn. 1; *Jäger* in: *Joecks/Jäger/Randt*, § 372 AO Rn. 5.

717 *Nestler* NZWiSt 2022, 146.

C. Wirkungsebene innerhalb des Ausfuhrprozesses

I. Einschlägige Grundprinzipien der Ausfuhrkontrolle im Dual-Use Bereich

Gem. dem Erwägungsgrund (5) der Dual-Use-VO soll diese ein wirksames gemeinsames Ausfuhrkontrollsystem für Güter mit doppeltem Verwendungszweck schaffen. Schon nach Erwägungsgrund (4) zur Dual-UseVO a.F. war das Bestehen eines gemeinsamen Kontrollsystems und harmonisierter Konzepte für die Durchführung und Überwachung in allen Mitgliedstaaten eine Voraussetzung für den freien Verkehr von Gütern mit doppeltem Verwendungszweck innerhalb der Gemeinschaft. Ausfuhrkontrollen für Dual-Use-Güter verfolgen jedoch – trotz der Erwähnung der Ausfuhrpolitik in Art. 207 Abs. 1 AEUV – vorwiegend keine wirtschaftspolitischen Zwecke, sondern dienen außen- und sicherheitspolitischen Zielen, insbesondere der Verhinderung der Verbreitung von Massenvernichtungswaffen, Trägerraketen und bestimmter konventioneller Rüstungsgüter, für die sogar erhebliche wirtschaftliche Nachteile in Kauf genommen werden.[718] Die Erwägungsgründe der n.F. stellen dies nicht mehr in dieser Deutlichkeit heraus, sondern fokussieren, wie aufgezeigt, diversere Schutzzwecke.

Die Außenwirtschaftsfreiheit des Einzelnen[719] wird im Fall von Dual-Use-Gütern zuvorderst durch den staatlichen Genehmigungsvorbehalt eingeschränkt. Es handelt sich, wie schon gesagt, um ein präventives Verbot mit Erlaubnisvorbehalt.[720] Gem. Art. 15 Abs. 1 Dual-Use-VO hat das BAFA bei der Genehmigungserteilung u. a. Verpflichtungen durch europäische und internationale Nichtverbreitungsregime und Ausfuhrkontrollvereinbarungen, nationale außen- und sicherheitspolitische Aspekte sowie kritische Endverwendungszwecke und Umgehungshandlungen zu berücksichtigen.

---

718 *Karpenstein/Kottmann* in: Krenzler/Herrmann/Niestedt, EU-Außenwirtschafts- und Zollrecht, Art. 1 Rn. 1; siehe auch die Erwägungsgründe 14–16 der Dual-Use-VO a.F.

719 Grundlegend *Epping* Außenwirtschaftsfreiheit, S. 1 ff., 288 ff.; siehe auch *Hohmann* Angemessene Außenhandelsfreiheit, S. 10 ff.; *Trouet* FS-Krause, S. 407, 411.

720 Siehe allgemein *Junck/Kirch-Heim* in: Achenbach/Ransiek/Rönnau, Wirtschaftsstrafrecht, Teil 4 Kap. 3 Rn. 87; *Stein/Thoms* in: Rüsken, Zollrecht, § 4 AWG Rn. 30; *Claßen*, Kontrollverfahren, S. 64 ff.; *Hohmann* Angemessene Außenhandelsfreiheit, S. 160 ff.

https://doi.org/10.1515/9783110793246-008

Mit dem Grundprinzip des Genehmigungsvorbehalts korrespondiert das sog. Kooperationsprinzip.[721] In dem der Erteilung der Ausfuhrgenehmigung vorgeschalteten Genehmigungsverfahren soll – so das edle Ziel dieses Prinzips – nicht nur das BAFA, sondern auch der Ausführer eine entscheidende Rolle spielen. Neben der Antragstellung als solcher treffen den Ausführer im Genehmigungsverfahren daher zahlreiche Verfahrens- und Meldepflichten.[722] Gem. Art. 15 Abs. 2 Dual-Use-VO hat das BAFA insbesondere zu berücksichtigen, ob der Ausführer angemessene und verhältnismäßige Mittel und Verfahren anwendet, um die Einhaltung der Bestimmungen und Ziele der Dual-Use-VO und der Genehmigungsauflagen zu gewährleisten. Gem. Art. 12 Abs. 7 Dual-Use-VO kann das BAFA zudem die Verwendung allgemeiner Ausfuhrgenehmigungen durch den Ausführer untersagen, wenn es berechtigte Zweifel in Bezug auf seine Fähigkeit gibt, sich an eine solche Ausfuhrgenehmigung oder eine Bestimmung der Rechtsvorschriften zur Ausfuhrkontrolle zu halten. Entsprechende nationale Vorschriften, die den an sich gebundenen Anspruch auf Genehmigungserteilung u. a. von der Zuverlässigkeit des Ausführers abhängig machen, finden sich in § 8 AWG.

Mit der Zuverlässigkeit des Ausführers wird auch im Rahmen der Dual-Use-Ausfuhr an ein originär gewerberechtliches Kriterium angeknüpft.[723] Nur wer in der Lage ist, die für die Ausfuhr von Dual-Use-Gütern maßgeblichen Rechtsvorschriften zu befolgen, soll die wirtschaftlichen Vorteile von Ausfuhrgenehmigungen nutzen dürfen. Als zuverlässig erachtet das BAFA dabei in erster Linie diejenigen Ausführer, die über ein innerbetriebliches Exportkontrollsystem (Internal Compliance Programme – ICP) verfügt.[724] Ein effizientes ICP muss nach Auffassung des BAFA neun Kriterien erfüllen, zu denen unter anderem umfangreiche Organisations-, Kontroll-, Personalauswahl- und Überwachungspflichten zählen.[725] Speziell im Bereich der Dual-Use-Ausfuhr dürfte der exakten Klassifi-

---

721 Siehe auch *BAFA* AW-Prax 2004, 387; *Bieneck* in: Bieneck, Außenwirtschaftsrecht, § 24 Rn. 22; *Müller* Harmonisierte deutsche Exportkontrolle, S. 55 ff.; *Kochendörfer/Pietsch* AW-Prax 2018, 97, 98 f.

722 Siehe nur §§ 21 ff. AWV; danach sind Ausfuhren für die Behörden transparent zu machen, indem Genehmigungsanträgen Dokumente zum Nachweis von z. B. Güterklasse, Gütermenge, Liefervorgang, Endempfänger, Endverbleib oder Verwendungszweck beizufügen sind; vgl. auch *Lehner* Die Strafrechtliche Verantwortlichkeit des Ausfuhrverantwortlichen, S. 208.

723 Allgemein zur Konturierung dieses unbestimmten Rechtsbegriffs *Lehner* Die strafrechtliche Verantwortlichkeit des Ausfuhrverantwortlichen, S. 30 ff., 268 ff.

724 Siehe dazu das eigens vom BAFA herausgegebene sog. ICP_Merkblatt, abrufbar unter: https://www.bafa.de/SharedDocs/Downloads/DE/Aussenwirtschaft/afk_merkblatt_icp.pdf?__blob=publicationFile&v=5.

725 ICP-Merkblatt, S. 12; dazu ausführlich *Lehner* Die strafrechtliche Verantwortlichkeit des Ausfuhrverantwortlichen, S. 268 ff.

zierung der Güter sowie der sorgfältigen Analyse des Vertragspartners bzw. diesbezüglicher Unterrichtungen durch das BAFA aufgrund der daran anknüpfenden Genehmigungspflichten besondere Bedeutung zukommen.[726] Durch die damit angestrebte unternehmerische Selbstregulierung wird der staatlichen Ausfuhrkontrolle mithin eine weitere Kontrollebene vorgeschaltet. Hierdurch kommt es jedenfalls faktisch zu einer „Kooperation“ zwischen Genehmigungsbehörde und Ausführer.

Das Anknüpfen an Zuverlässigkeitskriterien ist auch anderen Dual-Use-Bereichen nicht fremd. So werden im Umfeld sicherheitsrelevanter Forschung einzelne Verantwortliche – ähnlich dem Ausfuhrverantwortlichen – herausgegriffen und im Hinblick auf Sachkunde und Zuverlässigkeit durchleuchtet.[727] Ähnlich werden beim innerstaatlichen Umgang mit Gütern, die prinzipiell auch auf der Dual-Use-Liste zu finden sind, Kompetenz- und Zuverlässigkeitsabfragen vorgesehen.[728]

---

726 Dazu ausführlich *Merz* in: Hauschka/Moosmayer/Lösler, Corporate Compliance, § 32 Rn. 28 ff.

727 So findet sich für den DURC-Bereich z. B. eine sanktionsrechtliche Absicherung in § 194 Abs. 1 Nr. 2 lit. j StrlSchG. Das vorsätzliche oder fahrlässige Anwenden radioaktiver Stoffe oder ionisierender Strahlung am Menschen ohne entsprechende Genehmigung nach § 31 StrlSchG ist hier als Ordnungswidrigkeit ausgestaltet. Adressat der Regelung ist allerdings jeder, der das Forschungsvorhaben durchführt; es handelt sich somit grds. um ein Allgemeindelikt. Insbesondere richtet sich die Vorschrift nicht lediglich an einen etwaigen Strahlenschutzverantwortlichen und einen Strahlenschutzbeauftragten (vgl. §§ 69 f. StrlSchG), die auch von §§ 31 ff. StrlSchG nicht in Bezug genommen werden. Aus § 139 Abs. 3 StrlSchV geht jedoch hervor, dass für den Bereich der Forschung ebenfalls ein Strahlenschutzverantwortlicher existiert, der in das Verfahren der Genehmigungserteilung eingebunden werden muss. Damit stellt sich die Frage der Verantwortungsverteilung. Diese beantworten StrlSchG und StrlSchV mit § 194 Abs. 1 Nr. 2 lit. j StrlSchG, § 139 Abs. 3 StrlSchV aber deutlich dahingehend, dass die Verantwortung für die gesetzeskonforme Durchführung des Forschungsvorhabens als solchem bei dem jeweils handelnden Wissenschaftler selbst, sei es der leitende Arzt, sei es der zur Forschung Berechtigte, liegt – und eben gerade nicht (funktional) bei einem außerhalb des Wissenschaftsapparats stehenden Strahlenschutzverantwortlichen. Letztgenannter steht jedoch für die Einhaltung des formalen Rahmens ein. Eingehend zum Ganzen *Nestler* JZ 2019, 1074 ff.

728 So beschreibt z. B. § 8 Abs. 4 Abs. 1 GenTG als Voraussetzung für die Genehmigung zur Errichtung und zum Betrieb einer gentechnischen Anlage (lit. a) Zuverlässigkeit und (lit. b) Sachkunde des Betreibers bzw. Projektleiters.

II. Auswertung des Sanktionskatalogs

1. Strafrechtliche Absicherung

Die strafrechtliche Verantwortlichkeit für die illegale Ausfuhr von Dual-Use-Gütern wird zentral durch § 18 Abs. 5 AWG geregelt. Dieser erfasst – im Gegensatz zu den Bußgeldtatbeständen gem. § 19 AWG – ausschließlich vorsätzliche Ausfuhrdelikte. Dabei ist zwischen Verstößen gegen Genehmigungspflichten der Dual-Use-VO einerseits sowie Verstößen gegen Genehmigungspflichten der AWV andererseits zu differenzieren.

Die Dual-Use-VO enthält selbst keine Strafvorschriften; vielmehr soll jeder Mitgliedstaat gem. Art. 25 Dual-Use-VO selbst wirksame, verhältnismäßige und abschreckende Sanktionen festlegen, die bei Verstößen gegen die Dual-Use-VO zu verhängen sind. Dem ist der deutsche Gesetzgeber in § 18 Abs. 5 AWG nachgekommen. Mit Freiheitsstrafe von drei Monaten bis zu fünf Jahren wird gem. § 18 Abs. 5 S. 1 Nr. 1, 2 AWG i.V.m. § 18 Abs. 1 AWG bestraft, wer gegen die Dual-Use-VO verstößt, indem er ohne Genehmigung nach deren Art. 3 Abs. 1 oder Art. 4 Güter mit doppeltem Verwendungszweck ausführt oder entgegen deren Art. 4 Abs. 2 Güter ohne Entscheidung der zuständigen Behörde über die Genehmigungspflicht oder ohne Genehmigung der zuständigen Behörde ausführt.[729]

Bestraft werden damit zum einen Verstöße gegen Genehmigungspflichten, die ipso iure bestehen, sobald gelistete Dual-Use-Güter i.S.v. Anhang I zur Dual-Use-VO ausgeführt werden (§ 18 Abs. 5 S. 1 AWG, Art. 3 Abs. 1 Dual-Use-VO). Zum anderen lassen sich Verstöße gegen solche Genehmigungspflichten sanktionieren, die – mangels Listung der Güter – entweder erst durch die Unterrichtung des Ausführers durch das BAFA hinsichtlich einer kritischen Endverwendung ausgelöst wurden, oder wegen der positiven Kenntnis des Ausführers hinsichtlich einer kritischen Endverwendung bei entsprechender Mitteilung an das BAFA entstanden wären (§ 18 Abs. 5 S. 1 AWG, Art. 4 Dual-Use-VO).

In beiden Alternativen handelt es sich um echte Blankette.[730] Für § 18 Abs. 5 AWG ergeben sich allerdings zwei Besonderheiten: Die erste Besonderheit besteht regelungstechnisch mit Blick auf § 18 Abs. 5 S. 2 AWG. Soweit hiernach die in § 18 Abs. 5 S. 1 AWG genannten Vorschriften auf Anhang I der Dual-Use-VO verweisen, findet dieser Anhang in der jeweils geltenden Fassung Anwendung. Dabei handelt

729 Daneben stellt § 18 Abs. 5 S. 1 Nr. 3, 4 AWG zusätzlich Verstöße gegen Art. 5 Dual-Use-VO unter Strafe, der Genehmigungspflichten für bestimmte Vermittlungstätigkeiten vorsieht.

730 Siehe dazu bereits oben, S. 11 ff. Zur grds. Zulässigkeit dieser Regelungstechnik BVerfG NJW 1962, 1563; NJW 1970, 2155; BVerfG NJW 1993, 581.

es sich um einen dynamischen Blankettverweis.[731] Dies bedeutet, dass sich der Gesamtinhalt der Strafnorm stets nach der aktuell gültigen Fassung der Ausfüllungsnorm richtet. Ungeachtet der verfassungsrechtlichen Bedenken, die dynamische Blankettverweise auf das Unionsrecht aufkommen lassen[732], wird hierdurch abermals das Bestreben einer möglichst lückenlosen Ausfuhrkontrolle im Dual-Use-Bereich deutlich.

Die zweite Besonderheit besteht in dem Verweis durch § 18 Abs. 5 S. 1 Nr. 2 AWG auf Art. 4 Abs. 2 Dual-Use-VO. Durch die Bezugnahme auf diese Catch-All-Klausel knüpft der nationale Gesetzgeber die Strafbarkeit an eine vorgelagerte positive Kenntnis des Ausführers hinsichtlich einer kritischen Endverwendung, die nachgelagerte Mitteilungs- bzw. Genehmigungspflichten auslöst. Anders als im Fall von Art. 4 Abs. 1 Dual-Use-VO, der eine Unterrichtung des Ausführers durch das BAFA voraussetzt, sanktioniert § 18 Abs. 5 S. 1 Nr. 2 AWG offensichtlich die mangelnde Mitwirkung des Ausführers im Rahmen der obligatorischen Kooperation innerhalb des Ausfuhrgenehmigungsverfahrens und stellt damit insoweit strukturell eigentlich ein Unterlassungsdelikt dar. Dies verdeutlicht erneut die erhebliche Sanktionsreichweite bei Dual-Use-Ausfuhren und schließt zugleich einen gewissen „Teufelskreis“: Denn je besser sich der Ausführer über die Endverwendung des Vertragsgegenstands informiert – wozu er im Rahmen des Genehmigungsverfahrens verpflichtet ist – desto eher läuft er Gefahr, sich strafbar zu machen. Dies erhöht nicht nur die erforderliche strafrechtliche Sorgfalt des Ausführers gegenüber der Ausfuhr gelisteter Güter ganz beträchtlich. Es drängt zudem gerade denjenigen in die Strafbarkeit, der sich um sorgfaltsgemäßes Verhalten bemüht.[733]

Die gleichen Erwägungen gelten für die Ausfuhrdelikte gem. § 18 Abs. 2 Nr. 1, 2 AWG. Durch den Verweis in § 18 Abs. 2 Nr. 1 AWG auf § 8 Abs. 1 Nr. 2 AWV, der

731 *Ahlbrecht*, in: Leitner/Rosenau, WiStR, § 8 AWG Rn. 47; *Wagner* in: MüKo-StGB, § 18 AWG Rn. 128.

732 Dazu allen voran BVerfG NJW 2016, 3648, 3650 ff. (Rindfleischetikettierungsgesetz), worin das BVerfG allgemein zu dem Risiko dynamischer Verweisungen Stellung nimmt, dass der Gesetzgeber den Inhalt seiner Strafvorschriften nicht mehr in eigener Verantwortung bestimmt und damit der Entscheidung Dritter überlässt.

733 Vgl. zudem die vage gehaltenen Anforderungen des BAFA Merkblatts zu Art. 5 Dual-Use-VO im Hinblick auf die Intensität des Screeningprozesses. So spricht das Merkblatt auf S. 12 zwar von „öffentlich leicht zugänglichen Quellen“ der Unterrichtung, deren Prüfung ausreichend sein soll. Ist dem darüber hinausgehend Informierten ein illegitimer Verwendungszweck aber aus einer öffentlich nicht zugänglichen Quelle bekannt, so besteht ebenfalls eine (de lege ferenda wohl strafbewehrte) Genehmigungspflicht. Unbehelligt bleibt demgegenüber derjenige, der nur leicht einsehbare Quellen konsultiert, daraus aber nicht den Rückschluss auf eine menschenrechtssensible Verwendung der Güter schließen kann.

wiederum auf Teil I Abschn. B der Ausfuhrliste verweist, wird der Verstoß gegen Genehmigungspflichten hinsichtlich national erfasster Güter vergleichbar mit § 18 Abs. 5 S. 1 Nr. 1 AWG erfasst. Gleichzeitig verweisen § 18 Abs. 2 Nr. 1, 2 AWG auf die Catch-All-Klauseln gem. § 9 Abs. 1, Abs. 2 S. 3 AWV, die Art. 4 Dual-Use-VO nachgebildete Vorschriften für das nationale Genehmigungsverfahren enthalten.

Für Verstöße gegen Art. 5 Dual-Use-VO besteht aktuell noch keine spezialgesetzliche Regelung.[734]

2. Ordnungswidrigkeitenrechtliche Absicherung

Den zentralen Ordnungswidrigkeitentatbestand liefert § 19 Abs. 1 Nr. 1 AWG. Danach handelt ordnungswidrig, wer eine in § 18 Abs. 2 Nr. 1–7, Abs. 5 AWG bezeichnete Handlung fahrlässig begeht.

Durch diese Blankettnorm wird die Sanktionsfähigkeit von Rechtsverstößen bei Dual-Use-Ausfuhren nicht nur auf den Fahrlässigkeitsbereich ausgedehnt. Die entscheidende Bedeutung von § 19 Abs. 1 Nr. 1 AWG liegt in der zusätzlichen Möglichkeit der Festsetzung einer Unternehmensgeldbuße gem. § 30 OWiG, der zumindest eine Ordnungswidrigkeit als Anknüpfungstat voraussetzt.

III. Zwischenergebnis

Umfassende Verbote hinsichtlich von Dual-Use-Gütern und vor allem die Kriminalisierung von Verstößen dagegen können, wie gesehen, mit übernationalem Recht konfligieren, wenn und soweit sie Materien betreffen, die nicht (mehr) in der Hand des nationalen Gesetzgebers liegen. U. a. deshalb forderten Kritiker schon vor Jahren eine Entkriminalisierung der betroffenen Bereiche[735] und bemühte sich die Rspr. um eine Reduktion vorhandener Anwendungsspielräume.[736]

Entkriminalisierung kann dabei freilich nicht bedeuten, ersatzlos auf jeden sanktionsrechtlichen Schutz der adressierten Sicherheitsinteressen zu verzichten; in Betracht käme bspw. eine partielle Überleitung ausschließlich an das Ordnungswidrigkeitenrecht.[737] Gleichwohl erscheint gerade angesichts der zum Teil

---

734 Siehe aber oben S. 156 ff. zu § 372 AO.

735 Siehe bereits *Bieneck* Wistra 2000, 444 für § 34 AWG a.F. i.V.m. § 33 AWG a.F.; *Leipold* NJW-Spezial 2010, 377.

736 So gesehen von *Bieneck* Wistra 2000, 442 f.

737 Zu der quantitativen Abstufung der Entkriminalisierung *Schöch* Entkriminalisierung, Entpönalisierung, Reduktionismus, S. 246 ff.

elementaren Gewichtigkeit der betroffenen Interessen (äußere Sicherheit, Völkerfrieden) und angesichts der dargelegten potentiellen Breitenwirkung der Verstöße ein Verzicht auf eine strafrechtliche Ahndung schon im Hinblick auf die Warnfunktion eines gesetzlichen Tatbestands und die generalpräventiven Strafzwecke i.Ü. kaum tragbar. Eine abstrakt-generelle Regelung zu einer klaren Trennung zwischen denjenigen Dual-Use-Verboten, die solche fundamentalen Belange tatsächlich tangieren (können), und solchen, die „weniger gewichtig" und damit scheinbar in geringerem Grad „gefährlich" wirken, verbietet sich angesichts der Vielgestaltigkeit der Tatobjekte sowie des sehr breiten Spektrums denkbarer Sachverhaltskonstellationen; auch eine Differenzierung nach Art. 3 Dual-Use-VO einerseits und Art. 4 und 5 Dual-Use-VO andererseits hilft hier nicht weiter. Denkbar insbesondere im Umfeld des Art. 5 Dual-Use-VO ist indes ein Abstellen u.a. auf die oben bereits angesprochene Breitenwirkung als Abwägungsfaktor: je kollektiver das Wirkpotential der exportierten Güter in den Händen des konkreten Empfängers, desto größer der Restriktionsbedarf.

Teil 4: **Zusammenfassung**

Zusammenfassung

Der Umgang mit Dual-Use-Waren – oder ist es deren Existenz an sich? – birgt ganz zweifellos und unstreitig Risiken; sie sind unvorhersehbar und nicht steuerbar. Die undurchsichtige Rspr., der fragmentarische Stand des wissenschaftlichen Schrifttums und die damit verbundene Rechtsunsicherheit in diesem Bereich sind daher höchst unbefriedigend und begründen die Besorgnis, dass einerseits Deutschland als Standort für exportierende Wirtschaftszweige, aber auch für die (insbesondere angewandte) Wissenschaft mittelfristig deutlich an Attraktivität verliert, und dass sich andererseits außerhalb Deutschlands Risiken realisieren, die es mit Blick auf gewichtige Kollektivinteressen zu unterbinden gilt. Die Untersuchung zeigt jedoch, dass dies so pauschal nicht gelten kann.

So ist es doch die zentrale Frage, ob und wo genau das Damoklesschwert der strafrechtlichen Relevanz bspw. über der gesamten rüstungsrelevanten (?) oder menschenrechtssensiblen Wirtschaft (und Forschung) schwebt. Die Ergebnisse dieser Untersuchung können zur Eingrenzung des Problems insoweit beitragen:

- Das Außenwirtschaftsrecht geht von einer im Kern objektiv-gegenstandsbezogenen Begriffsbestimmung aus. Zwar finden sich in Anhang I zur Dual-Use-VO auch Anknüpfungen an subjektive Parameter, z.B. einem bestimmten Herstellungszweck. Im Grundsatz lautet die Wertung für gelistete Waren aber, dass ihnen aufgrund ihrer doppelten Verwendbarkeit eine objektive Gefährlichkeit im Hinblick auf die Schutzgüter der Dual-Use-VO zukommt.
  - Problematisch ist, dass diese Schutzziele in der Dual-Use-VO nicht näher bestimmt sind, sondern sich erst aus sonstigen „internationalen Verpflichtungen" ergeben. Auch die Dual-Use-Liste enthält auslegungsbedürftige Merkmale, für deren Verständnis die Schutzzwecke bekannt sein müssen. Da die geschützten Rechtsgüter aber nicht klar abgegrenzt werden, ist die Auslegung erschwert und bleibt auf die Gedanken militärischer Verwendbarkeit oder Verwendbarkeit für Menschenrechtsverletzungen beschränkt.
  - Die Schutzrichtung der Straftatbestände lässt sich nur unter Rekurs auf die mit der Dual-Use-VO zu erfüllenden internationalen Verpflichtungen bestimmen. Welche Verpflichtungen dies jedoch im Einzelnen sind und welche Rechtsgüter sie im Detail schützen, bleibt vage und unterliegt zudem ständigen Änderungen. Die Dual-Use-VO begnügt sich stattdessen damit, den Verwendungskontext der Waren anzugeben.
  - Die Rspr. weicht die im Ausgangspunkt objektive Begriffsbestimmung immer wieder auf und zieht subjektive Parameter zur Konkretisierung heran. Dies entspricht jedoch nicht der Intention der Dual-Use-Liste. Es

https://doi.org/10.1515/9783110793246-009

ist in diesem Zusammenhang zudem als äußerst kritisch einzustufen, wenn Begriffe wie derjenige der „Zwecksetzung" bzw. des „Verwendungszwecks" in subjektiver Hinsicht vom EuGH mit dem Vorliegen eines Dolus eventualis gleichgesetzt werden. Wie gesehen sind solche Begriffe jedoch keine Besonderheit des Außenwirtschafts(straf)rechts, sondern sie kommen auch im Kernstrafrecht vor.

- Soweit es um nicht gelistete Waren geht, versagt die rein objektiv-gegenstandsbezogene Begriffsbestimmung vollends. Hier werden objektive aber kontextbezogene Faktoren ebenso relevant, wie subjektive Parameter.
  - Bei diesem Vorgehen handelt es sich nicht um einen reinen Rekurs auf die Sozialadäquanzlehre. Vielmehr entspricht die Strategie der Rspr., die Prüfung zunehmend in den subjektiven Bereich zu verlagern, ihrem allgemeinen Vorgehen in Bezug auf Zurechnungsfragen.
  - Das Kernstrafrecht liefert hier Tatbestände, die mit abstrakt-generellen Umschreibungen bestimmter Dual-Use-Tools operieren. Zur Konkretisierung arbeitet die Rspr. dabei mit Unmittelbarkeitskriterien in Bezug auf illegitime Tatergebnisse (so z. B. im Rahmen von § 149 StGB), rekurriert auf soziale Rahmenbedingungen, insbesondere den Beschaffungs- und Vertriebsweg, oder zieht Vergleichsgegenstände heran. Alle drei Mechanismen versagen aber bei nicht gelisteten Dual-Use-Gütern. So rangieren § 18 Abs. 5 AWG i.V.m. Art. 4 Dual-Use-VO zu weit im Vorfeld, um eine etwaige unmittelbare Rechtsgutsbeeinträchtigung zu prüfen; obendrein lassen sich die geschützten Rechtsgüter im Detail nur unter Rekurs auf „internationale Verpflichtungen" ermitteln. Der Beschaffungs- und Vertriebsweg stellt sich als reguläre Teilnahme am Wirtschaftsverkehr dar und ist dementsprechend – anders als bspw. der Download von Software im Darknet – nicht zur Abgrenzung geeignet, soweit nicht klassische Umgehungsgeschäfte (mit entsprechender subjektiver Zwecksetzung) vorliegen. Und das Heranziehen von Vergleichsgegenständen ist weder im Wortlaut des Art. 4 Dual-Use-VO angelegt, noch praktikabel angesichts der Vielfalt der bereits in der Dual-Use-Liste kategorisierten Waren.
  - Es hat sich zudem gezeigt, dass es § 18 Abs. 5 AWG i.V.m. Art. 4 Abs. 1 Lit. a bis c Dual-Use-VO in dogmatischer Hinsicht an Unrechtsgehalt fehlt. Es handelt sich vielmehr um bloßen Verwaltungsungehorsam, der – für sich genommen – keinen Bezug zu den eigentlichen Schutzzielen des Außenwirtschaftsrechts aufweist. Anders hingegen verhält es sich mit § 18 Abs. 5 AWG i.V.m. Art. 4 Abs. 2 Dual-Use-VO, der über die subjektive Kenntnis des Täters immerhin Handlungs- und ggf. Erfolgsunwert erhält.
- Was das Kernstrafrecht angeht, hat sich gezeigt, dass dort insbesondere die von §§ 202c, 263a StGB angesprochene Software in den Dual-Use-Bereich zu

rechnen ist. Aber auch darüber hinaus gibt es etliche Normen, die doppelt verwendbare Gegenstände in einen deliktischen Kontext einordnen. Zentral ist hierbei die Erkenntnis, dass diese Einordnung nur verhaltens- und rechtsgutsbasiert erfolgen kann. Exakt dies sind jedoch zwei Parameter, die im Zusammenhang mit der Dual-Use-VO aus den genannten Gründen nicht zum Tragen kommen (können). Insofern lässt sich auch aus dem Kernstrafrecht Handlungsbedarf im Hinblick auf die Abfassung insbesondere von Erwägungsgrund Nr. 2 der Dual-Use-VO ablesen, der die zu erfüllenden internationalen Verpflichtungen näher umschreiben müsste. Erst der klarere Rechtsgutsbezug – vor allem im Verhältnis zu den in § 4 Abs. 1 und 5 Abs. 1 AWG genannten Zielen – ermöglichte eine hinreichend präzise Interpretation insbesondere der Catch-All-Klauseln.

- Das dogmatische Konstrukt strafrechtlicher Verantwortungszuschreibung konnte anhand der involvierten Akteure analysiert werden. Weder unter dem Gesichtspunkt der Herstellerhaftung für fehlerhafte Produkte noch unter Rekurs auf die Grundsätze beim Off-Label-Use lässt sich das Dual-Use-Haftungsregime (insbesondere des AWG) begründen. Vielmehr hat sich gezeigt, dass es eigentlich um eine strafrechtliche Verantwortlichkeit für fremdes Verhalten geht.
  - Die Grundsätze des § 13 StGB helfen für nicht gelistete Dual-Use-Güter nicht weiter. Was die Haftung für reine Sachgefahren angeht, so sind solche bei Dual-Use-Gütern nach Art. 4 und 5 Dual-Use-VO objektiv nicht bestimmbar. Eine Verantwortlichkeit unter personalen Gesichtspunkten erfasst nach hergebrachten Grundsätzen einzig die typischen (betriebsbezogenen) Gefahren, sodass auch dieser Rechtsgedanke für nicht gelistete Dual-Use-Waren grds. ausscheiden muss. Die strafrechtliche Verantwortlichkeit nach § 18 Abs. 5 AWG i.V.m. Art. 4 Dual-Use-VO kann nicht mit den bekannten Mechanismen des deutschen Strafrechts erklärt werden.
  - Für gelistete Dual-Use-Güter stellt sich die Frage, ob unter dem Gesichtspunkt der Sachgefahr eine Verantwortungszuschreibung erfolgen kann. Die Dual-Use-VO geht an dieser Stelle davon aus, dass die Möglichkeit militärischer Verwendung bei den gelisteten Waren stets gegeben ist. Problematisch erscheinen hierbei allerdings der fehlende Rechtsgutsbezug und die Diversität der gelisteten Waren. Es lässt sich daher nicht eindeutig ermitteln, welche Sachgefahren mit diesen Gegenständen typischerweise verbunden sind. Hätte diese Frage normalerweise im Lichte der produkthaftungsrechtlichen Verantwortungsgrundsätze wie auch im Umfeld des § 13 StGB eine zentrale Bedeutung, so entscheidet

sich der Gesetzgeber hier unabhängig von den konkreten Risiken für eine umfassende Kriminalisierung der genehmigungslosen Ausfuhr.

- Die Anlyse der von Art. 4 und 5 Dual-Use-VO getroffenen Abstufung in Abs. 1 und Abs. 2 hat die Schwierigkeiten dieses Regelungskonzepts offenbart. Hier besteht in der Neufassung der Dual-Use-VO 2021/821 Anpassungsbedarf.
  - Die Gefahren, denen § 18 Abs. 5 AWG i.V.m. Art. 4 Dual-Use-VO entgegentreten wollen, gehen nicht nur von ganzen Staaten, sondern auch von nichtstaatlichen Gruppierungen aus. Dies entspricht der Wahrnehmung einer Vermischung von Aspekten der äußeren und inneren Sicherheit.[738]
  - Dem ließe sich durch eine personalisiertere Ausgestaltung der Regelungen auch im Rahmen des Art. 4 Dual-Use-VO begegnen. Damit verbunden sind allerdings gravierende dogmatische und regelungstechnische Nachteile. Eine Ausgestaltung als smart sanction rückte den Dual-Use-Bereich in die Nähe eines Täterstrafrechts. Auch genügte es nicht eine Liste mit sensitiven Abnehmern zu führen; vielmehr müssten diesen auch im Hinblick auf von ihnen verfolgten Zwecke spezifische Dual-Use-Waren zugeordnet werden. Waren, die in den Händen des einen gelisteten Abnehmers Risiken bergen, können vollkommen harmlos in den Händen eines anderen – ebenfalls gelisteten – Abnehmers sein. Es bliebe damit bei einer Auflistung von im Einzelfall gesehenen Genehmigungserfordernissen.
  - Art. 5 Abs. 6 Dual-Use-VO beschreitet im Hinblick auf den Export von Überwachungstechnologie diesen einen alternativen Weg, der die Listentechnik mit einer umfassenden Catch-All-Klausel kombiniert. Ob dies die Nachteile beider Regelungstechniken beseitigt oder diese für die Praxis noch potentiert bleibt abzuwarten.
  - Hinsichtlich von Überwachungstechnologie wird den Ausführern im Rahmen eines dreistufigen Screeningprozesses abverlangt, sich um eine Risikoeinschätzung zu „bemühen". Export unter Verstoß gegen dieses Bemühen führt – sobald Deutschland der Strafbewehrungspflicht aus Art. 25 Dual-Use-VO nachkommt – wohlzur Strafbarkeit. Dadurch wird der Vorwurf strukturell auch zu einem Unterlassen (Nichtleisten des Bemühens), der Zeitpunkt des Vorwurfs weiter ins Vorfeld des Tatgeschehens verlagert.
  - Die Entstehungsgeschichte des Art. 5 Dual-Use-VO zeigt deutlich, dass der Norm ein regionaler Bezugspunkt zugrunde liegt. Sie erfasst daher keineswegs sämtliche „Verstöße gegen die Menschenrechte und das hu-

738 Vgl. *Nestler* ZStW 2013, 259, 286 ff.

manitäre Völkerrecht", sondern ist historisch gesehen sehr viel enger gehalten. Dies muss bei der Auslegung der Vorschrift durch die nationalen Behörden Berücksichtigung finden.

Insgesamt bestätigt die Untersuchung die Vermutung, dass das Rechtsgebiet in den vergangenen Jahren zunehmend zu einem Spielball für gesetzgeberischen Aktionismus geworden ist. Insbesondere die Dual-Use-Regelungen wurden angereichert nicht nur mit zusätzlichen Schutzzwecken, sondern zugleich mit Mechanismen, die kleinteiliger und undurchsichtiger kaum sein könnten. In den Fokus der Normen rückten im vergangenen Jahrzehnt dadurch zunehmend Sachverhalte, für die man sich auch eine Überführung ins Ordnungswidrigkeitenrecht hätte vorstellen können. Umso dramatischer erscheint es, dass das Rechtsgebiet nun „plötzlich" seine welt- und außenpolitische Relevanz zurückerlangt hat und dieser Herausforderung nun mit „demontierten Waffen" begegnen muss.

Literaturverzeichnis

van Aaken, Anne: Verschärfte Kontrolle transnationaler Finanzmärkte, in: Bungenberg, Marc; Messen, Karl Matthias [Hrsg.]: Internationales Wirtschaftsrecht im Schatten des 11. September 2001, Stuttgart 2004, S. 133 ff.

Achenbach, Hans: Aus der 1991/1992 veröffentlichten Rechtsprechung zum Wirtschaftsstrafrecht, NStZ 1993, S. 477 ff.

Achenbach, Hans: Aus der 1993 veröffentlichten Rechtsprechung zum Wirtschaftsstrafrecht, NStZ 1994, S. 421 ff.

Achenbach, Hans; Ransiek, Andreas; Rönnau, Thomas: Handbuch Wirtschaftsstrafrecht, 6. Teil, 5. Auflage, Heidelberg 2019.

Achtelik, Olaf; Amatage, Tassilo; El-Samalouti, Peter u. a.: Risikoorientierte Geldwäschebekämpfung, 2. Edition, Heidelberg 2011.

Albin, Silke: Rechtsschutzlücken bei der Terrorbekämpfung im Völkerrecht, ZRP 2004, S. 71 ff.

Albrecht, Peter-Alexis: Der Weg in die Sicherheitsgesellschaft: Auf der Suche nach staatskritischen Absolutheitsregeln, Berlin 2010.

Anschütz, Gerhard: Die Verfassung des Deutschen Reichs vom 11. August 1919, 14. Auflage, Berlin 1933.

Bachmann, Ernst-Udo: Außenwirtschaftliche Beschränkungen der Ausfuhr, AW-Prax 2007, S. 126 ff.

Bachmann, Mario: Klarstellung strafrechtlicher Tatbestände durch den Gesetzgeber erforderlich, ZRP 2009, S. 251 ff.

Backes, Otto: Der Kampf des Strafrechts gegen nicht-organisierte Terroristen, StV, S. 654 ff.

Bader, Markus: Das Gesetz zur Verfolgung der Vorbereitung von schweren staatsgefährdenden Gewalttaten, NJW 2009, S. 2853 ff.

Barowski, Thomas: Die Schutzzwecke des Außenwirtschaftsgesetzes (AWG) im Licht der aktuellen Rechtsprechung, AW-Prax 2016, S. 64 ff.

Bartels, Barbara; Kollorz, Wulf: Rudolf Heß – Kennzeichen einer verfassungswidrigen Organisation? – Zur Reformbedürftigkeit des § 86a StGB, NStZ 2002, S. 297 ff.

Bartelt, Sandra; Zeitler, Helge Elisabeth: „Intelligente Sanktionen“ zur Terrorismusbekämpfung in der EU, EuZW 2003, S. 712 ff.

Bebermeyer, Hartmut [Hrsg.]: Deutsche Ausfuhrkontrolle 1992. Rechts-und Verfahrensvorschriften für den Export von Rüstungsgütern, Bonn 1992.

Behm, Ulrich: Einfuhr pornografischer Schriften gem. § 184 Abs. 1 Nr. 4 StGB – eine anachronistische Vorschrift, AfP 2002, S. 22 ff.

Bermbach, Simone: Die gemeinschaftliche Ausfuhrkontrolle für Dual-Use-Güter, Baden-Baden 1997.

Bieler, Gernot: Individuelle Sanktionen der Vereinten Nationen und Grundrechte, AVR 2003, S. 169 ff.

Bieneck, Klaus: Catch-All im Strafrecht, wistra 2008, S. 208 ff.

Bieneck, Klaus; Schäfer, Christoph: Der Schutz der auswärtigen Beziehungen Deutschlands durch das Außenwirtschaftsstrafrecht, wistra 2011, S. 89 ff.

Bieneck, Klaus: Gegenwärtige Lage und aktuelle Rechtsprobleme im Außenwirtschaftsstrafrecht, wistra 2000, S. 441 ff.

Bieneck, Klaus; Dünnweber, Inge; Ehrlich, Wolfgang; et al. [Hrsg.]: Handbuch des Aussenwirtschaftsrechts mit Kriegswaffenkontrollrecht, 2. Auflage, München 2004.

https://doi.org/10.1515/9783110793246-010

Bieneck, Klaus: System des Außenwirtschaftsstrafrechts, wistra 1994, S. 173 ff.
Bieneck, Klaus: Zur Abgrenzung zwischen Rüstungsgütern und Dual-Use-Gütern, wistra 2008, S. 451.
Bieneck, Klaus: Zur Strafbarkeit der ungenehmigten Warenverbringung nach § 34 Abs 1 AWG, wistra 2000, S. 213 ff.
Binding, Karl: Normen und Übertretung, Leipzig 1872.
Bochmann, Johannes: Strafgewaltkonflikte und ihre Lösung, Bern 2015.
Böhlke, Dietmar; Yilmaz, Öznur: Auswirkungen von § 202c StGB auf die Praxis der IT-Sicherheit, CR 2008, S. 261 ff.
Bosch, Nikolaus: Organisationsverschulden in Unternehmen, Baden Baden 2002.
Braunmühl, Claudia von; Kulessa, Manfred: The Impact of UN Sanctions on Humanitarian Assistance Activities, Berlin 1995.
Brewe, Manuela: Embryonenschutz und Stammzellengesetz, Berlin 2006.
Bülte, Jens: Die Beschränkung der strafrechtlichen Geschäftsherrenhaftung auf die Verhinderung betriebsbezogener Straftaten – Zugleich eine Besprechung von BGH, Urt. v. 20.10.2011 – 4 StR 71/11, NZWiSt 2012, S. 176 ff.
Büter, Clemens: Außenhandel. Grundlagen internationaler Handelsbeziehungen, 5. Auflage, Berlin/Heidelberg 2020.
Burkert, Gabriela: Die besondere Problematik der Täterschaft und Teilnahme im Bereich der ungenehmigten Ausfuhr gemäß § 34 AWG, Marburg 2007.
Bydlinski, Franz: Juristische Methodenlehre, 3. Auflage, Wien 2018.
Chmielewska, Justyna; Bert, Bettina; Grune, Barbara; Hensel; Andreas; Schönfelder, Gilbert: Der „vernünftige Grund“ zur Tötung von überzähligen Tieren.Eine klassische Frage des Tierschutzrechts im Kontext der biomedizinischen Forschung, NuR 2015, S. 677 ff.
Claßen, Jörg Johannes: Das Kontrollverfahren beim Export von Kriegswaffen aus Deutschland, Frankfurt 2017.
Collardin, Marcus: Aktuelle Rechtsfragen der Telearbeit, CR 1995, S. 629 ff.
Conradi, Ulrich; Schlömer, Uwe: Die Strafbarkeit der Internet-Provider- 2. Teil, NStZ 1996, S. 472 ff.
Cornelius, Kai: Zur Strafbarkeit des Anbietens von Hackertools, CR 2007, S. 682 ff.
Cornils, Karin: Der Begehungsort von Äußerungsdelikten im Internet, JZ 1999, S. 394 ff.
Czener, Frank: Leichenteilasservate zwischen Forschungsfreiheit und Störung der Totenruhe: Zu den postmortalen klinisch-forensischen Untersuchungen am Gehirn von Ulrike Meinhof., ZStW 2003 (nicht 2004!), S. 91 ff.
Dannecker, Gerhard: Strafrecht in der Europäischen Gemeinschaft, JZ 1996, S. 869 ff.
Deckers, Rüdiger; Heusel, Johanna: Strafbarkeit terroristischer Vorbereitungshandlungen – rechtsstaatlich nicht tragbar, ZRP 2008, S. 169 ff.
Deiseroth, Dieter: Aufrüstung des Irak und die bundesdeutsche Justiz. Eine Einzelfallstudie, KJ 1991, S. 229 ff.
Deiters, Mark: Inlandsgeschäfte als außenwirtschaftsstrafrechtliches Risiko, ZIS 2009, S. 306 ff.
Dickert, Thomas: Naturwissenschaften und Forschungsfreiheit, Berlin 1991.
Diggelmann, Oliver: „Targeted sanctions“ und Menschenrechte. Reflexionen zu einem ungeklärten Verhältnis, Schweizerische Zeitschrift für internationales und europäisches Recht 2009, S. 301 ff.

Doepner, Ulf: Strafrechtliche Sanktionierung des Vertriebs von Grenzprodukten als Lebensmittel, die gerichtlicherseits als Arzneimittel eingestuft werden?, ZLR 2005, S. 679 ff.

Duesberg, Erik; Buchholz, Dario: Aktuelle glücksspiel- und steuerstrafrechtliche Risiken der Nutzung von Online-Casinos, NZWiSt 2015, S. 16 ff.

Duesberg, Erik: Die Strafbarkeit des Online-Pokers, JA 2008, S. 270 ff.

Egger, Ulrich: „Dual-use"-Waren, Köln/München 1996.

Ehlers, Dirk; Wolffgang, Hans-Michael: Recht der Exportkontrolle: Bestandsaufnahme und Perspektiven; Handbuch zum Exportkontrollrecht; zugleich Festgabe für Dr. Arnold Wallraff zum 65. Geburtstag, Frankfurt 2015.

Eisele, Jörg: Payment Card Crime: Skimming, CR 2011, S. 131 ff.

Enderle, Bettina: Blankettstrafgesetze, Frankfurt am Main 2000.

Epping, Volker: Die Außenwirtschaftsfreiheit, Tübingen 1998.

Epping, Volker; Hillgruber, Christian [Hrsg.]: Beck'scher Online-Kommentar- GG, 45. Edition, Stand: 15. 11. 2020.

Ernst, Stefan: Das neue Computerstrafrecht, NJW 2007, S. 2661 ff.

Esser, Robert; Rübenstahl, Markus; Saliger, Frank; Tsambikakis, Michael [Hrsg.]: Kommentar zum Wirtschaftsstrafrecht, Köln 2017.

Fischer, Thomas: Strafgesetzbuch mit Nebengesetzen und Verordnungen, 68. Auflage, München 2021.

Frevel, Bernhard: Sicherheit- Ein (un)stillbares Bedürfnis, 2. Auflage, Wiesbaden 2016.

Frey, Christopher: Theologische Ethik, Neukirchen-Vluyn 1990.

Ganguli, Indranil: Smarte Finanzsanktionen der EU. Eine politikwissenschaftliche und bankpraktische Effektivitätsanalyse ausgewählter Maßnahmen, Baden-Baden 2013.

Gazeas, Nikolaos; Grosse-Wilde, Thomas; Kießling, Alexandra: Die neuen Tatbestände im Staatsschutzstrafrecht – Versuch einer ersten Auslegung der §§ 89a, 89b und 91 StGB, NStZ 2009, S. 593 ff.

Geppert, Klaus: Zum „Waffen"-Begriff, zum Begriff des „gefährlichen Werkzeugs", zur „Scheinwaffe" und zu anderen Problemen im Rahmen der neuen §§ 250 und 244 StGB, Jura 1999, S. 599 ff.

Geppert, Klaus: Zur „Scheinwaffe" und anderen Streitfragen zum „Bei-Sich-Führen" einer Waffe im Rahmen der §§ 244 und 250 StGB, Jura 1992, S. 496 ff.

Gierhake, Katrin: Zur geplanten Einführung neuer Straftatbestände wegen der Vorbereitung terroristischer Straftaten, ZIS 2008, S. 397 ff.

Giesemann, Amelie: Die Novelle der EU-Dual-Use-Verordnung: Ein Überblick über die neue europäische Ausfuhrkontrolle, EuZW 2021, S. 365 ff.

Godendorff, Nils: Es geht! Prüfung und dogmatische Herleitung der Scheinwaffe und „absolut ungeeigneten Scheinwaffe", NStZ 2018, S. 321 ff.

Goeckenjan, Ingke: Auswirkungen des 41. Strafänderungsgesetzes auf die Strafbarkeit des „Phishing", wistra 2009, S. 47 ff.

Goger, Thomas; Stock, Jürgen: Cybercrime – Herausforderung für die internationale Zusammenarbeit, ZRP 2017, S. 10 ff.

Grabitz, Eberhard; Hilf, Meinhard; Nettesheim, Martin [Hrsg.]: Das Recht der Europäischen Union, Band 1, 71. EL, München 2020.

Graf, Jürgen; Jäger, Markus; Wittig, Petra [Hrsg.]: Wirtschafts- und Steuerstrafrecht, 2. Auflage, München 2017.

Greco, Luís: Über das so genannte Feindstrafrecht, GA 2006, S. 96 ff.

Griesbaum, Rainer; Wallenta, Frank: Strafverfolgung zur Verhinderung terroristischer Anschläge- Eine Bestandsaufnahme, NStZ 2013, S. 369 ff.

Grützner, Thomas; Jakob, Alexander: Compliance von A-Z, „Endverbleibserklärung", 2. Auflage, München 2015.

Gsell, Beate; Krüger, Wolfgang; Lorenz, Stephan; Reymann, Christoph [Hrsg.]: Beck'scher Online- Großkommentar-BGB, Stand 1. 9. 2020.

Häberle, Peter [Hrsg.] Erbs, Georg [Begr.]; Kohlhaas, Max [vorm. Hrsg.]: Beck'sche Kurzkommentare, Strafrechtliche Nebengesetze, Band 1, 222. EL, München 2018.

Häberle, Peter [Hrsg.] Erbs, Georg [Begr.]; Kohlhaas, Max [vorm. Hrsg.]: Beck'sche Kurzkommentare, Strafrechtliche Nebengesetze, Band 1, 228. EL, München 2019

Haft, Fritjof: Grenzfälle des Irrtums über normative Tatbestandsmerkmale im Strafrecht, JA 1981, S. 281 ff.

Haellmigk, Philip: Der „human security"-Ansatz der neuen Dual-use-Verordnung: Neue Prüfpflichten für die Unternehmen, AW-Prax 2017, S. 51 ff.

Hamm, Brigitte: Menschenrechte. Ein Grundlagenbuch, Heidelberg 2003.

Harms, Monika; Heine, Sonja: EG-Verordnungen und Blankettgesetz- zum Verhältnis von Gemeinschaftsrecht und nationalem Strafrecht, in: Böse; Martin; Sternberg-Lieben [Hrsg.], Festschrift für Knut Amelung zum 70. Geburtstag, Berlin 2009, S. 393 ff.

Hartmann, Arthur; Holland, Trygve; Holland; Sarah: Geldwäsche in Europa: Organisierte Kriminalität oder Terrorismus?, Kriminalstatisik 2018, S. 440 ff.

Hau, Wolfgang; Poseck, Roman [Hrsg.]: Beck'scher Online- Kommentar-BGB, 57. Edition, Stand 01. 02. 2021.

Hauschka, Christoph; Moosmayer, Klaus; Lösler, Thomas: Corporate Compliance. Handbuch der Haftungsvermeidung im Unternehmen, 3. Auflage, München 2016.

Hecker, Bernd: Strafrecht BT: Abgrenzung zwischen Diebstahl und Unterschlagung, (Anmerkung zu BGH 3 StR 180/10), JuS 2011, S. 374 ff.

Hecker, Bernd: Strafrecht BT: Schwere räuberische Erpressung, JuS 2011, S. 757 ff.

Hecker, Bernd: Die Strafbarkeit grenzüberschreitender Luftverunreinigungen im deutschen und europäischen Umweltstrafrecht, ZStW 115, 2003, S. 880 ff.

Hefendehl, Roland: Kollektive Rechtsgüter im Strafrecht, Köln 2002.

Hefendehl, Roland: Zur Vorverlagerung des Rechtsgutsschutzes am Beispiel der Geldfälschungstatbestände, JR 1996, S. 353 ff.

von der Heide, Isabella Maria: Tatbestands- und Vorsatzprobleme, Bochum 1986.

Heine, Günter: Lebensmittelstrafrecht- Grundzüge und Grundprobleme in: Gropp, Walter [Hrsg.]: Wirtschaftskriminalität und Wirtschaftsstrafrecht in einem Europa auf dem Weg zu Demokratie und Privatisierung. Beiträge zur Leipziger Sommerakademie vom 15.– 22. September 1996, Leipzig 1998, S. 147 ff.

Heinrich, Bernd: Der „Moos-Raus-Fall" und die strafrechtliche Irrtumslehre in: Heinrich, Bernd; Hilgendorf, Eric; Mitsch, Wolfgang; Sternberg-Lieben, Detlev [Hrsg.], Festschrift für Ulrich Weber zum 70. Geburtstag, Bielefeld 2004, S. 99 ff.

von Heintschel-Heinegg, Bernd [Hrsg.]: Beck'scher Online-Kommentar-StGB, 48. Edition, Stand 01. 11. 2020.

Herdegen, Matthias: Völkerrecht, 21. Auflage, München 2022.

Herzmann, Karsten: „Friedlichkeitsforderungen“ an die universitäre Forschung als rechtliche Sackgasse? Zur Vereinbarkeit von Zivilklauseln mit der Wissenschaftsfreiheit, WissR 2011, S. 375 ff.

Herzog, Felix: Politische Opportunität und Bestimmtheitsdefizite im Außenwirtschaftsrecht am Beispiel des § 34 Abs. 2 AWG, wistra 2000, S. 41 ff.

Herzog, Felix; Achtelik, Olaf [Hrsg.]: Geldwäschegesetz (GwG), 4. Auflage, München 2020.

Herzog, Roman; Herdegen, Matthias; Scholz, Rupert; Klein, Hans H. [Hrsg.]; Maunz, Theodor; Dürig, Günter [Begr.]: Kommentar zum Grundgesetz, Band 1, Art. 1–5 StGB, 53. Auflage, München 2009.

Heymanns, Carl [Hrsg.]; Pottmeyer, Klaus [Bearb.]: Kommentar zum Kriegswaffenkontrollgesetz (KWKG), 2. Auflage, Köln 1994.

Hillenkamp, Thomas: Schwerer Raub durch Fesselung und Knebelung? – BGH, NJW 1989, 2549, JuS 1990, S. 454 ff.

Hilgendorf, Eric; Valerius, Brian: Computer- und Internetstrafrecht, 3. Auflage, Heidelberg 2021.

Hilgendorf, Eric: Die neuen Medien und das Strafrecht, ZStW 113, 2001, S. 650 ff.

Hilgendorf, Eric: Körperteile als „gefährliche Werkzeuge“, ZStW 112, 2000, S. 811 ff.

Hilgendorf, Eric; Kudlich, Hans; Valerius, Brian [Hrsg.]: Handbuch des Strafrechts, Band? (§ 67)

Hilgendorf, Eric; Brian, Valerius: Überlegungen zur strafrechtlichen Interpretation des Ubiquitätsprinzips im Zeitalter des Internet, NJW 1997, S. 1873 ff.

Hocke, Ernst [Hrsg.]; Bast, Joachim; Friedrich, Klaus; Henseler, Peter; Köthe, Grit [Bearb.]: Außenwirtschaftsrecht, Loseblattsammlung, 193. Auflage, Heidelberg 2016.

Hocke, Ernst [Begr.]; Sachs, Bärbel, Pelz, Christian [Hrsg.]: Kommentar zum Außenwirtschaftsrecht, 2. Auflage, Heidelberg 2020.

Hörmann, Saskia: Die Befugnis der EG zur Umsetzung von Resolutionen des UN-Sicherheitsrates zur Bekämpfung des internationalen Terrorismus, EuR 2007, S. 120 ff.

Hörnle, Tatjana: Die wichtigsten Änderungen des Besonderen Teils des StGB durch das 6 Gesetz zur Reform des Strafrechts, Jura 1998, S. 169 ff.

Hörnle, Tatjana: Verbreitung der Auschwitzlüge im Internet, NStZ 2001, S. 309 ff.

Hohmann, Harald: Angemessene Außenhandelsfreiheit im Vergleich, Tübingen 2002

Hohmann, Harald; John, Klaus [Hrsg.]: Kommentar zum Ausfuhrrecht (Kommentar des gesamten deutsch-europäischen Ausfuhrrechts), München 2002.

Hohmann, Olaf: Gedanken zur Akzessorietät des Strafrechts, ZIS 2007, S. 38 ff.

Holthausen, Dieter: Täterschaft und Teilnahme bei Verstößen gegen Genehmigungspflichten des KWKG und AWG, NStZ 1993, S. 568 ff.

Holthausen, Dieter: Zur Begriffsbestimmung der A-, B- und C-Waffen i. S. der Nrn. 2, 3 und 5 der Kriegswaffenliste des Kriegswaffenkontrollgesetzes, NJW 1992, S. 2113 ff.

Holthausen, Dieter; Hucko, Elmar: Das Kriegswaffenkontrollgesetz und das Außenwirtschaftsrecht in der Rechtsprechung- 1. Teil: Kriegswaffenkontrollgesetz, NStZ-RR 1998, S. 193 ff.

Holthausen, Dieter: Der Verfassungsauftrag des Art. 26 II GG und die Ausfuhr von Kriegswaffen, JZ 1995, S. 284 ff.

Holthausen, Dieter: Die Strafbarkeit der Ausfuhr von Kriegswaffen und sonstigen Rüstungsgütern – Zugleich eine Anmerkung zu den Entscheidungen des OLG Düsseldorf, NStZ 1987, 565 und des LG Düsseldorf, NStZ 1988, 231, NStZ 1988, S. 206 ff.

Holzner, Stefan: Klarstellung strafrechtlicher Tatbestände durch den Gesetzgeber erforderlich, ZRP 2009, S. 177.

Horn, Hans-Detlev: Wissenschaft folgt dem Freiheitsgebot. Verfassungsrechtlicher Widerstand gegen Zivilklauseln an Hochschulen, Forschung & Lehre 10/12, S. 808 ff.

Hornung, Gerrit: Zur Frage der Erfassung von Sicherheitssoftware durch den sog. Hackerparagraphen § 202c StGB, CR 2009, S. 677 ff.

Hirsch, Burkhard: Aktuelle Sicherheitspolitik im Lichte des Verfassungsrechts – Eine notwendige Entgegnung. Erwiderung zu Schäuble, ZRP 2007, 210, ZRP 2008, S. 24 ff.

Hucko, Elmar Matthias; Wagner, Jörg: Außenwirtschaftsrecht, Kriegswaffenkontrollrecht: Textsammlung mit Einführung, 9. Auflage, Köln 2003.

Hüls, Silke; Reichling, Tilman [Hrsg.]: Steuerstrafrecht, 2. Auflage, Heidelberg 2020.

Hufen, Friedhelm: Wissenschaft in Freiheit und Verantwortung, Forschung & Lehre 2/17, S. 118 ff.

Hufen, Friedhelm: Wissenschaft zwischen Freiheit und Kontrolle, NVwZ 2017, S. 1265 ff.

Immenga, Frank; Mestmäcker, Ernst-Joachim [Hrsg.]: Wettbewerbsrecht, Band 2, 5. Auflage, München 2014.

Ipsen, Hans Peter: Außenwirtschaft und Außenpolitik, Stuttgart 1967.

Jäger, Christian: Eine bombige Täuschung, JA 2016, S. 71 ff.

Jäger, Sarah/Oeter, Stefan: Menschenrechte und humanitäres Völkerrecht – eine Verhältnisbestimmung, Wiesbaden 2019.

Jarass, Hans; Pieroth, Bodo [Hrsg.]: Kommentar zum Grundgesetz für die Bundesrepublik Deutschland, 16. Auflage, München 2020.

Jeßberger, Florian: Anmerkung zur Entscheidung des Bundesgerichtshofs vom 12. Dezember 2000, 1 StR 184/00 (Verbreitung der „Auschwitzlüge" im Internet), JR 2001, S. 429 ff.

Joecks, Wolfgang; Miebach, Klaus [Hrsg.]: Münchener Kommentar zum Strafgesetzbuch, Band 1, §§ 1–37 StGB, 4. Auflage, München 2020.

Joecks, Wolfgang; Miebach, Klaus [Hrsg.]: Münchener Kommentar zum Strafgesetzbuch, Band 2, §§ 38–79b StGB, 4. Auflage, München 2020.

Joecks, Wolfgang; Miebach, Klaus [Hrsg.]: Münchener Kommentar zum Strafgesetzbuch, Band 3, §§ 80–184j StGB, 3. Auflage, München 2017.

Joecks, Wolfgang; Miebach, Klaus [Hrsg.]: Münchener Kommentar zum Strafgesetzbuch, Band 4, §§ 185–262 StGB, 3. Auflage, München 2017.

Joecks, Wolfgang; Miebach, Klaus [Hrsg.]: Münchener Kommentar zum Strafgesetzbuch, Band 5, §§ 263–358 StGB, 3. Auflage, München 2019.

Joecks, Wolfgang; Miebach, Klaus [Hrsg.]: Münchener Kommentar zum Strafgesetzbuch, Band 6, Nebenstrafrecht I, 3. Auflage, München 2018.

Joecks, Wolfgang; Miebach, Klaus [Hrsg.]: Münchener Kommentar zum Strafgesetzbuch, Band 7, Nebenstrafrecht II, 3. Auflage, München 2019.

Jütte, Robert: Vom medizinischen Casus zur Krankengeschichte, Berichte zur Wissenschaftsgeschichte- History of Science and Humanities, (15) 1992, S. 50 ff.

Kämmerer, Jörn Axel; Kotzur, Markus [Hrsg.]; Münch, Ingo von; Kunig, Philip [Begr.]: Kommentar zum Grundgesetz, Band 1, Art. 1–69 GG, 7. Auflage, München 2021.

Kaleck, Wolfgang: Terrorismuslisten: Definitionsmacht und politische Gewalt der Exekutive, KJ 2011, S. 63 ff.

Kindhäuser, Urs; Neumann, Ulfrid, Paeffgen, Hans-Ullrich [Hrsg.]: Nomos Kommentar zum Strafgesetzbuch, Band 1, §§ 1–79b StGB, 5. Auflage, Baden-Baden 2017.

Kindhäuser, Urs; Neumann, Ulfrid, Paeffgen, Hans-Ullrich [Hrsg.]: Nomos Kommentar zum Strafgesetzbuch, Band 2, §§ 80–231 StGB, 5. Auflage, Baden-Baden 2017.

Kindhäuser, Urs; Neumann, Ulfrid, Paeffgen, Hans-Ullrich [Hrsg.]: Nomos Kommentar zum Strafgesetzbuch, Band 3, §§ 232–358 StGB, 5. Auflage, Baden-Baden 2017.

Kirste, Stephan: Interdisziplinarität der Rechtswissenschaft, 1. Auflage, Berlin 2016.

Kistner, Tanja: Straftaten im Außenwirtschaftsgesetz, Witten/Mendel 2008.

Klindt, Thomas [Hrsg.]: Kommentar zum Produktsicherheitsgesetz, 3. Auflage, München 2021.

Knemeyer, Franz-Ludwig: Lehrfreiheit. Begriff der Lehre – Träger der Lehrfreiheit, Bad Homburg 1969.

Kochendörfer, Mirjam; Pietsch, Georg: Exportkontrolle und Wissenschaft, AW-Prax 2018, S. 97 ff.

Köbler, Gerhard: Juristisches Wörterbuch, 17. Auflage, München 2018.

Köhler, Helmut: Die neuen europäischen Begriffe und Grundsätze des Lebensmittelrechts, GRUR 2002, S. 844 ff.

Kramer, Ernst A.: Juristische Methodenlehre, 6. Auflage, München 2019.

Krenzler, Horst Günter [Begr.]; Herrmann, Christoph; Niestedt, Marian [Hrsg.]: EU-Außenwirtschafts- und Zollrecht, Band 1, 16. EL, München Oktober 2020.

Kretschmer, Bernhard: Anmerkung zum Beschluss des BGH vom 05. 08. 2015, 1 StR 328/15, zur Garantenpflicht bei einer bewussten Selbstgefährdung bei Drogenkonsum, medstra 2016, S. 167 ff.

Kreuzer, Olaf: Zum Tatbestandsmerkmal „besonders konstruiert“ in Position 0018 A der Ausfuhrliste zum AWG, NStZ 1996, S. 555 ff.

Kreuzer, Olaf: Art. 4 EG-dual-use-Verordnung, AW-Prax 1997, S. 308 ff.

Kudlich, Hans: Herkunftslandprinzip und internationales Strafrecht, HRRS 2004, S. 278 ff.

Kudlich, Hans: Strafrecht Allgemeiner Teil, 6. Auflage, München 2021.

Kudlich, Hans: Zum Stand der Scheinwaffenproblematik nach dem 6. Strafrechtsreformgesetz, JR 1998 S. 357 ff.

Küchenhoff, Dietrich: Das Grundgesetz und die Hochschulreform, DÖV 1964, S. 601 ff.

Kügel, Wilfried; Müller, Rolf-Georg; Hofmann, Hans-Peter [Hrsg.]: Kommentar zum Arzneimittelgesetz, 2. Auflage, München 2016.

Kühl, Kristian: Strafrecht Allgemeiner Teil, 8. Auflage, München 2017.

Küper, Wilfried; Zopfs, Jan: Strafrecht Besonderer Teil, 10. Auflage, Heidelberg 2018.

Lachmayer, Roland; Lippert, René Bastian: Entwicklungsmethodik für die additive Fertigung, Heidelberg 2020.

Lackner, Karl; Kühl, Kristian [Hrsg.]: Kommentar zum Strafgesetzbuch, 3. Auflage, München 2018.

Lagodny, Otto: Zur Behandlung von einem Ausländer auf einem ausländischen Server ins Internet eingestellter, in Deutschland abrufbarer volksverhetzender Äußerungen als nach deutschem Strafrecht strafbare Inlandstat, JZ 2001, S. 1198 ff.

Langkeit, Jochen: BFH- „Besonders konstruierte“ Ausrüstung im Außenwirtschaftsraum, WiB 1996, S. 323 ff.

Lassahn, Philipp: Ziviler Gehorsam und Forschungsfreiheit: Zur rechtlichen Zulässigkeit von „Zivilklauseln“, JZ 2014, S. 650 ff.

Laubenthal, Klaus: Handbuch Sexualstraftaten, Heidelberg 2012.

Laufhütte, von Heinrich Wilhelm; Rissing van Saan, Ruth, Tiedemann, Klaus [Hrsg.]: Leipziger Kommentar zum Strafgesetzbuch, Band 1, §§ 1–31, 12. Auflage, Berlin 2007.

Laufhütte, von Heinrich Wilhelm; Rissing van Saan, Ruth, Tiedemann, Klaus [Hrsg.]: Leipziger Kommentar zum Strafgesetzbuch, Band 3, §§ 56–79b, 12. Auflage, Berlin 2008.

Laufhütte, von Heinrich Wilhelm; Rissing van Saan, Ruth, Tiedemann, Klaus [Hrsg.]: Leipziger Kommentar zum Strafgesetzbuch, Band 6, §§ 146 – 210 StGB, 12. Auflage, Berlin 2009.

Laufhütte, von Heinrich Wilhelm; Rissing van Saan, Ruth, Tiedemann, Klaus [Hrsg.]: Leipziger Kommentar zum Strafgesetzbuch, Band 8, §§ 242 – 262 StGB, 12. Auflage, Berlin 2010.

Laufhütte, von Heinrich Wilhelm; Rissing van Saan, Ruth, Tiedemann, Klaus [Hrsg.]: Leipziger Kommentar zum Strafgesetzbuch, Band 9/1, §§ 263 – 266b StGB, 12. Auflage, Berlin 2012.

Laufs, Adolf [Begr.]; Kern, Bernd-Rüdiger; Rehborn, Martin [Hrsg.]: Handbuch des Arztrechts, 5. Auflage, München 2015.

Lehner, Stefan: Die strafrechtliche Verantwortlichkeit des Ausfuhrverantwortlichen, Dissertation, Berlin 2020.

Leitner, Werner; Rosenau, Henning [Hrsg.]: Nomos Kommentar zum Wirtschafts- und Steuerstrafrecht, Baden-Baden 2017.

Lesch, Heiko: Diebstahl mit Waffen nach dem 6. StrRG, GA 1999, S. 365 ff.

Lübbig, Thomas: Die Verfolgung illegaler Exporte. Eine Untersuchung des repressiven Instrumentariums im US- amerikanischen Export Administration Act und im deutschen Außenwirtschaftsgesetz, Dissertation, Berlin 1996.

Mätzke, Hans-Joachim: Strafrechtliche Konsequenzen für Handel und deutsche Exportindustrie bei der Ausfuhr sensitiver Güter in EU-Mitgliedstaaten, NStZ 1999, S. 541 ff.

Malek, Klaus; Popp, Andreas: Strafsachen im Internet, 2. Auflage, Heidelberg 2015.

Mangoldt, Hermann von; Klein, Friedrich: Das Bonner Grundgesetz, Band 1, 2. Auflage, München 1957.

Mankowski, Peter; Bock, Stefanie: Fremdrechtsanwendung im Strafrecht durch Zivilrechtsakzessorietät bei Sachverhalten mit Auslandsbezug für Blanketttatbestände und Tatbestände mit normativem Tatbestandsmerkmal, ZStW 2008, S. 720 ff.

Marberth-Kubicki, Annette: Computer-und Internetstrafrecht, 2. Auflage, München 2010.

Matt, Holger; Renzikowski, Joachim [Hsrg.]: Kommentar zum Strafgesetzbuch, 2. Auflage, München 2020.

Meisterernst, Andreas: Alles beim Alten bei der Abgrenzung Lebensmittel/Arzneimittel? Anmerkung zur Entscheidung des Bundesgerichtshofs vom 11. Juli 2002, PharmR 2002, S. 381 ff

Meyer, Frank: Lost in Complexity – Gedanken zum Rechtsschutz gegen Smart Sanctions in der EU, ZEuS 2007, S. 1 ff.

Michalke, Regina: Die strafrechtlichen und verfahrensrechtlichen Änderungen des Außenwirtschaftsgesetzes, StV 1993, S. 262 ff.

Mitsch, Wolfgang [Hrsg.]: Karlsruher Kommentar zum Gesetz über Ordnungswidrigkeiten, 5. Auflage, München 2018.

Mitsch, Wolfgang: Strafprozessuale Beweisverbote im Spannungsfeld zwischen Jurisprudenz und realer Gefahr, NJW 2008, S. 2295 ff.

Möllers, Thomas M. J.: Juristische Methodenlehre, 3. Auflage, München 2020.

Moll, Dietmar: Europäisches Strafrecht durch nationale Blankettstrafgesetzgebung, Göttingen 1998.

Momsen, Carsten; Grützner, Thomas [Hrsg.]. Wirtschafts- und Steuerstrafrecht, 2. Auflage, München 2020

Müller, Olaf: Die harmonisierte deutsche Exportkontrolle und ihre Auswirkungen auf die interne Organisation international tätiger Unternehmen, Diplomarbeit, Norderstedt 2001

Müller-Gugenberger, Christian; Bieneck, Klaus [Hrsg.]: Kommentar zum Wirtschaftsstrafrecht, 5. Auflage, Köln 2011.

Münkler, Herfried; Bohlender, Matthias; Meurer, Sabine: Sicherheit und Risiko. Über den Umgang mit Gefahr im 21. Jahrhundert, Bielefeld 2010.

Nestler, Nina: Strafrechtliche Auswirkungen der EU Dual-Use-VO 2021/821, NZWiSt 2022, 137 ff.

Nestler, Nina: Bank- und Kapitalmarktstrafrecht, Berlin 2017.

Nestler, Nina: Der Schutz der äußeren Sicherheit Deutschlands durch das Strafrecht, ZStW 2013, S. 259 ff.

Nestler, Nina: Die objektive Zurechnung- nur eine Frage der Wahrscheinlichkeit?, Jura 2019, S. 1049 ff.

Nestler, Nina: Die Strafbarkeit von Verstößen gegen Verfügungsverbote über eingefrorene Gelder nach §§ 17, 18 AWG, NZWiSt 2015, S. 81 ff.

Nestler, Nina: Praxiskommentar zu BGH, Urteil vom 10.03.2016, 3 StR 347/15, NStZ 2016, S. 738 ff.

Nestler, Nina: „Umgehungshandlungen" – Überlegungen zum Umgang mit Verweisungen von Blankettstrafgesetzen auf Unionsrecht am Beispiel des § 34 IV AWG, NStZ 2012, S. 672 ff.

Nestler, Nina; Lehner, Stefan: Was ist so besonders an Sonderdelikten?, Jura 2017, S. 403 ff.

Niehaus, Holger: Blankettnormen und Bestimmtheitsgebot vor dem Hintergrund zunehmender europäischer Rechtssetzung, wistra 2004, S. 206 ff.

Oechsler, Jürgen: Produkthaftung beim 3D- Druck, NJW 2018, S. 1569 ff.

Paramonova, Svetlana: Internationales Strafrecht im Cyberspace, Wiesbaden 2013.

Pfeiffer, Gerd: Von der Freiheit der klinischen Forschung zum strafrechtlichen Unrecht?, NJW 1997, S. 782 ff.

Pfeil, Julia; Mertgen, Bettina: Compliance im Außenwirtschaftsrecht, München 2016.

Plümper, Thomas [Hrsg.]: Lexikon der Internationalen Beziehungen, München 1996.

Popp, Andreas: § 202c StGB und der neue Typus des europäischen „Software-Delikts", GA 2008, S. 375 ff.

Puppe, Ingeborg: Durchfuhr von Kriegswaffen, NStZ 1993, S. 594 ff.

Radtke, Henning; Steinsiek, Mark: Bekämpfung des internationalen Terrorismus durch Kriminalisierung von Vorbereitungshandlungen? – Zum Entwurf eines Gesetzes zur Verfolgung der Vorbereitung von schweren Gewalttaten (Referentenentwurf des BMJ vom 21.4.2008), ZIS 2008, S. 383 ff.

Rauprich, Oliver; Steger, Florian: Prinzipienethik in der Biomedizin, Frankfurt, 2005.

Remien, Oliver: Außenwirtschaftsrecht in kollisionsrechtlicher Sicht, Zur internationalen Reichweite von Aus- und Einfuhrverboten, RabelsZ 54 (1990), S. 431 ff.

Rengier, Rudolf: Strafrecht Besonderer Teil I, 22. Auflage, München 2020.

Reuter, Alexander: Verstoßen Ausfuhrverbote auf „Dual-Use-"-Waren nach § 5 c Außenwirtschaftsverordnung gegen EG-Recht?, DB 1991, S. 2577 ff.

Ridder, Helmut: Aktuelle Rechtsfragen des KPD-Verbots, Neuwied 1966.

Roeder, Jan-Jacob; Buhr, Martina: Die unterschätzte Pflicht zum Terroristenscreening von Mitarbeitern, BB 2011, S. 1333 ff.

Rönnau, Thomas: Grundwissen-Strafrecht: Erfolgs- und Tätigkeitsdelikte, JuS 2010, S. 961 ff

Puschke, Jens: Legitimation, Grenzen und Dogmatik von Vorbereitungstatbeständen, Tübingen 2017.

Säcker, Franz Jürgen; Rixecker, Roland; Oetker, Hartmut; Limperg, Bettina [Hrsg.]: Münchener Kommentar zum BGB, Band 7, §§ 705–853 BGB, PartGG, ProdHaftG, 8. Auflage, München 2019.

Roxin, Claus/Greco, Luis: Strafrecht Allgemeiner Teil, Band I: Grundlagen. Der aufbau der Verbrechenslehre, 5. Auflage, München 2020.

Roxin, Claus: Strafrecht Allgemeiner Teil, Band II: Besondere Erscheinungsformen der Straftat, München 2003.

Rüsken, Reinhard [Hrsg.]: Kommentar zum Zollrecht- Recht des grenzüberschreitenden Warenverkehrs, Loseblattsammlung, 198. Lfg, Bonn 03/2021.

Sachs, Bärbel; Krebs, David: Anforderungen an ein außenwirtschaftliches Compliance-Programm und seine Ausgestaltung in der Praxis, CCZ 2013, S. 60 ff.

Safferling, Christoph: Die Gefährdung der „auswärtigen Beziehungen" der Bundesrepublik Deutschland als strafwürdiges Verhalten im Außenwirtschaftsverkehr- zum Beschluss des BGH vom 13. 01.2009- AK 20/08, NStZ 2009, S. 604 ff.

Saliger, Frank: Feindstrafrecht: Kritisches oder totalitäres Strafrechtskonzept?, JZ 2006, S. 756 ff.

Sassenberg, Thomas; Lammer, Katharina-Patricia: Zulässigkeit der Spam-Filterung im Unternehmen, DuD 2008, S. 461 ff.

Satzger, Helmut: Die Internationalisierung des Strafrechts als Herausforderung für den strafrechtlichen Bestimmtheitsgrundsatz, JuS 2004, S. 943 ff.

Satzger, Helmut; Langheld, Georg: Europarechtliche Verweisungen in Blankettstrafgesetzen und ihre Vereinbarkeit mit dem Bestimmtheitsgebot, HRRS 2011, S. 460 ff.

Satzger, Helmut; Schluckebier, Wilhelm; Widmaier, Gunter [Hrsg.]: Kommentar zum Strafgesetzbuch, 5. Auflage Köln 2020.

Schall, Hero: Geschäftsherrenhaftung und Mobbing, in: Heger, Martin; Kelker, Brigitte, Schramm, Edward [Hrsg.], Festschrift für Kristian Kühl zum 70. Geburtstag, München 2014, S. 417 ff.

Schiemann, Anja: Deutsches Strafrecht rund um die Welt? Herausforderungen des Strafanwendungsrechts, JR 2017, S. 339 ff.

Schimansky, Herbert; Bunter, Hermann-Josef; Lwowski, Hans Jürgen [Hrsg.]: Bankrechts-Handbuch, 5. Auflage, München 2017.

Schlarmann, Hans; Spiegel, Jan-Peter: Terror und kein Ende – Konsequenzen der EG-Verordnungen zur Bekämpfung des internationalen Terrorismus für in Deutschland tätige Unternehmen, NJW 2007, S. 870 ff.

Schmahl, Stefanie: Effektiver Rechtsschutz gegen targeted sanctions des UN-Sicherheitsrats?, EuR 2006, S. 566 ff.

Schmalenbach, Kirsten: Normentheorie vs. Terrorismus: Der Vorrang des UN-Rechts vor EU-Recht, JZ 2006, S. 349 ff

Schmidt, Wilhelm; Wolff, Philipp: Geheimdienstliche Agententätigkeit bei illegalem Technologietransfer, NStZ 2006, S. 161 ff.

Schönke, Adolf; Schröder, Horst [Hrsg.]: Kommentar zum Strafgesetzbuch, 30. Auflage, München 2019

Schöppner, Tobias: Wirtschaftssanktionen und Bereitstellungsverbote, Dissertation, Münster 2013.

Schröder, Friedrich-Christian: Der Schutz von Staat und Verfassung im Strafrecht, München 1970.

Schroth, Ulrich: Zentrale Interpretationsprobleme des 6. Strafrechtsreformgesetzes, NJW 1998, S. 2861ff.
Schünemann, Bernd: Die deutsche Strafwissenschaft nach der Jahrtausendwende, GA 2001, S. 205ff.
Schultz, Alexander: Neue Strafbarkeiten und Probleme, DuD 2006, S. 778ff.
Schumann, Kay: Das 41. StrÄndG zur Bekämpfung der Computerkriminalität, NStZ 2007, S. 675ff.
Schuster, Frank Peter: Das Verhältnis von Strafnormen und Bezugsnormen aus anderen Rechtsgebieten, Berlin 2012.
Schwarz, Kyrill-A.: Strafrechtliche Grenzen der Stammzellenforschung, MedR 2003, S. 158ff.
Sieber, Ulrich: Internationales Strafrecht im Internet- Das Territorialitätsprinzip der §§ 3, 9 StGB im globalen Cyberspace, NJW 1999, S. 2065ff.
Sieber, Ulrich: Legitimation und Grenzen von Gefährdungsdelikten im Vorfeld von terroristischer Gewalt – Eine Analyse der Vorfeldtatbestände im „Entwurf eines Gesetzes zur Verfolgung der Vorbereitung von schweren staatsgefährdenden Gewalttaten“, NStZ 2009, S. 353ff.
Simonsen, Olaf: Außenwirtschaftsrecht, 11. Auflage, Köln 2014.
Staudinger, Julius von [Begr.]; Hager, Johannes [Hrsg.]: Kommentar zum Bürgerlichen Gesetzbuch, Buch 2, §§ 826 – 829; ProdHaftG, Auflage?, Berlin 2018.
Stratenwerth, Günther; Kuhlen, Lothar: Strafrecht Allgemeiner Teil, 6. Auflage, München 2011.
Streibl, Ralf E.: AG1: It's a Challenge- Militärische Roboterwettbewerbe oder: Von Reizvollen Wettbewerben, schleichenden Vereinnahmungen und der Notwendigkeit von Diskursen, FIfF 1/12, S. 21ff.
Streibl, Ralf E.: Bremer Universität bestätigt Zivilklausel Wichtiges Signal für Verantwortung in der Wissenschaft, FIfF 1/12, S. 46ff.
Stuckenberg, Carl-Friedrich: Viel Lärm um nichts?- Keine Kriminalisierung der „IT-Sicherheit“ durch „ 202c StGB, wistra 2010, S. 41ff.
Teetzmann, Constantin: Rechtsfragen der Sicherheit in der Biologischen Forschung: Gutachten für den Deutschen Ethikrat, FIP 4/2014, S. 2ff.
Tiedemann, Klaus: Wirtschaftsstrafrecht. Einführung und Allgemeiner Teil mit wichtigen Rechtstexten, 4. Auflage, München 2013.
Trouet, Klaus: Strafandrohung als Mittel zur Durchsetzung außenwirtschaftlicher Zielsetzung, in: Laubenthal, Klaus; Schlüchter, Ellen [Hrsg.], Festschrift für Friedrich Wilhelm Krause zum 70. Geburtstag, Köln 1990, S. 407ff.
Trute, Hans-Heinrich: Die Forschung zwischen grundrechtlicher Freiheit und staatlicher Institutionalisierung, Tübingen 1994.
Vergho, Raphael: Strafrechtliche Probleme bei der Abgrenzung von Lebensmitteln und Arzneimitteln-Der Umgang mit § 96 Nr. 5 AMG beim Vertrieb von Grenzprodukten, PharmR 2009, S. 221ff.
Volkmann, Uwe: Qualifizierte Blankettnormen, ZRP 1995, S. 220ff.
Vordermeyer, Helmut; Heintschel-Heinegg, Bernd von; Schnabl, Robert [Hrsg.]: Handbuch für den Staatsanwalt, 6. Auflage, Köln/München 2018.
Wabnitz, Heinz-Bernd; Janovsky, Thomas; Schmitt, Lothar [Hrsg.]: Handbuch des Wirtschafts und Steuerstrafrechts, 5. Auflage, München 2020.
Wagner, H.: Forschungsfreiheit und Regulierungsdichte, NVwZ 1998, S. 1235ff.
Warda, Heinz-Günther: Tatbestands- und Verbotsirrtum bei Blankett-Strafgesetzen, Berlin 1955.

Weber, Ulrich: Garantenstellung kraft Sachherrschaft? Zur strafrechtlichen Verantwortlichkeit für beleidigende Parolen auf Sachen, in: Herzberg, Rolf Dietrich [Hrsg.], Festschrift für Dieter Oehler zum 70. Geburtstag, Köln/Berlin/Bonn/München 1985, S. 83 ff.

Wehrheim, Jan: Kritik der Versicherheitlichung: Thesen zur (sozialwissenschaftlichen) Sicherheitsforschung, KrimJ 2018, S. 211 ff.

Weißer, Bettina: Über den Umgang des Strafrechts mit terroristischen Bedrohungslagen, ZStW 2009, S. 131 ff.

Weith, Nils; Wegner, Christof; Ehrlich, Wolfgang: Grundzüge der Exportkontrolle, Köln 2006.

Welzel, Hans: Anmerkung zu BGH, Urt. V. 28.10.1952 – 1 StR 450/52 (LG Heilbronn), JZ 1953, S. 119 ff.

Werkmeister, Christoph; Steinbeck, Friederike: Anwendbarkeit des deutschen Strafrechts bei grenzüberschreitender Cyberkriminalität, wistra 2015, S. 209 ff.

Wessels, Johannes; Beulke, Werner; Satzger, Helmut: Strafrecht Allgemeiner Teil, 50. Auflage, Heidelberg 2020.

Willmann-Lemcke, Juliane: Menschenrechte und Exportkontrolle, AW-Prax 2018, S. 77 ff.

Winkelbauer, Wolfgang: Verwaltungsakzessorietät des Umweltstrafrechts, Berlin 1985.

Wirth, Marco: Additive Fertigung. Technologie, Markt und Innovation, Dissertation, Würzburg 2017.

Wörner, Liane; Vorname, Wörner: Jurisdiktionskonflikte bei grenzüberschreitender organisierter Kriminalität. Das deutsche Strafanwendungsrecht, in: Sinn, Anrdt [Hrsg.]: Jurisdiktionskonflikte bei grenzüberschreitender Organisierter Kriminalität – Ein Rechtsvergleich zum Internationalen Strafrecht, S. 232 ff.

Richard, Hans Albert; Schramm, Britta; Zipsner, Thomas [Hrsg.]: Additive Fertigung von Bauteilen und Strukturen, Heidelberg 2017.

Wohlers, Wolfgang: Deliktstypen des Präventionsstrafrechts – zur Dogmatik „moderner" Gefährdungsdelikte, Berlin 2000.

Wolf, Erik: Typen der Tatbestandsmäßigkeit, Breslau 1931.

Wolffgang, Hans-Michael; Simonsen, Olaf; Rogmann, Achim [Hrsg.]: Kommentar zum Außenwirtschaftsrecht, Band 1, 69. EL, Köln 2020

Wolter, Jürgen [Hrsg.]: Systematischer Kommentar zum Strafgesetzbuch, Band 1, §§ 1 – 37 StGB, 9. Auflage 2017.

Wolter, Jürgen [Hrsg.]: Systematischer Kommentar zum Strafgesetzbuch, Band 2, §§ 38 – 79b StGB, 9. Auflage 2016.

Wolter, Jürgen [Hrsg.]: Systematischer Kommentar zum Strafgesetzbuch, Band 3, §§ 80 – 173 StGB, 9. Auflage 2018.

Wolter, Jürgen [Hrsg.]: Systematischer Kommentar zum Strafgesetzbuch, Band 4, §§ 174 – 241a StGB, 9. Auflage 2017.

Würtenberger, Thomas; Tanneberger, Steffen: Biosicherheit und Forschungsfreiheit-Zu den Schranken des Art. 5 Abs. 3 S. 1 GG, Ordnung der Wissenschaft 2014, S. 1 ff.

Zieschang, Frank: Die Auswirkungen des Gesetzes zur Bekämpfung der Korruption auf den Forschungsbereich, WissR 1999, S. 111 ff.

Zöller, Mark: Terrorismusstrafrecht, Heidelberg 2009.

Zöller, Mark: Willkommen in Absurdistan, GA 2010, S. 607 ff.

Index

https://doi.org/10.1515/9783110793246-011

www.ingramcontent.com/pod-product-compliance
Lightning Source LLC
La Vergne TN
LVHW010643300926
849161LV00005B/1028